In questa collana:

Valeria Melucci, *La cucina ligure di mare*
Luciano Pignataro, *La cucina napoletana e della Campania di mare*
Laura Rangoni, *La cucina toscana di mare*
Roberta D'Ancona, *La cucina romana e del Lazio di mare*
Alba Allotta, *La cucina calabrese di mare*
Alba Allotta, *La cucina siciliana di mare*
Laura Rangoni, *La cucina sarda di mare*
Laura Rangoni, *La cucina pugliese di mare*
Paola Balducchi, *La cucina di mare dell'Emilia Romagna*
Emilia Valli, *La cucina veneta di mare*

Quarta edizione: maggio 2016

Roma, Casella postale 6214

www.newtoncompton.com

ISBN 978-88-541-8137-3

Realizzazione a cura di Corpotre, Roma
Stampato nel maggio 2016 presso Puntoweb s.r.l., Ariccia (Roma)

Laura Rangoni

LA CUCINA SARDA DI MARE

Gusto e semplicità, tradizione e innovazione, nelle migliori ricette di pesce, molluschi e crostacei

Newton Compton editori

A mio padre Franco,
in memoriam

Introduzione

Nonostante sia un'isola, la Sardegna non ha una grande tradizione di pesca, per cui nelle zone interne raramente si consuma pesce. A prevalere è piuttosto l'alimentazione povera dei pastori. Ma lungo le coste, la cucina di mare della Sardegna ha conosciuto un'esplosione notevole, che le è valsa la patente di originalità, soprattutto grazie al turismo.

Accanto a una cucina povera, basata sull'utilizzo di pesci meno pregiati e ricette estremamente semplici, da sempre in uso presso le popolazioni che abitano la costa, si è andata sviluppando una cucina estremamente raffinata, per accontentare i palati fini dei villeggianti. La materia prima non manca: dai crostacei e frutti di mare della zona di Alghero, ai tonni di Carloforte, alle grigliate di pesce di Palau, della Maddalena o di Cala Gonone, le preparazioni gastronomiche si sono diversificate con proposte sempre più articolate e raffinate, abbinando l'innovazione alla tradizione. Infatti, molte ricette prevedono l'uso, ad esempio, di paste tipiche quali i filindeu, i malloreddus, o i taddharini, reinterpretati dalla fantasia dei cuochi, oppure di ingredienti particolari quali le foglie del mirto, il finocchietto selvatico, gli asparagi di bosco.

Un discorso importante riguarda poi le conserve di pesce. In Sardegna si trovano, anche se in quantità limitata, prodotti unici, quali la bottarga di molva, la merca, la tonnina, il fegato e il cuore del tonno conservati, ecc. Questi ingredienti rari e preziosi sono sempre stati usati dalle popolazioni nella preparazione di piatti semplicissimi della tradizione, ma si stanno affacciando anche al mercato, creando nuove possibilità di sperimentazione e indirizzando il gusto verso sapori antichi e quasi dimenticati.

Non vanno poi dimenticate le influenze arabe presenti anche nella cucina di mare della Sardegna: la più evidente è il cashcà, la versione sarda del cuscus, e l'uso di mandorle, pinoli, uvetta, a dare un caratteristico sapore agrodolce a molte preparazioni.

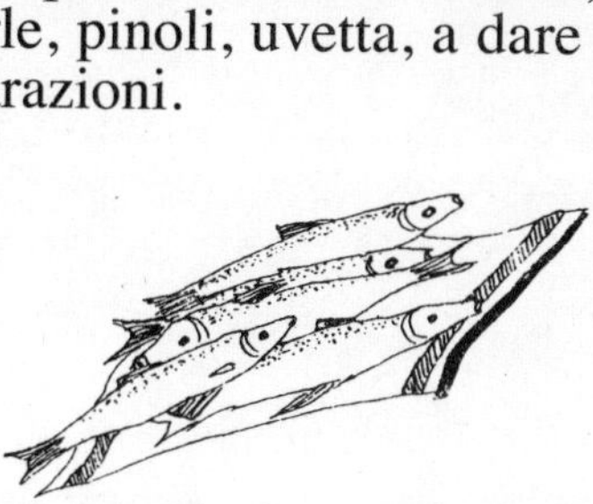

Antipasti e piatti unici

Acciughe arrostite

Ingredienti per 4 persone:
400 g di acciughe
1 rametto di rosmarino
qualche foglia di salvia
1/2 bicchiere di olio extravergine d'oliva
1 cipolla
il succo di 1 limone
1/2 bicchiere di Vermentino di Sardegna
sale e pepe
crostoni di pane abbrustolito

Pulite, sventrate, lavate in acqua corrente ed asciugate le acciughe. Disponetele in una teglia che vada in forno, cospargetele con la cipolla triturata e condite con olio.

Prima di mettere i pescetti nella teglia, introducete nel ventre rametti di rosmarino e qualche foglia di salvia, e se vi piace anche uno spicchio di aglio. Passate al forno e fate colorire, bagnate quindi con il Vermentino di Sardegna, insaporite con sale e pepe, lasciate evaporare e fate finire la cottura.

Disponete le acciughe sul piatto da portata, guarnitele con spicchi di limone e ricopritele con la salsa di cottura. Accompagnate il piatto con crostoni di pane abbrustolito, eventualmente sfregati con aglio.

Acciughe fritte in marinata ai porri

Ingredienti per 4 persone:
400 g di acciughe
2 porri
un ciuffo di finocchietto selvatico
100 g di farina
un grosso pugno di pangrattato
1/2 bicchiere di aceto di vino bianco
4 cucchiai di olio extravergine di oliva
olio per friggere
sale e pepe
crostoni di pane abbrustolito

Staccate alle acciughe la testa, svisceratele, spinatele e apritele in due, a libro. Lavatele rapidamente sotto l'acqua corrente, asciugatele bene con un canovaccio pulito, quindi passatele prima nella farina, poi nel pangrattato e friggetele in olio molto caldo. Pulite bene la parte bianca dei porri, tagliateli a rondelle sottili e poneteli in una pentola insieme con un bicchiere d'acqua, 4 cucchiai di olio extravergine di oliva, un ciuffetto di finocchietto, sale e pepe. Portate a bollore su fuoco moderato e dopo 15 minuti aggiungete mezzo bicchiere di aceto. Quando riprenderà il bollore spegnete il fuoco e versate la marinata sulle acciughe fritte, che avrete sistemato in una terrina. Lasciatele marinare almeno 12 ore, prima di servirle con crostoni di pane abbrustolito.

Acciughe marinate

Ingredienti per 4 persone:
800 g di acciughe
1 bicchiere di aceto di vino bianco
1 bicchiere di Vermentino di Sardegna
4 cucchiai di olio extravergine di oliva
2 spicchi d'aglio
2 limoni
un ciuffo di prezzemolo
un pizzico di origano seccato
sale e pepe
crostoni di pane abbrustolito

Pulite e togliete la testa alle acciughe, filettatele, poi appoggiatele in un grande piatto da portata profondo. Spremete i limoni e mischiate il succo con l'aceto e il vino, quindi irroratene le acciughe. Lasciate marinare almeno un paio d'ore, quindi scolatele e mettetele in un altro piatto. Mescolate un poco della marinata con olio, sale, origano e un trito fine di aglio e prezzemolo. Lasciatele marinare ancora 3-4 ore, quindi servitele con pane abbrustolito.

Acciughe ripiene fritte

Ingredienti per 4 persone:
800 g di acciughe fresche
2 uova
un ciuffo di prezzemolo
2 spicchi d'aglio
100 g di farina bianca
1 limone
8-10 acciughe sotto sale
un grosso pugno di pangrattato
4 cucchiai di olio extravergine di oliva
olio per friggere
sale e pepe

Pulite accuratamente le acciughe fresche, apritele a metà dal lato del ventre, togliete gli intestini e asportate la spina dorsale e tutte le lische. Lavate i pesci, lasciateli scolare, poi sistemateli sul tagliere con la parte aperta volta verso l'alto. Lavate le acciughe salate, togliete le lische, quindi ricavate da ogni acciuga 4 filetti. Ponete un filetto in mezzo a ogni acciuga fresca e richiudetela a libro. Rompete le uova, salatele, pepatele e sbattetele con una forchetta. Infarinate le acciughe ripiene, immergetele nelle uova sbattute e passatele nel pangrattato.

Portate a temperatura abbondante olio per friggere, quindi friggetevi le acciughe da ambedue le parti. Quando saranno dorate, toglietele con una schiumarola e fate scolare l'unto in eccesso su un foglio di carta assorbente da cucina. Sistematele su un piatto da portata e cospargetele con un trito fine di prezzemolo e aglio. Irroratele con il succo del limone e servite.

Acciughine al mandarino

Ingredienti per 4 persone:
800 g di acciughine piccole
2 mandarini
un cespo di lattuga
1 cucchiaio di senape
4 cucchiai di olio extravergine di oliva
sale e pepe

Togliete la testa, le interiora e le lische alle acciughine, che devono essere piccole e freschissime. Lavatele sotto acqua corrente, poi asciugatele con un canovaccio pulito.

In una terrina emulsionate 4 cucchiai d'olio con il succo dei mandarini, la senape, sale e pepe. Lavate la lattuga, scolatela bene e ponete le foglie su un piatto da portata, a formare un letto. Disponetevi sopra i filetti di acciughine e cospargeteli con la marinata. Lasciate insaporire in frigo un'ora prima di servire.

Alicette al pecorino

Ingredienti per 4 persone:
800 g di alici piccole e freschissime
1 bicchiere di olio extravergine di oliva
50 g di farina
2 uova
50 g di pecorino grattugiato
sale e pepe bianco

Diliscate le alici, togliendo testa e interiora. Lavatele sotto acqua corrente e asciugatele con un canovaccio pulito.

In una terrina preparate la pastella, amalgamando la farina con un po' di acqua, le uova, sale e pepe e lavoratela fino quando sarà bella liscia. Portate a temperatura l'olio in una padella e friggete le alicine, dopo averle immerse nella pastella.

Toglietele con una schiumarola appena saranno dorate e fate scolare l'unto in eccesso su un foglio di carta assorbente da cucina. Cospargetele di pecorino grattugiato e servitele immediatamente.

Alici croccanti in crema di Porto Torres

Ingredienti per 4 persone:
800 g di alici piccole
4 patate
3 porri
1 cipolla
100 g di semola di grano fine
1 cucchiaio di aceto di vino bianco
4 cucchiai di brodo di pesce
1 bicchiere di latte
70 g di burro
4 cucchiai di olio extravergine di oliva
olio per friggere
sale e pepe

Sviscerate le alici staccando la testa, apritele a libro, spinatele e lavatele sotto acqua corrente, poi asciugatele con un canovaccio pulito.

Lavate i porri, prendendo solo la parte bianca, tagliateli a rondelle sottili e fateli stufare a fuoco molto dolce in 2 cucchiai di olio e una noce di burro. Mettete il coperchio e lasciate cuocere per una mezz'oretta, bagnando ogni tanto con un goccio d'acqua e l'aceto.

Pelate le patate, tagliatele a dadini molto piccoli e mettetele a rosolare a fuoco lentissimo nel resto del burro, assieme a un trito fine di cipolla. Insaporite con sale e pepe. Dopo circa 10 minuti sfumatele col brodo di pesce. Quando questo sarà un poco evaporato unite il latte e lasciate cuocere fino a quando le patate saranno completamente spappolate.

A questo punto frullate la salsa con un frullatore a immersione. Passate le alici nella semola di grano, che deve essere abbastanza fine, quindi friggetele in abbondante olio molto caldo. Toglietele con una schiumarola appena saranno dorate e fate scolare l'unto in eccesso su un foglio di carta assorbente da cucina.

Sistemate in un piatto da portata i porri stufati, disponetevi sopra le alici, e cospargete il tutto con la crema di patate. Servite subito.

Alici farcite alla nuorese

Ingredienti per 4 persone:
800 g di alici
5 cucchiai di olio extravergine d'oliva
2 spicchi d'aglio
1 bicchiere di latte
100 g di mollica di pane
un pizzico di maggiorana seccata
un ciuffo di prezzemolo
1 uovo
200 g di ricotta di pecora
sale e pepe nero

Sbriciolate il pane e mettetelo ad ammorbidire nel latte. Lavate e tritate il prezzemolo.

Pulite le alici, togliendo le interiora, la testa e la lisca centrale, poi lavatele sotto acqua corrente e asciugatele in un canovaccio pulito. Strizzate la mollica di pane e mettetela in una ciotola, quindi unite la ricotta, il prezzemolo finemente tritato assieme all'aglio, la maggiorana e l'uovo, insaporite con sale e pepe e mescolate. Mettete metà delle alici aperte sul piano di lavoro e spalmate su ciascuna uno strato del composto preparato, quindi copritele una per una con le alici rimaste.

Disponete le alici farcite in una teglia da forno, spennellatele con l'olio e fatele cuocere in forno caldo a 180° per non più di 10 minuti. Servite subito.

Alici marinate al latte di capra

Ingredienti per 4 persone:
800 g di alici
4 cucchiai di olio extravergine di oliva
2 spicchi d'aglio
2 bicchieri di latte di capra
un ciuffo di prezzemolo
2 limoni
sale e pepe nero

Pulite le alici, eliminando la testa, le interiora e la lisca. Lavate i filetti sotto l'acqua corrente e, dopo averli asciugati con un canovaccio pulito, disponeteli in un piatto da portata fondo. Versatevi sopra il latte e fateli marinare per almeno 12 ore in frigorifero.

Trascorso questo tempo, tritate finemente il prezzemolo e l'aglio. Scolate le alici, sistematele in un piatto da portata e conditele con il succo dei limoni, l'olio, un pizzico di sale e di pepe, appena macinato, e cospargete con il trito di aglio e prezzemolo. Fate marinare ancora per almeno un'ora, quindi servite.

Anguilla al verde

Ingredienti per 4 persone:

800 g di anguilla
3 cipolle
500 g di acetosa
1 rametto di timo fresco
2 foglie di alloro
un ciuffo di prezzemolo
un ciuffo di finocchietto selvatico
1/2 bicchiere di brodo di pesce
1/2 bicchiere di Vermentino di Sardegna
1 cucchiaio di farina
2 tuorli
2 limoni
1 confezione di panna
sale e pepe

Pulite bene le anguille, tagliatele a bocconi e metteteli a rosolare nell'olio con le foglie di alloro, che poi toglierete, per una decina di minuti, mescolando. Tritate la cipolla e unitela alle anguille, sempre mescolando.

Tritate anche il timo, il prezzemolo, l'acetosa e il finocchietto selvatico. Uniteli alle anguille e sfumate con il Vermentino di Sardegna. Salate, pepate e, quando il vino sarà un po' evaporato, aggiungete il brodo e il succo dei limoni. Coprite e lasciate cuocere per 20 minuti. In una ciotolina amalgamate i tuorli sbattuti con la farina e la panna, sale e pepe. Disponete l'anguilla al verde su un piatto da portata, irroratela con la salsa e servite.

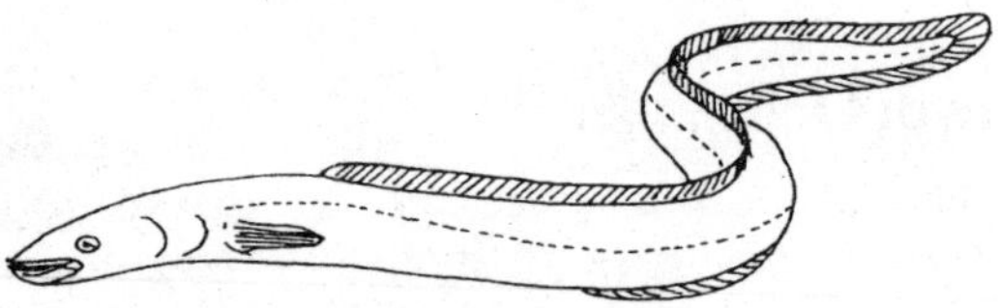

Anguilla nelle foglie di vite

Ingredienti per 4 persone:

1 anguilla di almeno 1 kg
16 foglie di vite
4 fette di pancarré
40 g di burro
qualche foglia di salvia
1 spicchio d'aglio
1 rametto di timo
il succo di 1 limone
4 cucchiai di Vermentino di Sardegna
sale e pepe

Tagliate a dadini piccoli il pancarré. Fate scaldare il burro in una padella e soffriggetevi i dadini di pane, a fuoco vivo, mescolando continuamente con un cucchiaio di legno. Quando saranno dorati toglieteli dal fuoco, unite un trito fine di foglie di salvia, timo e aglio, salate, pepate, sfumate il composto con il succo di limone e il vino e mescolate bene.

Pulite l'anguilla, privatela della pelle e della lisca, filettatela e tagliatela in pezzi lunghi circa 3-4 cm. Lavate le foglie di vite e asciugatele, mettete al centro di ciascuna foglia un pezzo di anguilla e ricopritela con il composto di pane, quindi sovrapponete un altro pezzo di anguilla.

Avvolgete i tocchetti d'anguilla farciti nelle foglie di vite e infilzate gli involtini ottenuti su alcuni spiedini di metallo. Cuoceteli sulla griglia calda, 5 minuti per lato.

Anguilla sa panada

Ingredienti per 4 persone:
4 piccole anguille
200 g di pomodori secchi
un ciuffo di prezzemolo
2 spicchi d'aglio
1 kg di farina di grano duro
8 cucchiai di olio extravergine di oliva
sale

Su un tagliere disponete la farina a fontana, formate un cratere e versatevi l'olio, aggiungete un pizzico di sale, un goccio d'acqua e lavorate bene il composto fino a ottenere una pasta liscia e omogenea che lascerete riposare per circa 1 ora.

Nel frattempo tagliate i pomodori secchi a filettini, tritate finemente il prezzemolo e l'aglio e pulite l'anguilla, tagliandola in pezzi piccoli.

Stendete la pasta col matterello e formate 2 dischi spessi circa mezzo cm. Usando il primo disco foderate una teglia leggermente unta, disponete sopra alla pasta l'anguilla, cospargetela con il trito di aglio e prezzemolo e i pomodori secchi, irrorando con un filo d'olio. Ricoprite il tutto con il secondo disco di pasta e punzecchiate i bordi con i rebbi di una forchetta per evitare la fuoriuscita del ripieno. Cuocete in forno già caldo a 200° fino a quando vedrete che la crosta diventa dorata. Servite l'anguilla sa panada ben calda.

Anguille marinate di Oristano

Ingredienti per 4 persone:
4 anguille
3-4 foglie di basilico
1 bicchiere di olio extravergine di oliva
2 foglie di alloro
1 cipolla
1 rametto di menta
3 spicchi di aglio
2 bicchieri di aceto di vino bianco
sale e pepe nero

Le anguille marinate di Oristano sono un piatto della tradizione, facile e che si conserva per lungo tempo.

Pulite le anguille, togliendo testa, pelle e interiora, quindi tagliatele a tocchetti di 5 cm circa. Portate a temperatura l'olio in una padella e mettetevi a rosolare la cipolla tritata fine e gli spicchi di aglio a fettine. Appena la verdura prende colore versate l'aceto e lasciatelo bollire per 5 minuti, quindi aggiungete le foglie di basilico, l'alloro e la menta, sale e abbondante pepe nero. Fate cuocere ancora 5 minuti poi spegnete il fuoco. Disponete i pezzi di anguilla in una capiente insalatiera e copriteli con la marinata. Lasciate marinare almeno una settimana prima di consumare il piatto.

Antipasto di acciughe e uova

Ingredienti per 4 persone:
8 uova
8 filetti d'acciughe fresche
4 cucchiai di olio extravergine di oliva
4 cucchiai di pecorino piccante grattugiato
sale e pepe

Prendete quattro tegamini singoli o cocotte. In ognuno mettete un cucchiaio d'olio e fatevi insaporire due filetti d'acciughe, ben puliti, lavati e asciugati, tagliati a pezzetti. Quindi sgusciatevi sopra le uova, lasciate rapprendere gli albumi, facendo attenzione a non rompere i tuorli. Salate, pepate, cospargete di pecorino piccante grattugiato e servite subito.

Antipasto di anguilla marinata all'arancia

Ingredienti per 4 persone:
1 kg di anguilla
1/2 bicchiere di aceto di vino bianco
3 arance
4 spicchi d'aglio
1 bicchiere di olio extravergine di oliva
qualche foglia di salvia
sale e pepe bianco in grani

Private le anguille delle interiora, delle lische e della pelle, lavatele e tagliatele in pezzi di 4-5 cm di lunghezza. Portate a temperatura l'olio e friggetevi i pezzi di anguilla, togliendoli con una schiumarola quando saranno dorati. Fate scolare l'unto in eccesso, ponendo l'anguilla su una carta assorbente da cucina. In un pentolino portate a ebollizione l'aceto a fuoco basso per 30 minuti, unitevi l'aglio tritato grossolanamente, le scorze delle arance che avrete tagliato con il pelapatate, prendendo solamente la parte arancione, il succo delle arance, qualche foglia di salvia e una manciata di grani di pepe bianco. Togliete la marinata dal fuoco e lasciatela intiepidire. Sistemate i pezzi d'anguilla in una terrina e ricopriteli con la marinata. Lasciate riposare una settimana prima di servire.

Antipasto di aragosta di Porto Cervo

Ingredienti per 4 persone:
1 aragosta grossa, di almeno 1 kg
4 cuori di carciofo
150 g di insalata russa
un tubetto di maionese
sale

Per il court-bouillon:
30 g di burro
1 carota
1 cipolla
1/2 bicchiere di Vermentino di Sardegna
un ciuffo di prezzemolo
2-3 foglie di alloro
1 rametto di timo
sale e pepe in grani

Per guarnire:
un ciuffo di prezzemolo
1 limone

In una pentola capiente mettete a rosolare nel burro la carota e la cipolla affettate, versatevi il vino e un litro d'acqua, poi aggiungete il ciuffo di prezzemolo, l'alloro, il timo, il sale e il pepe. Portate a bollore e immergete l'aragosta. Lasciatela cuocere in questo court-bouillon per 20 minuti, poi spegnete il fuoco e lasciatela raffreddare nel brodo di cottura.

Pulite bene i carciofi, conservando solamente i cuori e scartando tutte le foglie esterne. Fate cuocere i cuori di carciofo in acqua bollente salata per una decina di minuti, scolateli e, quando saranno freddi, passateli al frullatore assieme alla maionese, quindi amalgamate la salsa all'insalata russa. Togliete l'aragosta dall'acqua, appoggiatela con il dorso su un tagliere e apritele il carapace dalla coda alla testa con un coltello molto tagliente. Estraetene delicatamente la polpa, cercando di tenerla intera, poi tagliatela a fette regolari. Disponete il guscio dell'aragosta riempito di maionese al carciofo sul piatto da portata e sistematevi sopra le fette di polpa leggermente sovrapposte. Guarnite con ciuffetti di prezzemolo e fettine di limone e servite.

Antipasto di aragosta e tartufo della Costa Smeralda

Ingredienti per 4 persone:
2 aragoste di circa 600 g ciascuna
1 tartufo
50 g di burro
50 g di farina
1 cucchiaino di senape
1 bicchierino di cognac
50 g di pecorino stagionato grattugiato
sale e pepe

Per il court-bouillon:
30 g di burro
1 carota
1 cipolla
1 costa di sedano
1/2 bicchiere di Vermentino di Sardegna
un ciuffo di prezzemolo
2-3 foglie di alloro
1 rametto di timo
sale e pepe in grani

Portate a ebollizione tre litri di acqua salata con gli ingredienti per il court-bouillon, quindi immergetevi le aragoste e lasciatele cuocere per 15-20 minuti. Scolatele, tagliatele a metà, nel senso della lunghezza, con un coltello molto affilato, estraete dal carapace il corallo e la polpa, tagliateli a pezzetti e metteteli in una terrina.

Spazzolate il tartufo per eliminare ogni traccia di terra e passatelo in un panno umido, quindi con l'apposito attrezzo tagliatelo a scagliette sottili e unitelo alla polpa dell'aragosta. Fate fondere il burro in una pentolina e stemperatevi la farina, mescolando con un cucchiaio di legno per eliminare eventuali grumi. Diluite con qualche cucchiaio di court-bouillon, salate, pepate e fate addensare la salsa per circa 5 minuti, senza mai smettere di mescolare. A questo punto unite la senape e il cognac e cospargete con la salsa il composto di polpa di aragosta e tartufo, mescolando il tutto molto bene. Distribuite il composto nei quattro mezzi carapaci, cospargete con il formaggio e disponete le aragoste in una teglia da forno. Infornate a forno caldo a 200° per 10 minuti, giusto il tempo di farla gratinare, quindi servite subito.

Antipasto di aragosta flambé di Porto Torres

Ingredienti per 4 persone:
2 aragoste
300 g di pomodori sardi maturi
2 peperoni verdi
1 grossa cipolla
un ciuffo di prezzemolo
1 bicchierino di cognac
1 bicchiere di Vermentino di Sardegna
4 cucchiai di olio extravergine di oliva
sale e pepe

Mettete sul fuoco una grossa pentola piena d'acqua con gli ingredienti per il court-bouillon, che salerete al bollore e nella quale tufferete le aragoste, lasciandole cuocere per circa 10 minuti da quando riprendono il bollore.

Scolatele e, ancora calde, apritele a metà per il lungo con un coltello molto affilato, vuotando bene i carapaci. Tagliate a pezzetti la polpa e mettetela da parte. Tritate finemente una cipolla, pulite i peperoni e tagliateli a listarelle, tagliate i pomodori a dadini. Mettete 4 cucchiai d'olio in una padella e fate rosolare i pezzi di aragosta a fuoco vivo, quindi salate, pepate e teneteli in caldo. Nello stesso olio fate appassire la cipolla, poi, quando sarà dorata, unite i peperoni e i pomodori. Dopo 5-6 minuti cospargete le verdure con una manciata di prezzemolo tritato e irroratele con mezzo bicchiere di Vermentino di Sardegna. Conditele con un pizzico di sale e uno di pepe, quindi rimettete nel sugo i pezzi di aragosta. Lasciate cuocere ancora 10 minuti, poi aggiungete il cognac e dategli fuoco. Servite l'aragosta flambé assieme al sughetto di cottura.

Antipasto di aragosta in gelatina di Baia Sardinia

Ingredienti per 4 persone:
1 grossa aragosta di almeno 1 kg
1 dado da gelatina
1 bicchiere di brodo vegetale
1 bicchiere di Porto
1 tartufo
un cespo di lattuga
sale e pepe

Per il court-bouillon:
30 g di burro
1 carota
1 cipolla
1/2 bicchiere di Vermentino di Sardegna
un ciuffo di prezzemolo
2-3 foglie di alloro
1 rametto di timo
sale e pepe in grani

Per guarnire:
un ciuffo di prezzemolo
1 limone

In una pentola capiente mettete a rosolare nel burro la carota e la cipolla affettate, versatevi il vino e un litro d'acqua, poi aggiungete il ciuffo di prezzemolo, l'alloro, il timo, il sale e il pepe. Portate a bollore e immergete l'aragosta. Lasciatela cuocere in questo court-bouillon per 30 minuti, poi spegnete il fuoco e lasciatela raffreddare nel brodo di cottura.

Preparate la gelatina: fate ammorbidire il dado da gelatina in acqua fredda, poi mettete sul fuoco assieme al brodo vegetale e al bicchiere di Porto. Mescolate bene, quindi spegnete e lasciate intiepidire.

Scolate l'aragosta, cercate di estrarre la polpa intera, tagliando il carapace con un coltello affilato.

Dividete la polpa a medaglioni spessi 1 cm e disponetela in un piatto da portata fondo. Pulite il tartufo con uno spazzolino, per asportare ogni residuo di terra, strofinatelo con un panno umido, asciugatelo e tagliatelo a lamelle non troppo sottili, usando l'apposito attrezzo. Disponete qualche lamella di tartufo su ciascun medaglione e coprite il tutto con la gelatina. Mettete il piatto a raffreddare in frigorifero.

Dopo circa 2 ore, usando un coltellino affilato, ritagliate tutt'intorno i medaglioni di aragosta e poneteli nei piatti singoli, su un letto di lattuga ben lavata. Servite subito.

Antipasto di calamari

Ingredienti per 4 persone:
800 g di calamari puliti
2 finocchi
1 carota
1 cipolla
1 costa di sedano
un cespo di insalata
il succo di 1 limone
4 cucchiai di olio extravergine di oliva
sale e pepe nero

Raschiate la carota, sbucciate la cipolla e mettetele in una casseruola con il sedano, i ciuffetti di foglie dei finocchi e un po' di sale. Coprite con acqua e portate a ebollizione. Quando l'acqua bolle, tuffateci i calamari e lasciateli cuocere per tre quarti d'ora circa, fino a quando sentirete con i rebbi di una forchetta che sono teneri. Scolate i calamari e lasciateli raffreddare. Nel frattempo, mondate i finocchi e tagliateli a fette sottili con la mandolina. Lavate e asciugate l'insalata e distribuitela in quattro ciotoline singole. Tagliate i calamari a fette sottili e sistemateli sopra ai finocchi. Condite con olio, succo di limone, sale e abbondante pepe nero macinato al momento. Mescolate delicatamente quindi ponete il composto di calamari e finocchi sopra l'insalata. Servite subito.

Antipasto di mare alla cagliaritana

Ingredienti per 4 persone:
200 g di cozze
200 g di gamberi
200 g di moscardini
200 g di seppioline
un ciuffo di basilico
un ciuffo di prezzemolo
1 spicchio d'aglio
1/2 bicchiere di olio extravergine d'oliva
1 limone
sale e pepe nero

Dopo averli puliti cuocete i moscardini in acqua bollente per un quarto d'ora circa. Nel frattempo lavate e raschiate le cozze e fatele aprire al vapore, mettendole dentro un colapasta di metallo posto su una pentola con acqua a bollore. Lavate sotto l'acqua corrente le seppioline e cuocetele in acqua bollente per 5 minuti. Fate bollire per pochi minuti anche i gamberi in acqua bollente. Fate raffreddare tutti i frutti di mare, tagliuzzateli a pezzetti e conditeli con il succo di mezzo limone, un trito fine di aglio e prezzemolo, sale, pepe e olio d'oliva. Guarnite con qualche foglia di basilico fresco e servite.

Antipasto di pesciolini con salsa di melanzane

Ingredienti per 4 persone:
600 g di pesciolini misti
4 cucchiai di olio extravergine di oliva
2 melanzane
1 cipolla
100 g di farina
2 spicchi d'aglio
un ciuffo di prezzemolo
il succo di 1 limone
olio per friggere
sale e pepe

Sbucciate le melanzane e tagliatele a dadini, metteteli in un colapasta, ricopriteli con una manciata di sale grosso e lasciate che scolino l'acqua amara per circa un'ora. Tritate cipolla, aglio e prezzemolo e metteteli a soffriggere in una casseruola con un goccio d'olio su fuoco dolce. Sciacquate rapidamente le melanzane sotto acqua corrente e aggiungetele al soffritto. Salate e pepate. Fate cuocere per circa mezz'ora, sfumando ogni tanto con un goccio d'acqua. Trascorso questo tempo, spegnete, lasciate intiepidire e frullate il tutto in un mixer. Unite 2 cucchiai di olio e il succo di limone. Mettete sul fuoco una padella per fritti con abbondante olio.

Sciacquate velocemente i pesciolini, asciugateli con uno strofinaccio pulito, passateli nella farina e friggetene pochi alla volta. Quando saranno ben dorati toglieteli con una schiumarola e poneteli a scolare l'unto in eccesso su un foglio di carta assorbente da cucina. Sistemate i pesciolini fritti in un piatto da portata caldo, salateli, cospargeteli con la salsa di melanzane e servite subito.

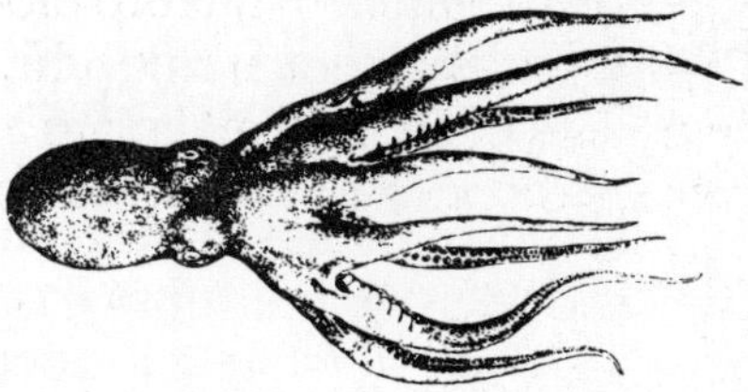

Antipasto di polipo e calamari

Ingredienti per 4 persone:
400 g di calamari
400 g di polipo
1 peperone giallo
1 cetriolo
1 carota
un ciuffo di prezzemolo
il succo di 2 limoni
4 cucchiai di olio extravergine di oliva
sale e pepe

Lessate il polipo e il calamaro in abbondante acqua non salata. Appena sentirete con i rebbi di una forchetta che sono cotti, toglieteli con una schiumarola e lasciateli raffreddare un poco. Fiammeggiate il peperone giallo, togliete la pelle e tagliatelo a listarelle sottili. Tagliate il cetriolo a rondelle sottili con la mandolina. Tagliate la carota alla julienne. In una grande insalatiera ponete sul fondo le fette di cetriolo, sovrapponete le carote, quindi le falde di peperone. Sopra a tutto mettete il polipo e i calamari tagliati a pezzetti piccoli. Condite con olio extravergine, succo di limone, sale, pepe e prezzemolo tritato.

Antipasto di ricci di mare

Ingredienti per 4 persone:
4 kg di ricci di mare
un cespo di lattuga
4 cucchiai di olio extravergine d'oliva
1 cipolla
2 cucchiai di aceto di vino rosso
1 cucchiaino di fecola di patata
sale e pepe bianco

Pulite bene i ricci di mare e apriteli con un coltellino molto tagliente. Disponete la parte del riccio con il mollusco su un piatto da portata guarnito con un letto di lattuga. A parte tritate finissimamente la cipolla, unitela all'olio e all'aceto e mescolate per amalgamare, addensando eventualmente con una punta di cucchiaio di fecola di patata. Spargete la salsina sui ricci e servite.

Antipasto di scampi e agrumi della Maddalena

Ingredienti per 4 persone:
400 g di scampi
1 pompelmo
il succo di 1 arancia
4 foglie di lattuga

Per la salsa:
un tubetto di maionese
2 cucchiai di ketchup
un pizzico di zucchero
qualche goccia di salsa worcestershire
sale e pepe

Portate a ebollizione una pentola con 3 litri di acqua e sbollentate per pochi minuti gli scampi, quindi toglieteli e fateli scolare. Quando saranno tiepidi eliminate il carapace e tagliateli a pezzi. Sbucciate il pompelmo e tagliate la polpa a cubetti, bagnandoli con il succo dell'arancia. Unite gli scampi e mescolate bene, salando e pepando. Rivestite 4 coppe da cocktail con le foglie di lattuga fresca e disponetevi sopra il composto. Amalgamate la maionese, il sale, il pepe, la worcestershire e lo zucchero, mescolando bene gli ingredienti. Versate la salsa sull'antipasto e servite freddo.

Antipasto di tonno affumicato e ricotta

Ingredienti per 4 persone:
200 g di tonno affumicato
1 limone
4 grosse fette di pane casereccio
un ciuffo di erba cipollina
100 g di ricotta di pecora
sale e pepe nero

Prendete delle fette di pane casereccio e fatele abbrustolire.

Disponetevi sopra un sottile strato di ricotta di pecora, salate e pepate.

Distribuite sullo strato di formaggio il tonno affumicato tagliato a pezzetti e guarnite con erba cipollina tritata finemente. Prima di servire sfumate con qualche goccia di succo di limone.

Aragosta alla Castelsardo

Ingredienti per 4 persone:
1 aragosta di almeno 1 kg
4 cipollotti freschi
250 g di pomodori sardi maturi
un grosso mazzo di rucola
1/2 bicchiere di olio extravergine di oliva
4 cucchiai di aceto di vino bianco
sale e pepe bianco

Per il court-bouillon:
30 g di burro
1 carota
1 cipolla
1/2 bicchiere di Vermentino di Sardegna
un ciuffo di prezzemolo
2-3 foglie di alloro
1 rametto di timo
sale e pepe in grani

Mettete in una pentola capiente gli ingredienti per il court-bouillon e

portate a ebollizione. Tuffateci dentro l'aragosta e lasciatela cuocere una mezz'ora o più, a seconda delle dimensioni, quindi scolatela, aprite il carapace con un coltello molto affilato ed estraete la polpa.

In una capiente insalatiera ponete la rucola ben lavata, i cipollotti tagliati a rondelle molto fini, i pomodori a fettine, privati dei semi. Sopra disponete delle fettine di polpa di aragosta. Condite il tutto con una vinaigrette formata emulsionando olio, aceto, sale e pepe bianco. Servite subito.

Aragosta allo zafferano flambé

Ingredienti per 4 persone:
2 aragoste di circa 500 g
1 cipolla
1 bustina di zafferano di Sardegna
1 bicchiere di Vermentino di Sardegna
1 bicchierino di cognac
10 cucchiai di olio extravergine di oliva
sale e pepe

Per il court-bouillon:
30 g di burro
1 carota
1 cipolla
1/2 bicchiere di Vermentino di Sardegna
un ciuffo di prezzemolo
2-3 foglie di alloro
1 rametto di timo
sale e pepe in grani

Mettete in una pentola capiente gli ingredienti per il court-bouillon e portate a ebollizione. Tuffateci dentro le aragoste e lasciatele cuocere 10 minuti, quindi scolatele, aprite il carapace con un coltello molto affilato ed estraete la polpa.

Mettete l'olio in una padella e fate rosolare la cipolla grossolanamente tritata. Quando sarà dorata unite la polpa dell'aragosta a pezzetti, salate, pepate e irrorate con il vino nel quale avrete stemperato lo zafferano. Fatelo evaporare, quindi cospargete con il cognac e dategli fuoco. Portate in tavola la padella ancora fiammeggiante e servite subito.

Aragosta con arance e olive nere

Ingredienti per 4 persone:
1 aragosta
4 cucchiai di olio extravergine di oliva
2 cucchiai di aceto di vino bianco
una manciata di olive nere denocciolate
2 arance
sale e pepe

Per il court-bouillon:
30 g di burro
1 carota
1 cipolla
1/2 bicchiere di Vermentino di Sardegna
un ciuffo di prezzemolo
2-3 foglie di alloro
1 rametto di timo
sale e pepe in grani

Mettete in una pentola capiente gli ingredienti per il court-bouillon e portate a ebollizione. Tuffateci dentro l'aragosta e lasciatela cuocere una mezz'ora o più, a seconda delle dimensioni, quindi scolatela, aprite il carapace con un coltello molto affilato ed estraete la polpa, tenendola in caldo.

Tritate le olive nere denocciolate e mettetele in una ciotola assieme alla buccia delle arance tagliata con il pelapatate e poi alla julienne. Unite la polpa dell'aragosta tagliata a pezzetti e condite il tutto con olio d'oliva, aceto, sale e pepe.

Aragosta in bellavista

Ingredienti per 4 persone:
1 aragosta grande, di almeno 1 kg
1 dado per gelatina
1 confezione di pancarré
1 tartufo nero
un ciuffo di erba cipollina
un tubetto di maionese

Per il court-bouillon:
30 g di burro
1 carota
1 cipolla
1/2 bicchiere di Vermentino di Sardegna
un ciuffo di prezzemolo
2-3 foglie di alloro
1 rametto di timo
sale e pepe in grani

Mettete in una pentola capiente gli ingredienti per il court-bouillon e portate a ebollizione. Tuffateci dentro l'aragosta e lasciatela cuocere una mezz'ora o più, a seconda delle dimensioni, spegnete il fuoco e lasciate intiepidire l'aragosta nel brodo quindi scolatela, aprite il carapace con un coltello molto affilato ed estraete la polpa. Tagliatela a medaglioni, seguendo gli "anelli" presenti sul corpo del crostaceo.

Intanto fate sciogliere la gelatina, e lasciatela intiepidire.

Togliete la crosta alle fette di pancarré. Appoggiate il pane su un piatto da portata e disponetevi sopra i medaglioni di aragosta, spennellati con un poco di gelatina parzialmente consolidata.

Posate su ciascun medaglione una fettina di tartufo e coprite con altra gelatina, che lascerete consolidare. Decorate i bordi delle fette di pancarré con la maionese e ricoprite il tutto con un po' di erba cipollina tritata. Lasciate raffreddare per circa un'ora in frigorifero poi servite.

Aragosta in salsa di acciughe

Ingredienti per 4 persone:
2 aragoste di circa 600 g ciascuna
200 g di burro
50 g di acciughe sott'olio
sale e pepe

Per questa ricetta l'ideale sarebbe avere un barbecue, ma può andare bene anche una griglia, purché sia ben rovente.

Lavate le aragoste e, con un coltello molto affilato, dividetele in due nel senso della lunghezza. Eliminate la sacca sabbiosa che si trova nella testa e il budellino dell'intestino. Appoggiate le quattro mezze aragoste sulla griglia dalla parte del carapace e lasciatele grigliare per circa 20 minuti, rivoltandole di tanto in tanto. Spennellatele ripetutamente con 80 g di burro fuso e spolverizzatele di sale e di pepe. Mettete il burro rimasto in una ciotola e lavoratelo con una spatola di legno fino a che sarà diventato morbido e cremoso e incorporatevi le acciughe sott'olio finemente triturate o frullate. Disponete le mezze aragoste sul piatto da portata, sempre dalla parte del guscio, e ricopritele con il burro all'acciuga, che spalmerete con una spatola. Servite subito.

Aragosta in salsa di ostriche di Calasetta

Ingredienti per 4 persone:
1 aragosta di almeno 1 kg
100 g di burro
8 ostriche
un ciuffo di prezzemolo
1 spicchio d'aglio
un grosso pugno di pangrattato
8 cucchiai di olio extravergine di oliva
sale e pepe

Aprite in due l'aragosta, con un coltello molto affilato. Preriscaldate il forno a 180°, ponete le due metà dell'aragosta sulla gratella dalla parte del guscio e sistematevi sotto la leccarda. Disponete sulla polpa dell'aragosta la metà del burro a fiocchetti, spolverizzate di sale e pepe e lasciate cuocere per 20 minuti. Nel frattempo pulite le ostriche, apritele ed estraete i molluschi. Tritate finemente aglio e prezzemolo, unitevi il pangrattato, il trito di ostriche, l'olio, sale e pepe. Dovete ottenere un composto abbastanza morbido.

Estraete le aragoste dal forno e su ogni metà spalmate un poco del composto preparato. Unite il burro rimasto a fiocchetti e infornatele nuovamente per 10 minuti. Servite subito.

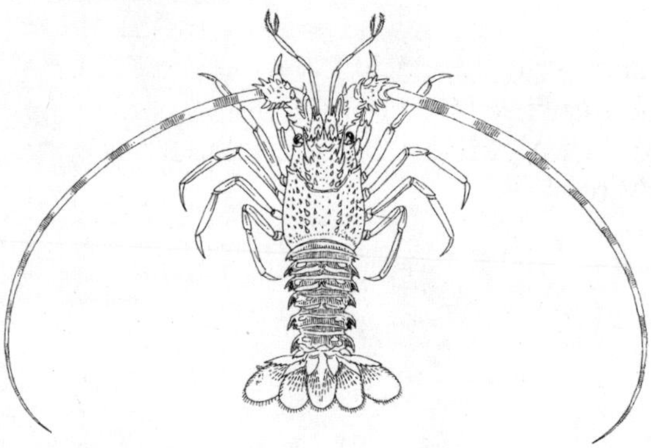

Aragosta in salsa nera

Ingredienti per 4 persone:
1 aragosta di almeno 1 kg
1/2 sacca di inchiostro di seppia
1/2 bicchiere di Vermentino di Sardegna
1 confezione di panna
1 cucchiaio di farina
sale e pepe bianco

Per il court-bouillon:
30 g di burro
1 carota
1 cipolla
1/2 bicchiere di Vermentino di Sardegna
un ciuffo di prezzemolo
2-3 foglie di alloro
1 rametto di timo
sale e pepe in grani

Mettete in una pentola capiente gli ingredienti per il court-bouillon e portate a ebollizione. Tuffateci dentro l'aragosta e lasciatela cuocere una mezz'ora o più, a seconda delle dimensioni, quindi scolatela, aprite il carapace con un coltello molto affilato ed estraete la polpa.

Tagliatela a medaglioni, disponetela su un piatto da portata e tenetela in caldo.

Fate sciogliere il burro in un pentolino, incorporatevi sale, pepe, l'inchiostro di seppia, la panna, il vino e addensate con la farina. Fate restringere la salsa fino a quando non sarà cremosa. Velate con la salsa i medaglioni di aragosta e servite subito.

Aragosta mimosa

Ingredienti per 4 persone:
1 aragosta grande, di almeno 1 kg
2 tuorli sodi
il succo di 1 limone
un ciuffo di prezzemòlo
4 cucchiai di olio extravergine di oliva
sale e pepe

Per il court-bouillon:
30 g di burro
1 carota
1 cipolla
1/2 bicchiere di Vermentino di Sardegna
un ciuffo di prezzemolo
2-3 foglie di alloro
1 rametto di timo
sale e pepe in grani

Mettete in una pentola capiente gli ingredienti per il court-bouillon e portate a ebollizione. Tuffateci dentro l'aragosta e lasciatela cuocere una mezz'ora o più, a seconda delle dimensioni, quindi scolatela, aprite il carapace con un coltello molto affilato ed estraete la polpa.

Tagliatela a tocchetti e disponetela in una ciotola.

Aggiungete i due tuorli sodi sbriciolati, sale, pepe e condite con l'olio e il succo del limone. Amalgamate con delicatezza, cospargete con prezzemolo tritato e servite.

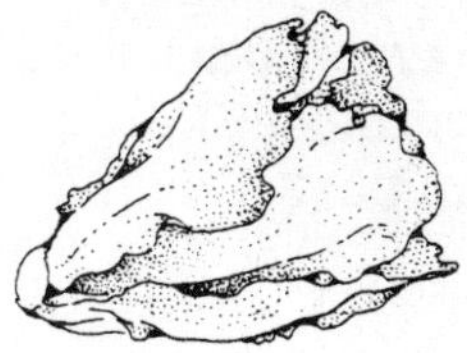

Aragostine alla Villasimius

Ingredienti per 4 persone:
4 aragoste piccole
100 g di prosciutto cotto
un cespo di lattuga
un tubetto di maionese
4 uova sode
100 g di carciofini sott'olio
1 limone
sale e pepe

Mettete le aragoste a lessare in acqua bollente salata, lasciandole cuocere per circa 30 minuti.

Tagliate a dadini il prosciutto cotto e mescolatelo con le foglie di lattuga ben lavate e tagliate a listarelle sottili. Condite il tutto con la maionese, sale e pepe, e amalgamate bene. Prendete un piatto da portata e formate un letto con uno strato del composto ottenuto. Al centro ponete le quattro aragoste bollite, che avrete tagliato a metà con un coltello molto affilato. Sopra alle aragoste ponete delle rondelle di uova sode e i carciofini sott'olio tritati. Contornate il tutto con fette di limone e ponete in frigorifero per circa un'ora, prima di servire.

Astice alla moda di Orosei

Ingredienti per 4 persone:
1 astice grande, di almeno 1 kg
4 cucchiai di olio extravergine di oliva
40 g di burro
4 scalogni
3 carote
2 spicchi d'aglio
1 bicchierino di cognac
1/2 bicchiere di Vermentino di Sardegna
1 bicchiere di brodo di pesce
250 g di pomodori sardi maturi
1 confezione di panna
un ciuffo di prezzemolo
sale e pepe

Mettete l'astice in una capace pentola con acqua bollente, fatelo cuocere per 10 minuti, quindi toglietelo, tagliatelo a metà con un coltello molto affilato, estraete la polpa e tagliatela a bocconi.

In una padella fate scaldare l'olio e rosolatevi i pezzi di astice, salate e pepate, girandoli continuamente, fino a quando vedrete che prendono colore. Unite la metà del burro, lo scalogno finemente tritato e le carote tagliate alla julienne. Fate rosolare anche le verdure, a fuoco basso, fino a quando saranno appassite, quindi bagnate con il cognac e fiammeggiate. Lasciate consumare l'alcool, quindi versate nella casseruola il vino bianco e il brodo di pesce e aggiungete i pomodori, privati di pelle e semi e tagliati a dadini. Fate cuocere 10 minuti, poi spegnete il fuoco. Lasciate riposare, a recipiente coperto, per 8-10 minuti. Trascorso questo tempo, togliete l'astice e tenetelo in caldo. Fate cuocere a fuoco allegro il fondo di cottura fino a quando avrà assunto una consistenza cremosa, unite il resto del burro, passate il composto ottenuto attraverso un setaccio fine. Rimettete la salsa nella pentola, unite la panna e il prezzemolo tritato finemente, mescolando con una frusta perché non si formino grumi, e insaporitela con sale e pepe bianco. Versate il sughetto sui pezzi d'astice e servite.

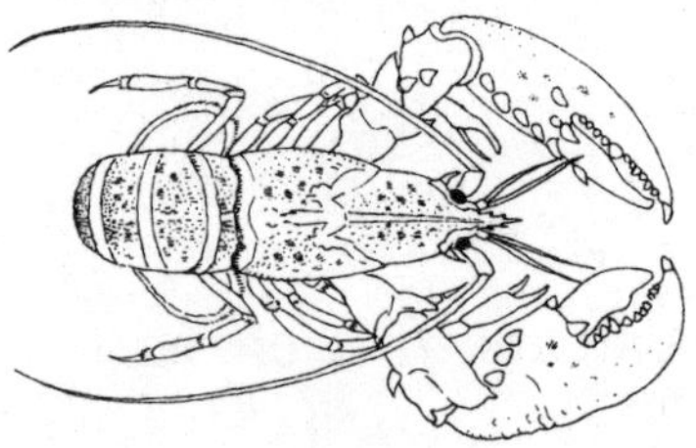

Bignè di gamberoni

Ingredienti per 4 persone:
16 gamberoni
200 g di farina
1 uovo
olio per friggere
sale e pepe

Preparate una pastella con farina, un tuorlo d'uovo, un pizzico di sale, e diluitela con un poco di acqua calda. Montate a neve l'albume e unitelo alla pastella che deve aver riposato per 1 ora. Pulite i gamberoni, sgusciateli delicatamente e immergeteli nella pastella uno alla volta. Portate a temperatura abbondante olio in una padella capiente e friggete i gamberoni per circa 5 minuti. Quando vedrete che sono dorati, toglieteli con una schiumarola, fate scolare l'unto in eccesso su carta assorbente da cucina e servite subito.

Bisque di gamberi di Golfo Aranci

Ingredienti per 4 persone:
40 gamberi
1 cipolla
1 carota
1 costa di sedano
2 foglie di alloro
1 rametto di timo fresco
un pizzico di origano seccato
un pizzico di maggiorana seccata
4 cucchiai di cognac
1/2 bicchiere di Vermentino di Sardegna
1 bicchiere di brodo di pesce
100 g di mollica di pane
1 confezione di panna
30 g di burro
sale e pepe
crostini di pane abbrustolito

Tritate finemente cipolla, carota, sedano, timo e alloro e fate rosolare in 30 g di burro a fuoco basso per circa 15 minuti, mescolando continuamente e cercando di non far prendere colore alle verdure. Sfumate prima con il cognac poi con il vino. Alzate la fiamma e mettete a cuocere i gamberi interi e con il guscio. Aggiungete il sale ed il pepe. Diminuite la fiamma e lasciate cuocere per altri 10 minuti circa. Spegnete e lasciate intiepidire.

Togliete i gamberi, sgusciateli e mettete la polpa da parte.

In un mortaio (ma potete anche usare un frullatore) pestate i carapaci sino ad ottenere una pasta morbida. Incorporatela al sugo di cottura, allungate il tutto con il brodo di pesce e lasciate bollire per alcuni minuti, quindi passate il composto per un colino a maglie fitte.

Rimettete la salsa in pentola, salate, pepate e portate a ebollizione, aggiungendo la mollica di pane. Ripassate la salsa al setaccio, quindi amalgamatela con la panna. Rimettete nella pentola i gamberi e fate bollire la bisque per due o tre minuti. Servite subito, con crostini di pane.

Bocconcini di tonno con pancetta e olive

Ingredienti per 4 persone:
400 g di tonno fresco
200 g di pancetta affumicata a fettine
una manciata di olive verdi denocciolate
4-5 foglie di salvia
20 g di burro
sale e pepe
crostini di pane abbrustolito

Sminuzzate le olive. Riducete a dadoni il tonno, insaporiteli con sale e pepe. Arrotolate le fette di pancetta attorno ai bocconcini di tonno, che avrete cosparso con il trito di olive. Tenete chiusi gli involtini con uno stecchino. Passate del burro su una placca da forno e sistematevi i bocconcini. Cospargete con le foglie di salvia grossolanamente triturate. Infornate a forno caldo a 200° per un quarto d'ora circa. Rigirate i bocconcini in modo che vengano cotti in modo uniforme. Togliete dal forno e servite con crostini di pane.

Bottarga di corsa

Ingredienti per 4 persone:
300 g di bottarga di tonno
il succo di 1 limone
un ciuffo di prezzemolo
1/2 bicchiere di olio extravergine di oliva
pepe nero macinato al momento
crostini di pane abbrustolito

La bottarga di corsa è quella ottenuta con l'ovaia salata dei tonni pescati prima che abbiano deposto le uova, quindi è ricchissima di uova.

Tagliate a fettine sottili la bottarga salata e disponetela in un ampio piatto da portata. Irroratela con l'olio d'oliva e lasciate macerare un paio d'ore. Prima di servire irrorate con il succo del limone, cospargete con un trito fine di prezzemolo e pepe nero macinato al momento. Accompagnate con crostini di pane abbrustoliti.

Bottarga e carciofi

Ingredienti per 4 persone:
50 g di bottarga
450 g di cuori di carciofo
6 cucchiai di olio extravergine d'oliva
1 limone
2 scalogni
1 cipollotto fresco
sale e pepe nero

Pulite accuratamente i carciofi, scartando tutte le foglie esterne e conservando solamente il cuore. Portate a ebollizione una pentola di acqua salata e acidulata col succo di 1/2 limone e buttatevi i carciofi. Fate cuocere, da quando riprende il bollore, circa 15 minuti, quindi scolate i cuori di carciofo e tagliateli a fette.

In un piatto da portata fate un letto di cuori di carciofo. Sovrapponete il cipollotto fresco tagliato a rondelle e gli scalogni tritati finissimi. Sbriciolatevi sopra la bottarga.

Preparate una citronette emulsionando l'olio con il succo di 1/2 limone, sale e pepe nero macinato al momento. Irrorate con la citronette e servite.

Branzino in gelatina

Ingredienti per 4 persone:
1 branzino grande, di almeno 1 kg
1 dado da gelatina
1/2 bicchiere di Vermentino di Sardegna
1 carota
1 uovo sodo
un tubetto di maionese
sale e pepe

Per il court-bouillon:
1 carota
1 cipolla
1 costa di sedano
1/2 bicchiere di Vermentino di Sardegna
un ciuffo di prezzemolo
2-3 foglie di alloro
1 rametto di timo
sale e pepe in grani

Mettete in una pentola capiente gli ingredienti per il court-bouillon e portate a ebollizione. Tuffateci dentro il branzino e lasciatelo a cuocere 10 minuti o più, a seconda delle dimensioni, quindi lasciatelo raffreddare nel brodo. Preparate la gelatina, mettendo a sciogliere il dado in acqua aromatizzata con 1/2 bicchiere di Vermentino di Sardegna. Quando inizia a raffreddarsi fate un leggero strato su un piatto da portata, sopra sistematevi il branzino, sgocciolato e asciugato. Decoratelo con qualche rondella di carota lessata, alcune fettine di uovo sodo e ciuffi di maionese. Ricoprite con la gelatina rimasta. Mettete in frigorifero per alcune ore prima di servire.

Brioches ai gamberetti di Stintino

Ingredienti per 4 persone:
8 panini al latte rotondi
200 g di gamberetti sgusciati
1 confezione di panna
1 bicchiere di cognac
1 cucchiaio di farina
1 cipolla
50 g di burro
4 cucchiai di olio extravergine di oliva
sale e pepe

Fate soffriggere la cipolla finemente tritata con olio e burro in una padella ampia fino a quando non sarà dorata. Unite i gamberetti, salate, sfumate con il cognac e lasciatelo evaporare, quindi aggiungete la panna, eventualmente addensando la salsa con la farina.

Tagliate i panini dolci a metà, privateli della mollica, riempiteli con i gamberetti e sistemateli su una placca da forno unta. Preriscaldate il forno a 180°, infornate le brioches ai gamberi per pochi minuti, giusto il tempo di farle dorare, e servite subito.

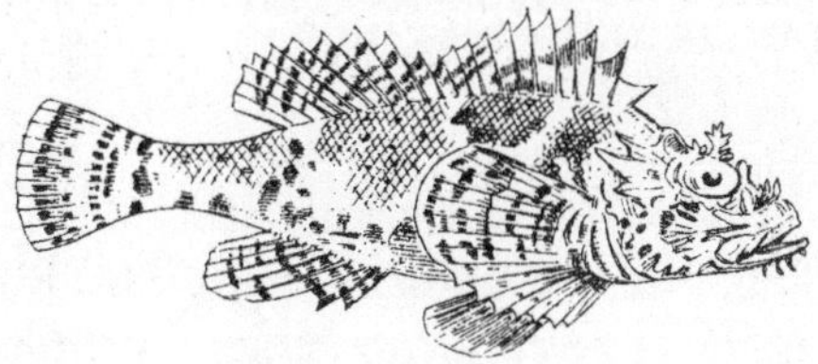

Bruschetta al filetto di scorfano

Ingredienti per 4 persone:
1 carota
100 g di champignon
4 cuori di carciofo sardo
8 cucchiai di olio extravergine d'oliva
1 cipolla
4 grosse fette di pane casereccio
100 g di patate
1 sedano
1/2 bicchiere di Vermentino di Sardegna
50 g di pomodorini sardi
400 g di filetti di scorfano
sale e pepe

Pulite bene e tagliate a dadini molto piccoli patate, carote, sedano, funghi, carciofi e fateli lessare in pochissima acqua salata.

In una padella fate soffriggere nell'olio un trito fine di cipolla e aggiungete i filetti di scorfano a pezzetti. Fate cuocere qualche minuto, quindi aggiungete i pomodorini sardi a pezzetti e le verdure lessate.

Irrorate con il vino bianco, fatelo evaporare e fate amalgamare il pesce con le verdure.

Prendete delle fette di pane casereccio e fatele abbrustolire. Ricoprite le bruschette con il sugo di verdurine e scorfano, salando e pepando.

Bruschettine alla bottarga

Ingredienti per 4 persone:
16 fette sottili di bottarga
4 pomodori maturi
un cuore di lattuga
1/2 bicchiere di olio extravergine d'oliva
il succo di 1 limone
sale e pepe bianco
crostini di pane abbrustolito

Mondate la lattuga e tagliatela a striscioline fini, quindi disponetela sui piattini singoli. Tagliate i pomodori a fette abbastanza sottili, privateli dei semi e metteteli sulla lattuga. Ricoprite il tutto con le fettine di bottarga. Emulsionate l'olio con sale, pepe e il succo del limone e irrorate la bottarga con la citronette. Servite con crostini di pane abbrustolito.

Caponata di gamberi e verdure

Ingredienti per 4 persone:
4 cucchiai di olio extravergine di oliva
2 spicchi d'aglio
un pizzico di zucchero
un ciuffo di prezzemolo
1 costa di sedano
300 g di zucchine
1 rametto di timo fresco
un ciuffo di basilico
un pizzico di peperoncino piccante
300 g di gamberi
1/2 l di aceto di vino bianco
1 cipollotto
200 g di pomodorini
sale e pepe

Tagliate a rondelle sottili il cipollotto e a dadini la costa di sedano. Tritate l'aglio insieme al prezzemolo e tagliate le zucchine a dadini dopo averle spuntate e lavate.

In una padella con 4 cucchiai di olio fate appassire il cipollotto a fuoco dolce, quindi unite le zucchine e il peperoncino a fuoco medio per 5 minuti circa.

Spolverizzate con lo zucchero e fatelo caramellare leggermente, quindi irrorate con l'aceto e lasciatelo evaporare quasi completamente. Aggiungete il sedano, i pomodori tagliati a dadini, il trito di aglio e prezzemolo, il timo, il basilico spezzettato, sale e pepe.

Lasciate cuocere a fuoco allegro per 5 minuti poi aggiungete i gamberetti e fateli cuocere insieme alle verdure per altri 5 minuti.

Mescolate e servite.

Carciofi con pecorino e bottarga

Ingredienti per 4 persone:
5 carciofi di Sardegna
100 g di ricotta di pecora
un ciuffo di prezzemolo
2 spicchi di aglio
il succo di 1 limone
50 g di pecorino sardo stagionato grattugiato
4 cucchiai di olio extravergine di oliva
sale e pepe bianco

Pulite i carciofi privandoli delle foglie esterne più dure e dei gambi, eliminate le spine, quindi apriteli leggermente. A mano a mano che sono pronti metteteli in una pentola piena di acqua acidulata con un poco di succo di limone, salatela e fateli sbollentare per circa 5 minuti.

Togliete dalla pentola quattro carciofi e proseguite la cottura dell'ulti-

L'uscita dalla messa, in un'incisione del XIX *secolo.*

mo ancora per 10 minuti, quindi scolatelo e fatelo raffreddare. Tritate finemente aglio e prezzemolo, quindi mettete il trito nel frullatore con il carciofo, la bottarga, la ricotta di pecora, sale e un pizzico di pepe. Frullate bene il tutto, unendo anche l'olio a filo. Riempite i carciofi con la farcia preparata, quindi cospargeteli con il pecorino grattugiato e servite.

Carciofi ripieni di tonno in gelatina

Ingredienti per 4 persone:
4 carciofi sardi
150 g di tonno fresco
una manciata di olive verdi denocciolate
1 dado da gelatina
1 limone
40 g di burro
sale e pepe

Pulite bene i carciofi, togliendo le foglie più dure e le spine, quindi fateli bollire per 20 minuti in acqua salata, acidulata col succo di un limone. Quando saranno cotti scolateli e tagliateli a metà, togliendo l'eventuale fieno e scavandoli un poco per fare posto al ripieno.

Nel frattempo preparate la gelatina facendo sciogliere il dado in 1 litro d'acqua bollente e, appena comincia a rapprendersi, toglietela dal fuoco e lasciatela intiepidire. Frullate il tonno, unitelo al burro, che avrete fatto ammorbidire, salate e pepate, mescolando bene.

Riempite i carciofi con la farcia e disponeteli in un piatto da portata fondo. Su ogni carciofo mettete un trito di olive, quindi versatevi sopra la gelatina.

Lasciate raffreddare almeno un'ora in frigorifero prima di servire.

Carpaccio di calamari

Ingredienti per 4 persone:
1 kg di calamari
4 cucchiai di olio extravergine di oliva
il succo di 1 limone
un cespo di lattuga
sale e pepe

Pulite molto bene i calamari, eliminando la sacca del nero, la penna, gli occhi, il becco e la pelle che li ricopre. Sciacquateli abbondantemente sotto l'acqua fredda corrente, quindi tagliateli per la lunghezza allo spessore di circa 2 cm. Metteteli in una ciotola e conditeli con sale e pepe.

Stendete sul tagliere un foglio di pellicola trasparente, adagiatevi per il lungo i calamari e arrotolate su se stessa la pellicola in modo da formare un salsicciotto. Stringete bene alle estremità e sigillate il tutto, quindi mettete questo salsicciotto in freezer per una mezz'ora in modo che solidifichi.

Nel frattempo emulsionate l'olio con il succo di limone, sale e pepe nero macinato al momento, sbattendo bene con una forchetta.

Eliminate la pellicola trasparente e affettate sottilmente i calamari con un coltellino molto affilato. Lavate la lattuga, scolatela bene e tagliatela alla julienne, usandola come letto, disponendola nei singoli piatti. Disponete qualche fetta di carpaccio di calamari su ogni piatto, condite con l'emulsione e servite.

Carpaccio di spigola

Ingredienti per 4 persone:
1 spigola di 1 kg circa
3 limoni
1/2 bicchiere di olio extravergine d'oliva
sale e pepe bianco
crostini di pane casereccio

Pulite e filettate accuratamente il pesce, allineate i filetti in un piatto fondo e irrorateli con il succo dei limoni, un cucchiaio circa di scorza gialla grattugiata, sale e pepe bianco e metà dell'olio. Lasciate riposare il carpaccio coperto in frigorifero per qualche ora, quindi sgocciolate il pesce e trasferitelo su un piatto pulito, irrorate con l'olio rimasto e servite con crostini di pane casereccio abbrustolito.

Carpaccio di tonno

Ingredienti per 4 persone:
400 g di tonno fresco
4 fette di pane casereccio
un pizzico di origano
2 limoni
8 cucchiai di olio extravergine d'oliva
sale e pepe bianco

Tagliate a fettine sottilissime il tonno e fatelo marinare per un'ora in una salsina ottenuta emulsionando 4 cucchiai di olio, il succo dei limoni, sale e pepe e l'origano. Abbrustolite il pane, conditelo con un filo di olio e mettete su ogni fetta il carpaccio di tonno.

Cassatedde fritte di tuma e acciughe

Ingredienti per 4 persone:

Per la pasta:
500 g di farina
sale

Per il ripieno:
300 g di pomodori sardi maturi
250 g di tuma (formaggio di capra)
6 acciughe salate
un ciuffo di prezzemolo
sale e pepe
olio per friggere

Su un tagliere disponete la farina a fontana e impastatela con un pizzico di sale e acqua sufficiente a ottenere un composto liscio e piuttosto elastico, che lascerete riposare per circa 1 ora.

Nel frattempo diliscate e dissalate le acciughe sotto acqua fredda corrente, private dei semi e tagliate a fette i pomodori. Sistemate i pomodori e le acciughe a pezzetti in una terrina, aggiungete il prezzemolo tritato finemente, il formaggio a pezzetti, un pizzico di sale e di pepe e mescolate bene fino a ottenere un composto omogeneo. Stendete la pasta in una sfoglia sottile e, con un bicchiere, ricavate dei dischi di pasta. Mettete un poco di ripieno al centro di ogni disco e ripiegatelo a metà, formando delle mezzelune. Portate a temperatura l'olio e friggete le cassatedde da ambo i lati, togliendole con una schiumarola quando vedrete che sono ben dorate. Fate scolare l'unto in eccesso su un foglio di carta assorbente da cucina prima di servire.

Cefaletti farciti alla griglia

Ingredienti per 4 persone:
16 filetti di cefaletto
30 g di burro
2 pugni di mollica di pane
1/2 bicchiere di latte
4 cucchiai di olio extravergine di oliva
un ciuffo di prezzemolo
un pizzico di origano
qualche foglia di salvia
2 spicchi d'aglio
sale e pepe

Mettete la mollica a bagno nel latte per qualche minuto. Unite la mollica di pane, ben strizzata, con il burro ammorbidito, l'origano, il prezzemolo e l'aglio finemente tritati assieme alla salvia, sale e pepe e mescolate accuratamente il tutto. Disponete la farcia su ciascun filetto di cefalo, poi arrotolateli e fermateli con uno stuzzicadenti.

Ungeteli con l'olio e fateli cuocere su una griglia arroventata o al barbecue. Servite subito.

Cocotte di aragosta e frutti di mare al Vermentino di Gallura

Ingredienti per 4 persone:
1 aragosta di circa 600 g
10-12 gamberi grandi
300 g di cozze
500 g di spinaci
2 bicchieri di Vermentino di Gallura DOC
100 g di burro
100 g di farina
2 tuorli d'uovo
sale e pepe

Per il court-bouillon:
30 g di burro
1 carota
1 cipolla
1/2 bicchiere di Vermentino di Sardegna
un ciuffo di prezzemolo
2-3 foglie di alloro
1 rametto di timo
sale e pepe in grani

Mettete in una pentola capiente gli ingredienti per il court-bouillon e portate a ebollizione. Tuffateci dentro l'aragosta e lasciatela cuocere una mezz'ora o più, a seconda delle dimensioni, quindi scolatela, aprite il carapace con un coltello molto affilato ed estraete la polpa. Nello stesso court-bouillon sbollentate per 10 minuti i gamberi, scolateli e togliete i carapaci. Fate aprire le cozze in una padella con solo un filo di olio, quindi estraetele dai gusci.

Lavate accuratamente gli spinaci, sbollentateli per pochi minuti, sempre nel court-bouillon, quindi scolateli, strizzateli bene e ripassateli in padella con una noce di burro. Filtrate il court-bouillon, unite la farina, mescolando perché non si formino grumi, e il rimanente burro, a formare una besciamella. Quando sarà addensata, spegnete il fuoco e lasciate intiepidire. Unite le uova, sale e pepe e il Vermentino di Gallura DOC. Rimettete sul fuoco e fate addensare a fuoco dolce, badando che la salsa non arrivi a bollore.

Disponete in ogni singola cocotte un letto di spinaci, mettetevi alcune fettine di polpa di aragosta, sovrapponete i gamberi e le cozze, irrorate il tutto con la salsa e fate gratinare a forno caldo a 200° per 10 minuti circa, fino a quando si sarà formata una crosticina dorata.

Cozze allo zafferano

Ingredienti per 4 persone:
2 kg di cozze
2 scalogni
50 g di burro
4 cucchiai di olio extravergine d'oliva
1/2 bicchiere di Vermentino di Sardegna
1 confezione di panna
1 bustina di zafferano
sale e pepe bianco

Fate aprire le cozze, ben pulite e raschiate, in una padella con solo un filo d'olio, estraete i molluschi e teneteli al caldo. Fate fondere il burro in una padella e rosolatevi lo scalogno tritato fine a fuoco molto dolce, fino a quando comincia a dorare. Unite le cozze, insaporite con sale e pepe bianco, sfumatele con il vino e fate cuocere per un minuto, quindi togliete dal fuoco, con una schiumarola scolate le cozze e tenetele in caldo. Fate ridurre il fondo di cottura per 10 minuti, poi incorporatevi la panna e lo zafferano e fate cuocere la salsina fino a quando si sarà addensata. Rimettete le cozze a insaporire per qualche minuto e servite.

Cozze di Olbia al pomodoro fresco

Ingredienti per 4 persone:
2 kg di cozze
4 cucchiai di olio extravergine d'oliva
1 spicchio d'aglio
1 limone
1 bicchiere di Vermentino di Sardegna
40 g di burro
un ciuffo di prezzemolo
un grosso pugno di pangrattato
200 g di pomodori maturi
sale e pepe

Raschiate e pulite bene le cozze e fatele aprire in padella con un filo d'olio. Estraete i molluschi dal guscio e passateli nel pangrattato.

In un tegame fate soffriggere le cozze per pochi minuti in olio, burro e uno spicchio d'aglio.

Aggiungete un trito fine di prezzemolo, i pomodori tagliati a cubetti e sale. Lasciate cuocere a calore moderato per 15 minuti, sfumando con il vino e il succo di un limone, quando il fondo di cottura si restringe troppo. Servite ben calde.

Cozze di Olbia alla pizzaiola

Ingredienti per 4 persone:
una manciata di olive nere denocciolate
10 cucchiai di olio extravergine d'oliva
2 spicchi d'aglio
1/2 bicchiere di Vermentino di Sardegna
un grosso pugno di pangrattato
un pizzico di origano seccato
2 kg di cozze
un ciuffo di basilico
300 g di pomodori sardi maturi
sale e peperoncino rosso

Pulite le cozze, raschiando i gusci e fatele aprire in padella, a fuoco vivace, con un filo d'olio e il vino. Conservate la metà delle valve che contengono il mollusco.

Tritate il basilico e l'aglio, poi metteteli in una ciotola con il pangrattato, l'olio, un pizzico di origano, sale e un po' di peperoncino piccante macinato. Mescolate bene, fino ad ottenere un impasto consistente.

Coprite le cozze, nel loro guscio, con la farcia e disponetele in una teglia da forno unta. Triturate grossolanamente le olive nere e spargetele sulle cozze. Tagliate a dadini i pomodori e mettete anche questi nella teglia.
Irrorate con abbondante olio d'oliva e infornate per qualche minuto, in forno caldo a 180°, facendo gratinare le cozze alla pizzaiola sotto il grill.

Cozze e funghi

Ingredienti per 4 persone:
4 cucchiai di olio extravergine d'oliva
un ciuffo di prezzemolo
2 kg di cozze
2 scalogni
200 g di porcini freschi
sale e pepe
crostini di pane abbrustolito

Pulite e lavate gli scalogni, quindi affettateli. Mondate i funghi e tagliateli a fette sottili.
Ponete gli scalogni in un tegame con l'olio e lasciateli rosolare per un paio di minuti, aggiungete i funghi e proseguite la cottura per circa 10 minuti a fuoco medio.
Pulite con cura le cozze, eliminando le incrostazioni ed i filamenti, poi fatele cuocere in un tegame con un mestolo di acqua, a fuoco moderato, fino a quando i gusci si saranno aperti.
Sgusciate le cozze ed unitele al composto di funghi. Insaporite con il prezzemolo tritato e fate cuocere per alcuni minuti, mescolando di tanto in tanto, salando e pepando.
Servite con crostini di pane abbrustolito.

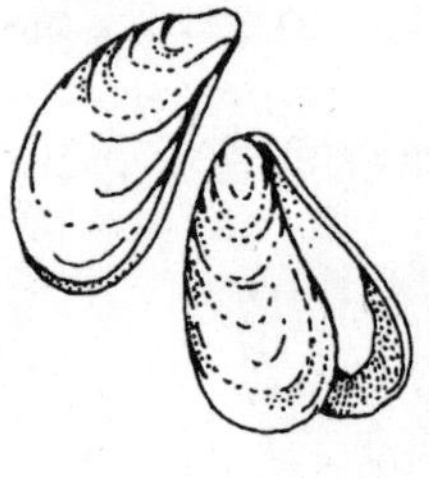

Cozze gratinate

Ingredienti per 4 persone:
2 kg di cozze
un grosso pugno di pangrattato
un ciuffo di prezzemolo
2 spicchi d'aglio
1/2 bicchiere di olio extravergine di oliva
sale e pepe bianco

Mettete le cozze in una padella con un mestolo d'acqua e fatele aprire. Togliete il mollusco e lavatelo sotto abbondante acqua corrente, infine mettetelo ad asciugare su uno strofinaccio di cotone. Lavate bene i gusci. Tritate finemente l'aglio e il prezzemolo, amalgamateli con il pangrattato, l'olio, sale e pepe. Rimettete il mollusco nella conchiglia e copritelo bene con il composto. Disponete le conchiglie in una pirofila, bagnatele con un filo d'olio e cuocetele in forno preriscaldato a 200° per circa 10-15 minuti.

36
GOBBICELLI

Cozze gratinate al pecorino

Ingredienti per 4 persone:
2 kg di cozze
250 g di pomodori sardi maturi
2 spicchi d'aglio
150 g di pecorino stagionato grattugiato
un grosso pugno di pangrattato
un ciuffo di prezzemolo
1/2 bicchiere di Vermentino di Sardegna
sale e pepe

Pulite le cozze, poi fatele aprire, mettendole in una padella con un mestolo d'acqua. Togliete la valva vuota e conservate quella col mollusco attaccato. Disponetele in una teglia da forno con il frutto verso l'alto, versando sul fondo poca acqua in modo che non si secchino.

Tritate i pomodorini, aggiungete un trito fine di prezzemolo e aglio, e mescolate il tutto con due cucchiai d'olio d'oliva e il pecorino grattugiato. Riempite le valve delle cozze con questo impasto, poi spolveratele con il pangrattato e il rimanente pecorino, irrorandole, in ultimo, con altro olio d'oliva ed il vino bianco. Gratinatele in forno caldo a 180° per 8-10 minuti.

Crocchette di gamberetti

Ingredienti per 4 persone:
400 g di gamberetti
salsa besciamella
un grosso pugno di pangrattato
olio per friggere

Per il court-bouillon:
30 g di burro
1 carota
1 cipolla
1/2 bicchiere di Vermentino di Sardegna
un ciuffo di prezzemolo
2-3 foglie di alloro
1 rametto di timo
sale e pepe in grani

Mettete in una pentola capiente gli ingredienti per il court-bouillon e portate a ebollizione, lasciando bollire per circa 20 minuti. Tuffateci dentro i gamberetti e lasciateli cuocere 5 minuti, quindi scolateli, sgusciateli e tritateli.

Uniteli alla salsa besciamella e mescolate accuratamente, salando e pepando. Fate raffreddare e formate delle palline con questo impasto. Passatele nel pangrattato, disponetele su un vassoio e lasciatele in frigo per qualche ora in modo che rassodino. Portate a temperatura l'olio, quindi friggete le crocchette fino a quando saranno dorate. Fate scolare l'unto in eccesso su un foglio di carta assorbente da cucina e servite subito, ben calde.

Crostini con alici all'aceto

Ingredienti per 4 persone:
800 g di alici
2 spicchi d'aglio
un pizzico di origano seccato
1 bicchiere di aceto di vino bianco
4 cucchiai di olio extravergine di oliva
sale e pepe
crostini di pane abbrustolito

Pulite, sviscerate e filettate le alici, quindi ponetele in una padella ampia, disponendole a raggiera, con le code al centro. Tritate finemente l'aglio e cospargetene le alici, salate, pepate e aggiungete l'origano. Irrorate con l'olio e ponete al fuoco. Sfumate con l'aceto e lasciate cuocere per 5-6 minuti, fino a quando l'aceto sarà evaporato. Servite le alici all'aceto con crostini di pane abbrustolito.

Crostini con alicine alla pescatora

Ingredienti per 4 persone:
8 fette di pane casereccio tagliate in due parti
400 g di alici
una manciata di olive verdi denocciolate
una manciata di capperi salati
200 g di pomodorini sardi
4 cucchiai di olio extravergine di oliva
un pizzico di origano seccato
sale e pepe

Lavate sotto acqua corrente i capperi per dissalarli. Pulite, sviscerate e filettate le alici. Disponetele a raggiera in una larga padella con un po' d'olio e salatele.

Tagliate i pomodorini a dadini e sistemateli sulle alici. Tritate le olive e i capperi e ponete anche questi sulle alici, cospargendo il tutto con un trito fine di prezzemolo, origano, sale e pepe.

Irrorate con il rimanente olio. Coprite la padella con un coperchio e fate cuocere a fuoco lento per 15 minuti. Servite con crostini di pane casereccio abbrustolito.

Crostini con cefali all'uva

Ingredienti per 4 persone:
4 cefali piccoli
5 scalogni
1 cipolla
un ciuffo di finocchietto selvatico
1 rametto di timo fresco
2 foglie di alloro
2 bicchieri di Vermentino di Sardegna
1 bicchiere di Torbato di Alghero
8 cucchiai di olio extravergine di oliva
50 g di pancetta
1 grappolo di uva bianca
sale e pepe
crostini di pane abbrustoliti

Tritate finemente uno scalogno e la cipolla, il finocchietto selvatico, il timo, spezzettate le foglie di alloro e amalgamate tutto con 4 cucchiai di olio extravergine di oliva, il vino, sale e pepe.

Lavate, sviscerate e pulite accuratamente 4 piccoli cefali e lasciateli marinare per 1 ora. Tritate la pancetta e i rimanenti scalogni, lavate gli acini dell'uva, tagliatene la metà in due, eliminando i semini.

Scolate dalla marinata i cefali, riempite l'interno con la pancetta, lo scalogno e gli acini tagliati in due, quindi sistemateli in un tegame abbastanza capiente assieme a 4 cucchiai di olio extravergine di oliva.

Fate rosolare per 7-8 minuti, aggiungete 1 bicchiere di Torbato di Alghero, gli acini interi, sale e pepe e fate cuocere per altri 10 minuti. Servite subito con crostini di pane abbrustoliti.

Crostini con crema di spigola e bottarga

Ingredienti per 4 persone:
200 g di filetti di spigola
4 cucchiai di olio extravergine di oliva
1 cipolla
100 g di burro
100 g di bottarga
2 cucchiai di mostarda
sale e pepe nero
crostini di pane abbrustoliti

Pulite, sviscerate e squamate le spigole e filettatele. Tritate la cipolla e mettetela a rosolare nell'olio finché sarà dorata, quindi ponete a cuocere per 10 minuti i filetti di spigola. Quando saranno cotti passateli al frullatore. Unite al composto il sale, il pepe e 2 cucchiai di mostarda. Sbriciolatevi dentro la bottarga e amalgamate con il burro fuso. Mettete il composto in uno stampo, poi ponetelo a riposare due ore in frigorifero. Servite con crostini di pane abbrustoliti.

Crostini con gamberi allo zafferano

Ingredienti per 4 persone:
800 g di grossi gamberi
2 bustine di zafferano di Sardegna
1 spicchio d'aglio
un ciuffo di prezzemolo
1/2 bicchiere di Nasco di Cagliari
4 cucchiai di olio extravergine di oliva
sale e pepe bianco
crostini di pane abbrustoliti

Pulite bene i gamberi, privateli della testa e delle zampe, sgusciateli e risciacquateli sotto l'acqua corrente. Tritate finemente il prezzemolo e l'aglio e metteteli a rosolare in una padella con l'olio. Prima che il trito prenda colore unite i gamberi, cuoceteli a fuoco vivace per 2 minuti circa e sfumateli con il vino, nel quale avrete sciolto lo zafferano.

Lasciate evaporare a fuoco molto alto per pochi minuti, in modo che la salsa si addensi, salate, pepate abbondantemente e servite subito con crostini di pane abbrustolito.

Crostini di anguilla alla carlofortese

Ingredienti per 4 persone:
800 g di anguilla
2 cipolle
1 confezione di bottarga
un ciuffo di prezzemolo
4 cucchiai di olio extravergine di oliva
1/2 bicchiere di Vermentino di Sardegna
250 g di pomodori sardi maturi
un ciuffo di basilico
sale e pepe
crostini di pane abbrustolito

Tritate la cipolla e mettetela a soffriggere a fuoco vivace nell'olio. Tritate grossolanamente i pomodori e uniteli alla cipolla, una volta che sarà dorata, salate, pepate e unite le foglie di basilico spezzettate. Aggiungete l'anguilla ben pulita e tagliata a pezzetti piccoli e fatela rosolare 5 minuti. Sfumate con il vino e lasciate cuocere per 15 minuti. Prima di servire sbriciolate nel sugo la bottarga e mescolate bene. Accompagnate con fette di pane abbrustolito.

Crostini di cernia ripiena

Ingredienti per 4 persone:
1 cernia di almeno 1 kg
2 cipolle
2 carote

Per il ripieno:
1 spigola di 500 g
3 uova
3 carote
1 cipolla
un pugno di pangrattato
1 cucchiaio di farina
50 g di pecorino piccante grattugiato
sale e pepe
crostini di pane abbrustolito

Pulite, lavate e sviscerate con cura i due pesci. Filettate la spigola, tritatela e mescolatela con una cipolla e una carota tritate, le uova sbattute, il pangrattato, il pecorino, sale e pepe.

Tagliate la cernia a tranci di due centimetri di spessore, incidetela con un taglio al centro e riempite la cavità centrale con il composto. Su ciascun trancio adagiate qualche fettina di cipolla e 2-3 rondelle di carota.

Sistemate i tranci in una teglia, copriteli di acqua fredda, salate, pepate e portate a bollore. A questo punto abbassate la fiamma e portate a cottura per circa un'ora.

Disponete i tranci di cernia ripiena in un piatto da portata un po' fondo. Fate addensare il liquido di cottura con un cucchiaio di farina e versatelo sul pesce. Lasciate raffreddare e servite con crostini di pane abbrustolito.

Crostini di gamberi e zucchine

Ingredienti per 4 persone:
4 zucchine piccole
12 gamberi
il succo di 1 limone
6 cucchiai di olio extravergine di oliva
un ciuffo di prezzemolo
1/2 bicchiere di Alghero Bianco
sale e pepe bianco
crostini di pane abbrustolito

Lavate le zucchine, asciugatele, spuntatele e affettatele sottilmente. Scaldate 4 cucchiai di olio in una padella e rosolate le zucchine fino a quando saranno dorate, quindi salatele, pepatele e toglietele, sistemandole nei singoli piatti a formare un letto.

Private i gamberi della testa, lavateli in acqua fredda corrente e sgusciateli.

Nella padella dove avete rosolato le zucchine aggiungete 2 cucchiai di olio, aggiungete i gamberi e fateli rosolare bene da entrambi i lati. Sfumateli con il vino e lasciatelo evaporare un poco. Salate e pepate. Togliete i gamberi e disponeteli sul letto di zucchine. Tritate il prezzemolo, unitelo al liquido di cottura, allungando con il succo di limone. Lasciate ridurre la salsa a fuoco alto, quindi cospargete i gamberi e servite, accompagnando con crostini di pane abbrustolito.

Crostini di polipetti con piselli

Ingredienti per 4 persone:
400 g di polipetti
1 barattolo di piselli
2 pomodori maturi
2 spicchi d'aglio
un ciuffo di prezzemolo
un pizzico di peperoncino piccante
4 cucchiai di olio extravergine di oliva
sale e pepe
crostini di pane abbrustolito

Mondate i polipetti, lavateli bene e tagliuzzateli grossolanamente in 2-3 parti.

Tritate finemente il prezzemolo e l'aglio e mettetelo a imbiondire nell'olio, quindi unite sale, pepe e i polipetti. Dopo 10 minuti aggiungete i pomodori a cubetti e lasciate cuocere altri 10 minuti. Aggiungete i piselli assieme al loro liquido di conservazione e proseguite la cottura a fiamma dolce per 20 minuti circa. Con i rebbi di una forchetta accertatevi che i polipetti siano morbidi, quindi serviteli con crostini di pane abbrustolito.

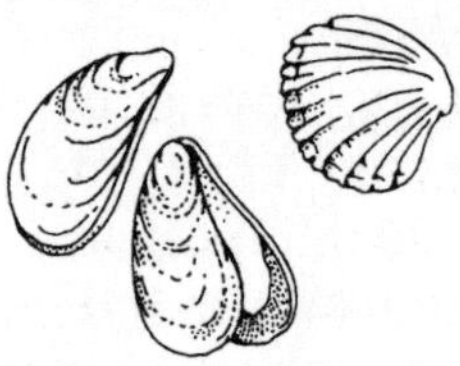

Crostini di vongole e cozze

Ingredienti per 4 persone:
500 g di vongole
1 kg di cozze
8 cucchiai di olio extravergine d'oliva
4 spicchi d'aglio
8 fette di pane casereccio
un ciuffo di prezzemolo
1 peperoncino fresco
1 bicchiere di Vermentino di Sardegna
sale

Lavate le vongole e tenetele immerse in abbondante acqua salata in modo che perdano l'eventuale sabbia residua. Raschiate le cozze e lavatele in acqua fredda. Sbucciate gli spicchi di aglio e schiacciateli leggermente. Mettete le cozze e le vongole in due padelle diverse, ognuna con 2 cucchiai di olio, 1 spicchio d'aglio, un po' di prezzemolo tritato e un quarto di bicchiere di vino bianco.

Coprite e aspettate che i molluschi si aprano, a fuoco lento, scuotendoli ogni tanto. A questo punto scolateli, eliminando quelli ancora chiusi.

Filtrate il liquido di cottura e conservatelo. In un'altra padella fate dorare nel rimanente olio l'altro spicchio di aglio e un pezzetto di peperoncino fresco, che potrete eventualmente togliere.

Unite i molluschi sgusciati, aggiungete alcuni cucchiai del loro liquido di cottura e fate evaporare lentamente. Cospargete infine con una manciata di prezzemolo tritato. Nel frattempo tagliate a fette il pane e fatelo tostare leggermente nel forno o sulla griglia.

Disponete i crostini su un piatto caldo, distribuitevi sopra le cozze e le vongole, irrorate con il loro sughetto e servite subito.

Crostoni con calamaretti farciti

Ingredienti per 4 persone:
400 g di calamaretti sviscerati
4 cucchiai di olio extravergine di oliva
500 g di cozze
un ciuffo di prezzemolo
una manciata di olive nere denocciolate
una manciata di capperi salati
2 spicchi d'aglio
un grosso pugno di pangrattato
50 g di pecorino grattugiato
1 pomodoro maturo
200 g di passata di pomodoro
1/2 bicchiere di Vermentino di Sardegna
sale e pepe
crostoni di pane abbrustolito

In un'ampia padella fate aprire le cozze con un mestolo di acqua, estraete i molluschi dai gusci e filtrate il sughetto di cottura.

Tritate finemente l'aglio, le olive e i capperi e fateli rosolare in una padella con 2 cucchiai di olio per qualche minuto. Aggiungete le cozze, grossolanamente triturate, con la loro acqua e il pangrattato, cuocete ancora per 5 minuti, mescolando di continuo e facendo addensare il composto.

Spegnete il fuoco, unite il pomodoro tagliato a dadini, il prezzemolo tritato, il pecorino, condite con sale e pepe, mescolate bene e riempite con questo composto i calamaretti, chiudendo il buco con uno stuzzicadenti.

Riscaldate l'olio rimasto in un tegame largo e basso, adagiate i calamaretti farciti e fateli rosolare fino a quando prenderanno colore. Sfumate col vino e lasciatelo evaporare, poi aggiungete la passata di pomodoro, aggiustate di sale e pepe e terminate la cottura a fuoco medio. Servite i calamaretti su crostoni di pane abbrustolito.

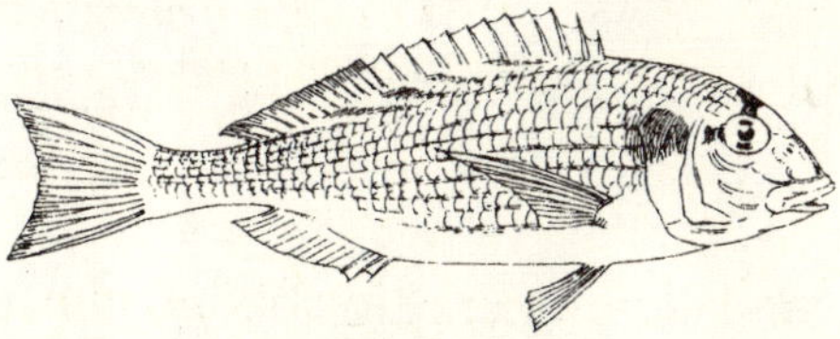

Crostoni con filetti di orata ai pomodorini

Ingredienti per 4 persone:
4 orate piccole o 8 filetti di orata
500 g di pomodori sardi maturi
un mazzetto di rucola
1/2 bicchiere di Vermentino di Sardegna
4 spicchi d'aglio
4 cucchiai di olio extravergine di oliva
100 g di farina
sale e pepe
crostoni di pane abbrustolito

Sviscerate e lavate le orate. Filettatele, quindi passate i filetti nella farina.

In una padella scaldate l'olio, fatevi rosolare l'aglio grossolanamente tritato e unite i filetti d'orata infarinati. Lasciateli dorare bene da entrambi le parti, girandoli un paio di volte. Salate, pepate e sfumate con il vino. Una volta evaporato il vino aggiungete i pomodorini lavati e tagliati a spicchi. Fate cuocere per qualche minuto. Aggiungete la rucola, ben lavata e triturata. Alzate la fiamma per far addensare il sugo e servite i filetti ai pomodorini su crostoni di pane abbrustolito.

Crostoni di calamari ripieni al verde

Ingredienti per 4 persone:
4 grossi calamari
100 g di spinaci lessati
1 uovo
4 cucchiai di olio extravergine di oliva
un grosso pugno di pangrattato
50 g di pecorino grattugiato
4 cucchiai di olio extravergine di oliva

Per la salsa:
2 scalogni
1 bicchiere di Vermentino di Sardegna
4 cucchiai di olio extravergine di oliva
4 pomodori maturi
un ciuffo di prezzemolo
sale e pepe
crostoni di pane abbrustolito

Pulite i calamari eliminando l'osso, la sacca intestinale e la testa, conservando però i tentacoli. Lavateli accuratamente, e fate lessare i tentacoli in acqua salata.

Riunite in una ciotola gli spinaci cotti e ben tritati, il pangrattato, i tentacoli dei calamari anch'essi tritati, il pecorino, il sale ed il pepe e l'olio extravergine d'oliva.

Con questa farcia riempite le sacche dei calamari e chiudete le aperture con uno stuzzicadenti. In una pentola bassa fate scaldare l'olio e rosolate brevemente gli scalogni affettati. Quando saranno appassiti unite i calamari e fateli dorare. Sfumate con il vino, unite i pomodori tritati ed il prezzemolo, anch'esso tritato, lasciando cuocere circa 30 minuti.

Affettate i calamari, cospargeteli con il sughetto di cottura e serviteli su crostoni di pane abbrustolito.

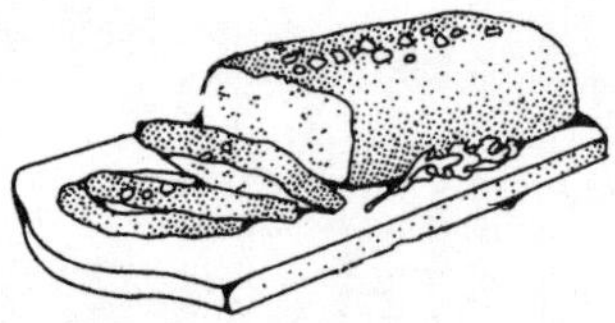

Fagottini di ostriche di Arbatax

Ingredienti per 4 persone:
12 ostriche
12 foglie di verza
1 scalogno
50 g di burro
1/2 bicchiere di brodo di pesce
1 costa di sedano
1 porro
2 cucchiai di aceto di vino bianco
sale e pepe bianco

Scottate brevemente le foglie di verza in abbondante acqua salata, quindi scolatele e fatele asciugare su un canovaccio pulito.

Mettete su ogni foglia un'ostrica.

Avvolgete le foglie, formando dei fagottini, metteteli in una pirofila da forno con il burro e gratinateli per pochi minuti.

Tagliate il sedano a pezzi e sbollentatelo per pochi minuti. Frullate assieme il sedano, il bianco del porro, lo scalogno, sale e pepe e l'aceto e diluite con un poco di brodo di pesce.

Disponete i fagottini di ostriche ben caldi su un piatto, irrorateli di salsa e servite subito.

Fegato di tonno

Ingredienti per 4 persone:
400 g di fegato di tonno
300 g di pomodori
4 cucchiai di olio extravergine di oliva
1 cipolla
2 foglie di alloro
1 costa di sedano
300 g di patate
1 carota
sale

Il fegato di tonno è una specialità di Carloforte: il fegato del tonno appena pescato viene lavato nell'acqua di mare, fatto asciugare all'aperto, quindi compresso sotto un peso e conservato in luogo fresco.

Reidratate il fegato di tonno, lasciandolo a bagno in acqua per 3 ore. Portate a ebollizione una pentola con abbondante acqua salata, sbollentatelo pochi minuti, quindi scolatelo e lasciatelo raffreddare. A questo punto tagliatelo a fettine.

In una casseruola soffriggete nell'olio un trito di sedano, carota e cipolla. Quando sarà dorato unite i pomodori tagliati a dadini, alzate il fuoco per far evaporare l'acqua di vegetazione, salate e pepate.

Pelate le patate e tagliatele a tocchetti piccoli, quindi unitele al sugo. Lasciatele cuocere e, quando sentirete con i rebbi di una forchetta che sono morbide, mettete a cuocere per pochi minuti le fettine di fegato di tonno. Mescolate bene e servite.

Filetti di alicine alle noci

Ingredienti per 4 persone:
400 g di alicine
1 cipolla
una manciata di gherigli di noce
un tubetto di maionese
il succo di 1 limone
4 cucchiai di olio extravergine di oliva
sale e pepe
crostini di pane abbrustoliti

Tritate finemente la cipolla. Pestate le noci in un mortaio. In una ciotola amalgamate la cipolla e le noci alla maionese, salate e pepate. Condite con il succo del limone e l'olio. Mescolate ancora.

Lavate bene le acciughine, svisceratele e filettatele, passando i filetti sotto acqua fredda corrente e asciugandoli in uno strofinaccio pulito. Adagiate i filetti di alicine su un piatto, salateli, pepateli e ricopriteli con la salsa di noci. Servite con crostini di pane abbrustoliti.

Filetti di sarago farciti su letto di verdurine

Ingredienti per 4 persone:
8 filetti di sarago
1 arancia

Per la farcitura:
1 zucchina
2 spicchi d'aglio
50 g di pecorino stagionato grattugiato
1/2 bicchiere di Vermentino di Sardegna

Per il letto di verdure:
2 carote
una manciata di fagiolini
2 zucchine
1 cipolla
4-5 pomodori piccoli
4 cucchiai di olio extravergine di oliva
sale e pepe

Con un pelapatate togliete alle arance la scorza gialla, quindi spremetele e mettete il succo in una terrina. Disponetevi i filetti di sarago, salate e pepate. Tritate la zucchina della farcitura e mettetela a rosolare in un padellino con l'aglio, anch'esso tritato, l'olio, sale e pepe e fate cuocere per 10 minuti, sfumando col vino.

A fine cottura, schiacciate la zucchina con una forchetta, unitevi il pecorino, mescolate bene e spalmate questa farcia su uno dei due filetti. Sistematevi sopra l'altro e con le mani fatelo ben aderire in modo che copra completamente la farcitura, quindi tenetelo fermo con uno stuzzicadenti.

Pelate le carote, lavatele e tagliatele a rondelle. Lavate i fagiolini già spuntati e tagliateli a pezzetti. In una teglia da forno dove poi sistemerete i pesci mettete l'olio e fate rosolare a fuoco allegro un trito di cipolla e, quando sarà dorata, unite le carote e i fagiolini, salando, pepando e bagnando con un goccio d'acqua. A metà cottura unite le zucchine tagliate a dadini e la buccia dell'arancia tagliata alla julienne. Ultimate la cottura con il succo d'arancia rimasto.

Disponete sul letto di verdurine i filetti di sarago farciti e poneteli a cuocere in forno preriscaldato a 180° per una decina di minuti. Servite ben caldi.

Filetti di sarago in camicia

Ingredienti per 4 persone:
8 filetti di sarago
100 g di farina
2 uova
olio per friggere
sale e pepe

Infarinate e passate nelle uova sbattute con sale e pepe i filetti di sarago.

Portate a temperatura molto alta l'olio e friggete i filetti di pesce, lasciandoli cuocere al massimo 5 minuti, affinché la polpa rimanga morbida.

Fate scolare l'unto in eccesso su un foglio di carta assorbente da cucina prima di servire.

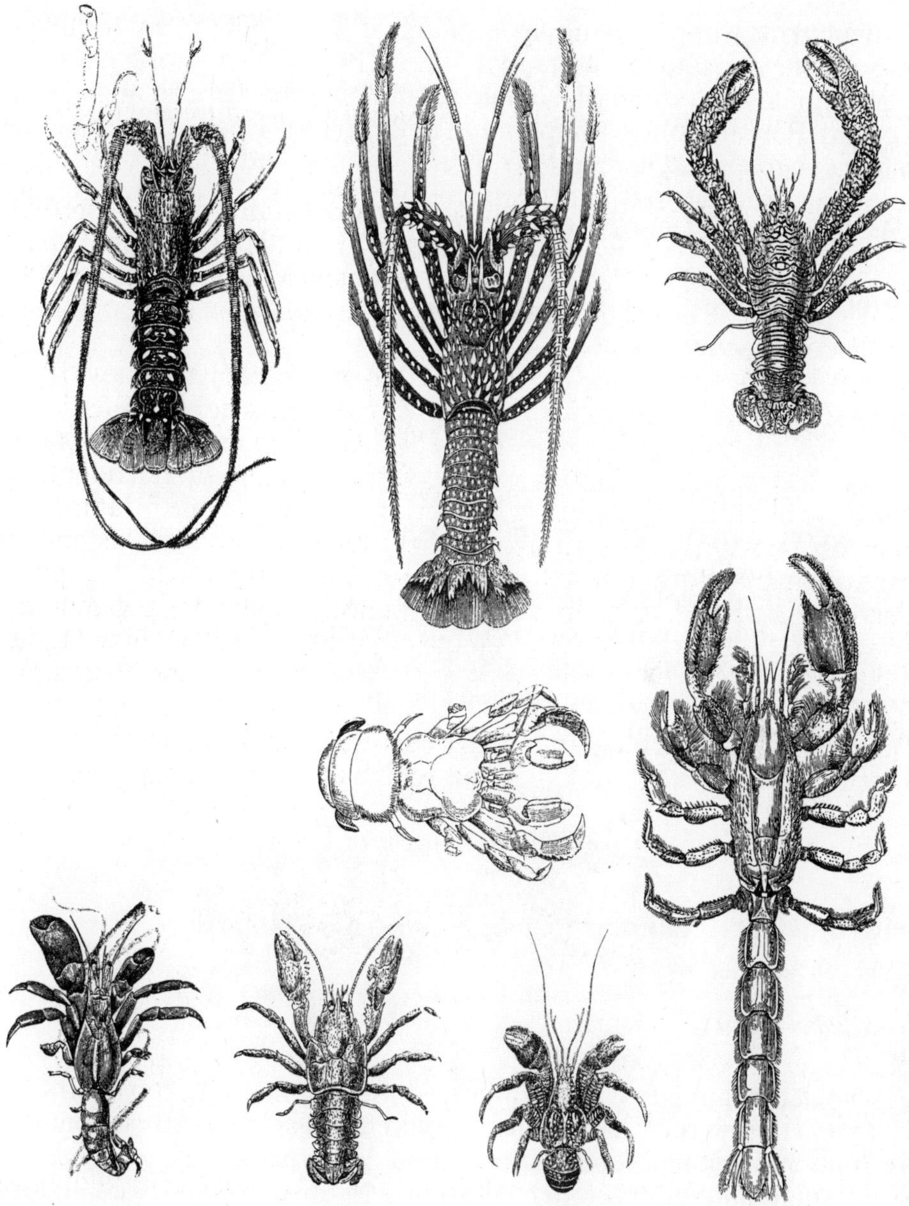

Frittatine di bottarga e pecorino

Ingredienti per 4 persone:
1 confezione di bottarga
2 cucchiai di farina
4 uova
100 g di pecorino grattugiato
sale e pepe nero
olio per friggere

In una terrina rompete le uova, aggiungete il sale e il pepe e sbattete vigorosamente con una forchetta, poi unite la bottarga sbriciolata, il pecorino grattugiato e la farina. Mescolate accuratamente affinché non si formino grumi. Portate l'olio a temperatura nella padella e aggiungetevi il composto a cucchiaiate. Quando le frittatine saranno cotte da una parte rivoltatele e fatele dorare dall'altra. Passatele in un foglio di carta assorbente da cucina per scolare l'unto in eccesso prima di servirle.

Frittelle di cozze

Ingredienti per 4 persone:
3 kg di cozze
1/2 bicchiere di latte
olio per friggere
100 g di farina
3 uova
sale e pepe nero

Dopo aver pulito le cozze con una spazzola di metallo, fatele aprire in una padella con un mestolo d'acqua. Appena si aprono, togliete dal guscio i molluschi e metteteli a scolare.

A parte, in una ciotola, preparate una pastella sbattendo le uova, unite la farina, un po' di latte, e insaporite con sale e pepe nero. La pastella deve risultare piuttosto densa. Aggiungete le cozze alla pastella. Portate l'olio a temperatura e friggete il composto a cucchiaiate. Quando saranno ben dorate dalle due parti, toglietele e fate assorbire l'unto in eccesso su un foglio di carta da cucina prima di servire.

Frittelline di ricci di mare

Ingredienti per 4 persone:
40 ricci di mare
2 cucchiai di farina
4 uova
100 g di pecorino stagionato grattugiato
olio per friggere
sale e pepe nero

Aprite delicatamente i ricci di mare ed estraete la polpa con un cucchiaino. In una terrina rompete le uova, aggiungete il sale e il pepe e sbattete vigorosamente con una forchetta, poi unite la polpa dei ricci di mare, il pecorino stagionato grattugiato e la farina. Mescolate accuratamente. Portate l'olio a temperatura nella padella e friggete il composto a cucchiaiate. Quando le frittelline saranno cotte da una parte rivoltatele e fatele dorare dall'altra. Passatele in un foglio di carta assorbente da cucina per scolare l'unto in eccesso prima di servirle.

Fritto di acciughe e peperoni

Ingredienti per 4 persone:
400 g di acciughe
4 peperoni gialli
100 g di farina
olio per friggere
sale

Pulite bene, lavate e tagliate a falde i peperoni, privandoli dei semi e della pellicina bianca interna. Lavate, sviscerate e filettate le acciughe, passandole sotto acqua corrente, poi asciugandole con un canovaccio pulito. Passatele nella farina.

Portate l'olio a temperatura molto alta e friggetevi per pochi minuti i peperoni, togliendoli con una schiumarola quando saranno pronti. Nello stesso olio fate friggere le acciughe. Ponete sia le acciughe che i peperoni a scolare l'unto in eccesso su un foglio di carta assorbente da cucina, cospargete di sale e servite subito.

Frutti di mare al Moscato di Sennori

Ingredienti per 4 persone:
2 aragostine
8 capesante
200 g di gamberetti
200 g di scampi
500 g di cozze
500 g di vongole
4 scalogni
50 g di burro
sale e pepe

Per la salsa al Moscato:
1 confezione di panna
1 bicchiere di Moscato di Sennori
3 tuorli d'uovo
50 g di burro
sale e pepe

Per il court-bouillon:
30 g di burro
1 carota
1 cipolla
1/2 bicchiere di Vermentino di Sardegna
un ciuffo di prezzemolo
2-3 foglie di alloro
1 rametto di timo
sale e pepe in grani

Mettete in una pentola capiente gli ingredienti per il court-bouillon e portate a ebollizione. Tuffateci dentro aragostine, scampi e gamberi, togliendo prima questi ultimi, dopo 5 minuti, e lasciando lessare invece per 15 minuti le aragostine. Scolateli, aprite il carapace con un coltello molto affilato ed estraete la polpa. In una padella con un mestolo d'acqua fate aprire prima le capesante, estraendo il mollusco dalla conchiglia, poi le vongole e infine le cozze. Filtrate il sughetto di cottura, sciacquate la padella e ponetevi a sciogliere il burro, nel quale metterete a rosolare gli scalogni tritati. Quando saranno dorati aggiungete i frutti di mare, salate e pepate.

Per preparare la salsa mettete in un pentolino la panna, il Moscato di Sennori con sale e pepe, unitevi i tuorli d'uovo ben sbattuti e qualche cucchiaiata d'acqua dei frutti di mare, quindi cuocete a bagnomaria e incorporate un po' alla volta il burro, sbattendo bene il composto con una frusta. Ricoprite con la salsa i frutti di mare, mescolate, lasciate cuocere 2 minuti e servite.

Gamberetti in gelatina rossa

Ingredienti per 4 persone:
800 g di gamberetti
4 cucchiai di passata di pomodoro
un ciuffo di basilico
1 dado da gelatina
4 cucchiai di olio extravergine di oliva
1 cipolla
sale e pepe

Mettete il dado da gelatina in un pentolino con mezzo litro di acqua fredda e fatelo sciogliere dolcemente, mescolando. Unite la passata di pomodoro e un pizzico di sale e versatene metà in ciotole di vetro da dessert, in modo da formare un letto. Ponete le ciotoline a raffreddare in frigorifero.

Tritate la cipolla e fatela appassire nell'olio, quindi unite i gamberetti, sfumate col vino e fateli cuocere 5 minuti. Lasciateli raffreddare completamente. Quando saranno freddi, disponete i gamberetti sulla gelatina, guarnite con le foglie di basilico, e ricoprite con la rimanente gelatina, lasciando raffreddare in frigorifero prima di servire.

Gamberi alla fiamma

Ingredienti per 4 persone:
800 g di gamberi
100 g di burro
il succo di 1 limone
1 bicchiere di grappa filu 'e ferru
sale e pepe

Fate sciogliere il burro in un tegame, aggiungete il succo del limone e un pizzico di sale.

Unite i gamberi precedentemente ben lavati e sgusciati. Irrorate il tutto con la grappa, mescolando.

Fate cuocere i gamberi per pochi minuti, quindi levate il tegame dal fornello e, con un accendino, date fuoco al liquore. Servite non appena la fiamma si sarà spenta.

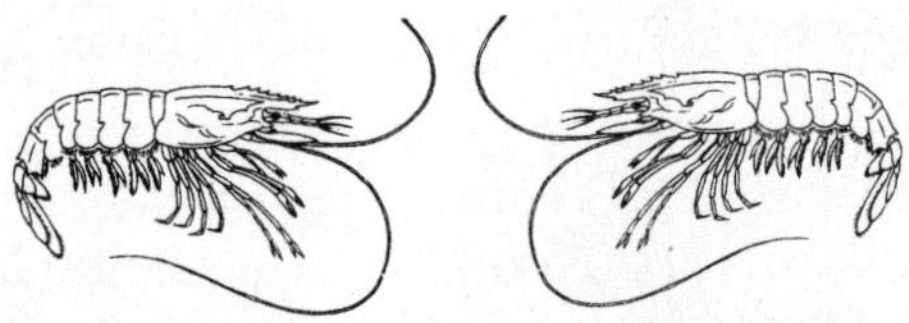

Gamberi alle noci

Ingredienti per 4 persone:
800 g di gamberi
1 cipolla
4 cucchiai di olio extravergine di oliva
un ciuffo di prezzemolo
2 cucchiai di cognac
un pugno di gherigli di noce
il succo di 1 limone
sale e pepe

Scaldate in una padella l'olio e rosolate a fiamma alta la cipolla tritata, fino a quando sarà dorata. Aggiungete i gamberi e le noci triturate finemente.

Fate cuocere per circa 5 minuti, mescolando sempre il composto, aggiungete il cognac, il succo di limone ed il prezzemolo finemente tritato, salando e pepando. Servite subito.

Gamberi e asparagi selvatici

Ingredienti per 4 persone:
400 g di asparagi selvatici
400 g di gamberi
2 cucchiai di aceto di vino bianco
il succo di 1 limone
4 cucchiai di olio extravergine di oliva
sale e pepe

Sgusciate i gamberi e lavateli. Portate a ebollizione una pentola di acqua salata nella quale avrete versato due cucchiai d'aceto e sbollentate i gamberi per 2-3 minuti. Scolateli e lasciateli asciugare. Pulite gli asparagi, togliendo le parti dure, poi lessateli nella stessa acqua dei gamberi per 20 minuti, accertandovi che siano morbidi pungendoli con i rebbi di una forchetta. Scolateli e lasciateli intiepidire, poi poneteli in un piatto da portata. Distribuitevi sopra i gamberi, condite con una emulsione di olio, sale, pepe e il succo del limone, mescolate e servite subito.

Gamberi in insalata d'arance alla Porto Torres

Ingredienti per 4 persone:
800 g di gamberi
200 g di insalatina novella o soncino
2 arance
1 cipolla
4 cucchiai di olio extravergine di oliva
2 cucchiai di aceto di vino bianco
il succo di 1/2 limone
sale e pepe

Sgusciate i gamberi e lavateli. Portate a ebollizione una pentola di acqua salata nella quale avrete versato due cucchiai d'aceto e sbollentate i gamberi per 2-3 minuti. Scolateli e lasciateli asciugare. Tagliate a fette molto sottili le arance, conservando la buccia, poi tagliate ogni fetta in quattro parti.

Raccogliete in una ciotola il soncino, le arance e i gamberetti. Unite la cipolla finemente tritata e mescolate accuratamente.

Emulsionate l'olio con l'aceto, il succo del limone, sale e pepe e condite l'insalata di gamberi. Mescolate e servite.

Gamberoni al limone e pepe rosa di Porto Cervo

Ingredienti per 4 persone:
800 g di gamberoni
10 cucchiai di olio extravergine di oliva
il succo di 1 limone
1 confezione di pepe rosa
sale

Emulsionate 6 cucchiai di olio con il succo del limone e sale. Pulite i gamberoni e sgusciateli. Fateli marinare per 2 ore circa in una ciotola con l'emulsione preparata.

Sgocciolateli appena prima di portarli in tavola. Adagiateli su un piatto da portata. Pestate nel mortaio il pepe rosa e cospargetene i gamberi. Condite con un filo d'olio extravergine d'oliva e servite subito.

Gamberoni con carciofi

Ingredienti per 4 persone:
800 g di gamberoni freschi
4 carciofi sardi
2 limoni
8 cucchiai di olio extravergine d'oliva
sale e pepe nero

Pulite i carciofi e metteteli a bagno in acqua e limone, affinché non diventino neri. Togliete le foglie più dure e tagliateli a fettine sottili. Passateli in padella e soffriggeteli per qualche minuto in abbondante olio d'oliva. A questo punto, aggiungete un bicchiere d'acqua più il succo di mezzo limone e continuate a cuocere a fiamma moderata per 15 minuti circa. Fate attenzione che tutto il liquido sia evaporato. Pulite bene i gamberi e lessateli per non più di due minuti in acqua bollente e salata, quindi scolateli e sgusciateli. Metteteli a insaporire nella padella con i carciofi, mescolando, per non più di 5 minuti. Condite con un filo d'olio a crudo, sale e pepe e servite subito.

Gamberoni in salsa di miele e zafferano

Ingredienti per 4 persone:
800 g di gamberoni
2 cucchiai di miele di corbezzolo
1 cipolla
1 bicchiere di Vermentino di Gallura
1 bustina di zafferano di Sardegna
sale e pepe

Per il court-bouillon:
30 g di burro
1 carota
1 cipolla
1/2 bicchiere di Vermentino di Sardegna
un ciuffo di prezzemolo
2-3 foglie di alloro
1 rametto di timo
sale e pepe in grani

Per guarnire:
un ciuffo di prezzemolo
1 limone

In una pentola capiente mettete a rosolare nel burro la carota e la cipolla affettate, versatevi il vino e un litro d'acqua, poi aggiungete il ciuffo di prezzemolo, l'alloro, il timo, il sale e il pepe. Portate a bollore e immergete i gamberoni ben lavati. Cuoceteli in questo court-bouillon per 8-10 minuti, poi spegnete il fuoco e lasciateli raffreddare nel brodo di cottura.

Tritate la cipolla e mettetela a soffriggere nel burro, a fuoco molto dolce, fino a quando sarà appassita. Unite lo zafferano, il miele, sale e pepe e sfumate col vino.

Mescolate e lasciate che la salsa si addensi. Unite i gamberoni e fateli insaporire per pochi minuti, quindi servite subito.

Granchi lessati (*cavuru a buddiu*)

Ingredienti per 4 persone:
2 kg di granchi
8 cucchiai di olio extravergine di oliva
2 cucchiai di aceto di vino bianco
sale e pepe nero

Lavate i granchi e lessateli in una casseruola capiente con abbondante acqua salata. Alcuni usano direttamente l'acqua di mare.

Cuocete per circa 20 minuti poi scolate i granchi e puliteli, eliminando le zampe.

Aprite il carapace con un coltello affilato e mettete la polpa in un'insalatiera, quindi conditeli con un filo d'olio, sale e pepe nero e 2 cucchiai di aceto di vino bianco. Mescolate e servite.

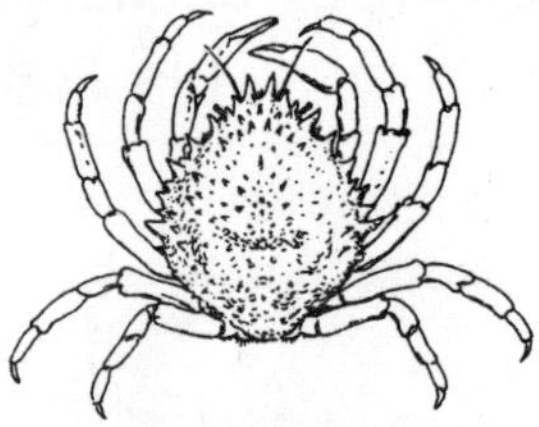

Impanadas di cernia

Ingredienti per 4 persone:
300 g di semola di grano duro
100 g di burro
sale
burro per gli stampini

Per il ripieno:
500 g di cernia
1 cipolla
un ciuffo di prezzemolo
noce moscata
1 bustina di zafferano di Sardegna
10 cucchiai di olio extravergine di oliva
sale e pepe

Preparate la pasta setacciando la semola sulla spianatoia e unendo una presa di sale, il burro a dadini e l'acqua necessaria a ottenere una pasta omogenea. Raccogliete l'impasto formando una palla, copritela con un canovaccio e fatela riposare in un luogo caldo per 30 minuti.

Pulite e filettate la cernia e mettetela a soffriggere con l'olio in un tegame fino a quando sarà cotta. A questo punto togliete i filetti e teneteli al caldo. Nello stesso olio fate appassire a fuoco dolce la cipolla, tritata fine, salate, aggiungete una grattata di noce moscata, un po' di prezzemolo tritato e lo zafferano, quindi mettete a insaporire i filetti di cernia, sminuzzandoli con i rebbi di una forchetta. Mescolate per amalgamare bene il tutto e proseguite la cottura per qualche minuto.

Stendete la pasta con il matterello in una sfoglia sottile e dividetela in due parti, una grande il doppio dell'altra. Usate la sfoglia più grande per foderare quattro stampini imburrati, distribuite un poco di ripieno in ogni stampino, quindi coprite con i dischi di pasta ricavati dalla sfoglia restante. Sigillate bene i bordi e fate cuocere in forno già caldo a 180° per circa 20 minuti. Servite subito, appena sfornato.

Insalata calda di cozze al peperoncino

Ingredienti per 4 persone:
2 kg di cozze
250 g di pomodori pelati
8 cucchiai di olio extravergine d'oliva
1 cucchiaio di passata di pomodoro
2 spicchi d'aglio
sale e peperoncino piccante in polvere
crostini di pane abbrustolito

In un tegame fate rosolare due spicchi d'aglio con un cucchiaio di passata di pomodoro, aggiungete i pelati con il loro liquido di conservazione, salate e pepate, mescolate e spolverizzate con il peperoncino piccante. Lasciate cuocere per 20-30 minuti, fino a quando la salsa sarà bella densa.

Lavate le cozze, raschiatele e mettetele in una padella con un mestolo d'acqua, lasciandole schiudere a fuoco vivo. Versate sulle cozze la salsa di pomodoro piccante e cuocete per 10 minuti. Servite subito, con crostini di pane abbrustoliti.

Insalata calda di seppie con asparagi selvatici

Ingredienti per 4 persone:
200 g di asparagi selvatici
250 g di seppie
un ciuffo di prezzemolo
2 spicchi d'aglio
8 cucchiai di olio extravergine di oliva
sale e pepe

Tagliate le punte degli asparagi e il gambo morbido in pezzetti di circa 5 centimetri e sbollentateli in acqua salata per una ventina di minuti, quindi scolateli e passateli sotto un getto d'acqua fredda.

Tagliate le seppie a striscioline sottili e fatele rosolare in una padella con l'olio. Salate e pepate, aggiungete un trito fine di aglio e prezzemolo, sfumate col vino e lasciate cuocere fino a quando sentirete, con i rebbi di una forchetta, che le seppie sono diventate morbide. Unite gli asparagi, lasciateli insaporire 5 minuti e servite.

Insalata di aragosta di Cala Gonone

Ingredienti per 4 persone:
1 aragosta grande, di almeno 1 kg
un cespo di lattuga
un tubetto di maionese
1 confezione di panna
4 cucchiai di brandy
1 cucchiaio di ketchup
qualche goccia di tabasco
sale e pepe bianco

Per il court-bouillon:
30 g di burro
1 carota
1 cipolla
1/2 bicchiere di Vermentino di Sardegna
un ciuffo di prezzemolo
2-3 foglie di alloro
1 rametto di timo
sale e pepe in grani

Mettete in una pentola capiente gli ingredienti per il court-bouillon e portate a ebollizione. Tuffateci dentro l'aragosta e lasciatela cuocere una mezz'ora o più, a seconda delle dimensioni, quindi scolatela, aprite il carapace con un coltello molto affilato ed estraete la polpa.

Tagliate a pezzetti la polpa di aragosta e irroratela con 2 cucchiai di succo di limone. Lavate e asciugate le foglie di lattuga e mettetele sul fondo di 4 coppe da champagne. Adagiate in ogni coppa un po' di polpa di aragosta. Mescolate in una ciotola la maionese, la panna, il brandy, il ketchup e il tabasco. Unite abbondante pepe bianco e sale e versate la salsa sull'aragosta. Servite subito.

Insalata di mare

Ingredienti per 4 persone:
200 g di cozze
400 g di cannolicchi
200 g di gamberi
200 g di moscardini
un ciuffo di basilico
un ciuffo di prezzemolo
1 spicchio d'aglio
1/2 bicchiere di olio extravergine d'oliva
1 limone
sale e pepe nero

Dopo averli puliti cuocete i moscardini in acqua bollente per un quarto d'ora circa. Nel frattempo lavate le cozze e fatele aprire al vapore, mettendole in un colapasta di metallo posto su una pentola che bolle. Lavate sotto l'acqua corrente i cannolicchi (cercate di assicurarvi che questi ultimi abbiano spurgato tutta la sabbia) e cuoceteli in acqua calda per cinque minuti. Fate bollire per pochissimi minuti anche i gamberi in acqua bollente. Fate raffreddare tutti i frutti di mare, tagliuzzateli a pezzetti e conditeli con il succo di mezzo limone, aglio e prezzemolo tritati, sale, pepe e olio d'oliva. Guarnite con qualche foglia di basilico fresco.

Insalata di polipo alla sarda

Ingredienti per 4 persone:
1 polipo di almeno 1 kg
1 bicchiere di olio extravergine di oliva
2 cucchiai di aceto di vino bianco
un ciuffo di prezzemolo
2 spicchi d'aglio
sale e pepe

Portate a ebollizione dell'acqua in una pentola capiente e, tenendo per la testa il polipo, immergetelo per tre volte consecutive nell'acqua bollente. Cambiate l'acqua della pentola, salatela e mettete a freddo il polipo. Portate lentamente a ebollizione, mettete un coperchio e lasciate cuocere per oltre un'ora e mezza. Pungete il polipo con i rebbi di una forchetta per essere sicuri che sia diventato tenero.

A cottura ultimata, scolate il polipo e lasciatelo raffreddare, quindi tagliatelo a pezzetti e disponeteli in un'insalatiera.

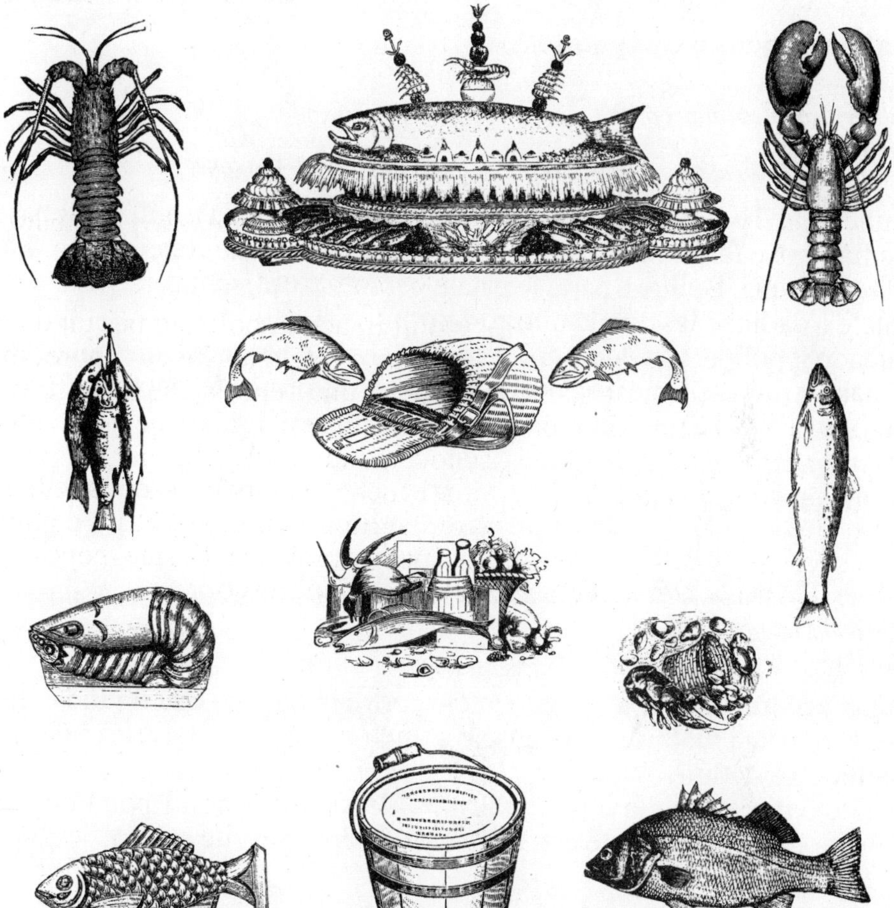

Emulsionate un bicchiere d'olio, due cucchiaiate d'aceto, l'aglio e il prezzemolo tritati, sale e pepe. Versate il condimento sul polipo, mescolate e lasciatelo riposare almeno un'ora prima di servire.

Insalata di polipo con patate

Ingredienti per 4 persone:
1 polipo grande, di almeno 1 kg
4 patate
10 cucchiai di olio extravergine di oliva
2 spicchi d'aglio
un ciuffo di prezzemolo
sale e peperoncino rosso piccante

Immergete il polipo nell'acqua fredda, e, quando inizia a bollire, abbassate la fiamma e fate cuocere per 1 ora e 45 minuti, quindi fatelo raffreddare nella sua acqua. Bollite a parte le patate per mezz'ora, scolatele, pelatele, tagliatele a dadini e lasciatele raffreddare.

Quando il polipo è freddo, scolatelo, tagliatelo a pezzetti e mescolatelo alle patate in una capiente insalatiera. Condite con olio, sale, peperoncino e un trito fine di aglio e prezzemolo.

Insalata fredda di cozze

Ingredienti per 4 persone:
1 kg di cozze
1/2 bicchiere di Vermentino di Sardegna
2 pomodori maturi
1 cipolla
2 spicchi d'aglio
8 cucchiai di olio extravergine di oliva
sale e pepe

Pulite accuratamente le cozze. Fatele aprire in padella con il vino bianco, quindi togliete i molluschi dal guscio e fateli raffreddare. Lavate i pomodori e tagliateli a dadini.

Tritate aglio e cipolla e metteteli in un'insalatiera con i pomodori, aggiungete le cozze, condite con olio, sale e pepe. Servite subito.

Insalatina di polipo e sedano

Ingredienti per 4 persone:
1 polipo di circa 600-700 g
1 cuore di sedano
2 spicchi d'aglio
un ciuffo di prezzemolo
2 cucchiai di aceto di vino bianco
4 cucchiai di olio extravergine di oliva
sale e pepe

Pulite bene il polipo e battetelo su un piano di marmo perché non resti duro. Mettetelo in una pentola con poca acqua, coprite e fate cuocere lentamente per mezz'ora circa. Accertatevi che sia tenero pungendolo con i rebbi di una forchetta, quindi spegnete il fuoco e lasciatelo raffreddare nella sua acqua.

Pulite e lavate il sedano, tagliatelo a pezzetti. Scolate il polipo, tagliatelo in piccoli pezzi, mescolatelo al sedano e condite con un trito fine di prezzemolo e aglio, aceto, olio, sale e pepe.

Involtini di acciughine

Ingredienti per 4 persone:
250 g di acciughine
50 g di pancetta affumicata a fette sottili
il succo di 1 limone
1 rametto di timo fresco
2 foglie di alloro
8 cucchiai di olio extravergine di oliva
sale e pepe

Pulite e sviscerate le acciughine, filettatele, lavatele bene sotto acqua corrente e asciugatele in un canovaccio pulito. Salate e pepate ogni acciughina, avvolgetela in una fettina sottile di pancetta e arrotolatela, fissandola con uno stuzzicadenti.

Ungete una teglia da forno, disponetevi gli involtini, unite due foglie d'alloro intere e un rametto di timo. Bagnate con il succo del limone e l'olio. Cuocete in forno preriscaldato a 180° per 15 minuti circa, quindi servite subito.

Involtini di tonno di Carloforte

Ingredienti per 4 persone:
500 g di tonno
una manciata di uva passa
25 g di pinoli
2 acciughe salate
un grosso pugno di pangrattato
50 g di pecorino stagionato grattugiato
10 cucchiai di olio extravergine di oliva
un ciuffo di prezzemolo
2 spicchi d'aglio
sale e pepe

Tagliate il tonno a fette sottili e regolari, togliendo la pelle dei bordi, e spianatele. Fate rosolare in un tegame, con 4-5 cucchiai di olio e un trito fine di aglio e prezzemolo. Unite le acciughe dissalate e tritate e lasciatele sciogliere dolcemente. Quindi aggiungete i pinoli, anch'essi tritati, l'uvetta che avrete fatto rinvenire per mezz'ora circa in acqua tiepida, sale e pepe. Dopo circa 10 minuti spegnete il fuoco, unite il pecorino e il pangrattato e impastate bene il tutto.

Farcite con l'impasto le fettine di tonno e arrotolatele, tenendole ferme con uno stuzzicadenti.

Sistemate gli involtini in una pirofila con abbondante olio, quindi infornate a 200° per 20 minuti. Servite ben caldi.

Lattume di tonno arrostito di Cagliari

Ingredienti per 4 persone:
400 g di lattume di tonno
4 cucchiai di olio extravergine d'oliva
sale

Il lattume di tonno, specialità del sassarese, che si gusta però anche in altre zone della Sardegna, si ottiene dal liquido seminale del pesce.

Portate a ebollizione una pentola con acqua salata e sbollentate per pochi minuti il lattume, quindi scolatelo, lasciatelo raffreddare e tagliatelo a fettine. Arroventate una griglia, cuocete per pochi minuti il lattume, spennellandolo con un po' di olio, quindi servite subito.

Lattume di tonno fritto di Sassari

Ingredienti per 4 persone:
400 g di lattume di tonno
un grosso pugno di pangrattato
olio per friggere
sale

Portate a ebollizione una pentola con acqua salata e sbollentate per pochi minuti il lattume, quindi scolatelo, lasciatelo raffreddare e tagliatelo a fettine. Passatelo nel pangrattato e friggetelo in abbondante olio molto caldo. Fate scolare l'unto in eccesso su un foglio di carta assorbente da cucina prima di servire.

Medaglioni di aragosta di Palau

Ingredienti per 4 persone:
1 aragosta di almeno 1,5 kg
1 cespo di lattuga
1 confezione di panna
1 tartufo
1 bicchiere di Alghero Torbato
sale e pepe

Per il court-bouillon:
30 g di burro
1 carota
1 cipolla
1/2 bicchiere di Vermentino di Sardegna
un ciuffo di prezzemolo
2-3 foglie di alloro
1 rametto di timo
sale e pepe in grani

Mettete in una pentola capiente gli ingredienti per il court-bouillon e portate a ebollizione. Tuffateci dentro l'aragosta e lasciatela cuocere una mezz'ora o più, a seconda delle dimensioni, quindi scolatela, aprite il carapace con un coltello molto affilato ed estraete la polpa.

In una pentolina mettete la panna e portatela a ebollizione. Sfumatela con l'Alghero Torbato e lasciate restringere la salsa, salando e pepando. Quando la salsa sarà densa spegnete il fuoco e incorporate il tartufo, ben pulito e finemente tritato.

Lavate e tagliate a striscioline sottili la lattuga, disponetela su un piatto da portata un po' fondo. Tagliate la polpa dell'aragosta in rondelle spesse circa mezzo centimetro. Sulla lattuga disponete i medaglioni d'aragosta, coprite con la salsa e servite.

Moscardini in conserva alla moda di Olbia

Ingredienti per 4 persone:
800 g di moscardini
1/2 l di aceto di vino bianco
2 cipolle
2 spicchi d'aglio
4-5 foglie di salvia
2 foglie di alloro
4 cucchiai di olio extravergine d'oliva
sale e pepe

Mondate e sciacquate i moscardini e tagliateli in 4-5 parti. Portate a ebollizione una pentola di acqua salata nella quale avrete messo una cipolla a rondelle e 3 cucchiai di aceto. Tuffateci i moscardini e fateli cuocere per circa 15 minuti, quindi scolateli.

Tritate l'altra cipolla e fatela imbiondire insieme all'aglio nell'olio. Unite la salvia e l'alloro e fate rosolare il tutto. Quando vedrete che prende colore unite l'aceto. Fate sobbollire a fiamma dolce per 10 minuti circa, salando e pepando.

Mettete i moscardini a strati in un contenitore di vetro e ricopriteli con la marinata tiepida. Sigillate il vaso, conservatelo in un luogo fresco e aspettate almeno una settimana prima di iniziare a consumare.

Ostriche in carrozza di Porto Cervo

Ingredienti per 4 persone:
12 ostriche
100 g di bacon
sale e pepe nero

Aprite con un coltellino molto affilato le 12 ostriche ed estraetene il frutto. Spolverizzate ogni mollusco con un poco di sale e un pizzico di pepe nero macinato al momento, quindi avvolgetelo in una fettina di bacon. Infilate gli involtini a tre a tre in uno spiedino d'acciaio e fateli cuocere in forno, sotto al grill, rigirandoli ogni tanto. Quando il bacon sarà abbrustolito uniformemente servite.

Pasticcini alla bottarga

Ingredienti per 4 persone:
400 g di farina
400 g di burro
100 g di bottarga
1 confezione di panna da cucina
1 cipolla
50 g di burro salato
sale e pepe bianco

Preparate una pasta frolla, impastando la farina e il burro fuso con un pizzico di sale, lavorate bene e stendete uno strato di circa un centimetro e mezzo. Ritagliate dei dischi di pasta di circa quindici centimetri di diametro e modellateli con le dita a forma di piccolo paniere. Preriscaldate il forno a 200° e infornate i cestini per 20 minuti, poi abbassate il forno a 140° e lasciateli cuocere per altri 10-15 minuti. Tritate finemente la cipolla e mettetela ad appassire nel burro salato a fuoco lentissimo. Non deve assolutamente prendere colore, altrimenti il gusto del piatto verrà alterato. Aggiungete la bottarga e stemperatela con la punta della forchetta. Lasciatela cuocere per 3-4 minuti, poi toglietela dal fuoco. Amalgamate il tutto con la panna, poi riempite i cestelli e servite.

Polipetti in umido

Ingredienti per 4 persone:
600 g di polipetti
8 cucchiai di olio extravergine di oliva
2 spicchi d'aglio
150 g di passata di pomodoro
sale e pepe
crostini di pane abbrustolito

Sciacquate sotto acqua corrente i polipetti, pulendoli bene. Sistemateli in una pentola capiente, preferibilmente di coccio. Unite l'olio extravergine e gli spicchi d'aglio interi o tagliati a metà.

Coprite con un coperchio e lasciate rosolare per 10 minuti, girandoli spesso. Aggiungete la passata di pomodoro, sale e pepe nero macinato al momento.

Ricoprite e lasciate cuocere fino a quando sentirete, con i rebbi di una forchetta, che i polipetti sono teneri.

Servite con crostini di pane abbrustolito e sfregato con aglio.

Polipo con carciofi

Ingredienti per 4 persone:

1 grosso polipo
1 carota
1 cipolla
1 costa di sedano
4 carciofi
8 cucchiai di olio extravergine d'oliva
2 spicchi d'aglio
un ciuffo di prezzemolo
sale e pepe

Mettete a bollire il polipo, dopo averlo accuratamente pulito e rivoltato. Dopo circa 40 minuti toglietelo dall'acqua di cottura e tagliatelo a pezzetti. Tritate finemente sedano, carota e cipolla e metteteli ad appassire nell'olio, fino a quando saranno ben soffritti. Nel frattempo tagliate i carciofi a listarelle sottili e metteteli a rosolare con gli odori, sale e pepe, lasciandoli cuocere per una ventina di minuti. Bagnateli con l'acqua di cottura del polipo per ammorbidirli. Quando saranno cotti unite il polipo, lasciatelo insaporire per 5 minuti, quindi terminate cospargendo il tutto con un trito fine di prezzemolo e aglio.

Polipo in insalata con fagioli e menta

Ingredienti per 4 persone:

1 polipo grande
500 g di fagioli borlotti
4 cucchiai di olio extravergine di oliva
1 spicchio d'aglio
un ciuffo di menta fresca
2 cucchiai di aceto di vino bianco
sale e pepe

Per il court-bouillon:

1 limone
1 carota
1 costa di sedano
1 cipolla
un ciuffo di prezzemolo
sale e pepe nero in grani

Mettete in una pentola capiente gli ingredienti per il court-bouillon e portate a ebollizione. Tuffateci dentro il polipo, ben pulito, e lasciatelo cuocere una mezz'ora o più, a seconda delle dimensioni. Sarà cotto quando sentirete con i rebbi di una forchetta che è tenero. A quel punto scolatelo e tagliatelo a pezzetti. Sistematelo in una terrina e conditelo con l'olio, l'aceto, sale e pepe. Tritate finemente l'aglio e la menta e cospargete con il trito il polipo.

Cuocete i fagioli in una pentola con abbondante acqua leggermente salata e, quando saranno cotti, scolateli e uniteli al polipo. Lasciate marinare il tutto per circa un'ora prima di servire.

F. P. inc.

Polipo in insalata con patate e rosmarino

Ingredienti per 4 persone:
1 grosso polipo
500 g di patate
1 rametto di rosmarino
2 spicchi d'aglio
10 cucchiai di olio extravergine di oliva
sale e pepe

Per il court-bouillon:
1 limone
1 carota
1 costa di sedano
1 cipolla
un ciuffo di prezzemolo
sale e pepe nero in grani

Mettete in una pentola capiente gli ingredienti per il court-bouillon e portate a ebollizione. Tuffateci dentro il polipo, ben pulito, e lasciatelo cuocere una mezz'ora o più, a seconda delle dimensioni. Sarà cotto quando sentirete con i rebbi di una forchetta che è tenero. A quel punto scolatelo e tagliatelo a pezzetti. Sistematelo in una terrina e conditelo con l'olio, sale e pepe. Tritate finemente l'aglio e il rosmarino e cospargete con il trito il polipo.

Cuocete le patate in una pentola con abbondante acqua leggermente salata e, quando saranno cotte, scolatele, pelatele, tagliatele a cubetti e unitele al polipo. Mescolate bene e lasciate marinare il tutto per almeno un'ora prima di servire.

Polipo in insalata con pinoli

Ingredienti per 4 persone:
1 polipo di circa 1 kg
8 cucchiai di olio extravergine di oliva
2 cucchiai di aceto di vino bianco
2 spicchi d'aglio
una grossa manciata di pinoli
sale e pepe

Per il court-bouillon:
1 limone
1 carota
1 costa di sedano
1 cipolla
un ciuffo di prezzemolo
sale e pepe nero in grani

Mettete in una pentola capiente gli ingredienti per il court-bouillon e portate a ebollizione. Tuffateci dentro il polipo, ben pulito, e lasciatelo cuocere una mezz'ora o più, a seconda delle dimensioni. Sarà cotto quando sentirete con i rebbi di una forchetta che è tenero. A quel punto scolatelo e tagliatelo a pezzetti. Sistematelo in una terrina e conditelo con l'olio, l'aceto, sale e pepe. Tritate finemente l'aglio e i pinoli e cospargete con il trito il polipo.

Mescolate bene e lasciate marinare il tutto per almeno un'ora prima di servire.

Polipo marmorizzato

Ingredienti per 4 persone:
1 polipo di almeno 1 kg
4 cucchiai di olio extravergine di oliva
1 limone
sale e pepe bianco

Per il court-bouillon:
1 limone
1 carota
1 costa di sedano
1 cipolla
un ciuffo di prezzemolo
sale e pepe nero in grani

Mettete in una pentola capiente gli ingredienti per il court-bouillon e portate a ebollizione. Tuffateci dentro il polipo, ben pulito, e lasciatelo cuocere una mezz'ora o più, a seconda delle dimensioni. Sarà cotto quando sentirete con i rebbi di una forchetta che è tenero. A quel punto scolatelo.

Conservandolo intero, infilatelo in una bottiglia di plastica tipo quelle dell'acqua minerale, alla quale avrete tagliato via sia il collo che il fondo. Mettete la bottiglia in frigorifero per almeno un paio d'ore.

Trascorso questo tempo spingete lentamente il polipo fuori dalla bottiglia e tagliatelo a fette, come fosse un salame. Sistemate le fette sui piatti singoli e condite con un'emulsione di succo di limone, olio extravergine d'oliva, sale e pepe.

Polipo marmorizzato alle olivette

Ingredienti per 4 persone:
1 polipo di almeno 1 kg
4 cucchiai di olio extravergine di oliva
1 limone
una manciata di olive verdi denocciolate
una manciata di olive nere al forno denocciolate
sale e pepe bianco

Per il court-bouillon:
1 limone
1 carota
1 costa di sedano
1 cipolla
un ciuffo di prezzemolo
sale e pepe nero in grani

Mettete in una pentola capiente gli ingredienti per il court-bouillon e portate a ebollizione. Tuffateci dentro il polipo, ben pulito, e lasciatelo cuocere una mezz'ora o più, a seconda delle dimensioni. Sarà cotto quando sentirete con i rebbi di una forchetta che è tenero. A quel punto scolatelo.

Conservandolo intero, infilatelo in una bottiglia di plastica tipo quelle dell'acqua minerale, alla quale avrete tagliato via sia il collo che il fondo. Mettete la bottiglia in frigorifero per almeno un paio d'ore.

Trascorso questo tempo spingete lentamente il polipo fuori dalla bottiglia e tagliatelo a fette, come fosse un salame. Sistemate le fette sui piatti singoli e condite con un'emulsione di succo di limone, olio extravergine d'oliva, sale e pepe. Tritate finemente le olive, cospargetene il polipo e servite.

Polpette di tonno e ricotta di pecora

Ingredienti per 4 persone:
250 g di tonno
200 g di ricotta di pecora
1 uovo
50 g di pecorino grattugiato
un grosso pugno di pangrattato
1 rametto di timo fresco
1 spicchio d'aglio
olio per friggere
sale

Tritate le foglie di timo e l'aglio e metteteli in una ciotola, unite la ricotta di pecora, l'uovo e il pecorino grattugiato. Amalgamate il tutto con un cucchiaio di legno.

Passate al mixer il tonno, dopo averlo pulito e privato della pelle, quindi unitelo al composto e regolate di sale e pepe. Formate delle polpette della dimensione di una noce, passatele nel pangrattato, premendole leggermente affinché aderisca bene. Scaldate l'olio in una padella antiaderente, friggete le polpette per circa 10 minuti finché saranno dorate. Fate scolare l'unto in eccesso su un foglio di carta assorbente da cucina prima di servirle.

Polpettine di tonno

Ingredienti per 4 persone:
200 g di tonno
30 g di burro
una manciata di capperi salati
2 uova sode
1 limone
un ciuffo di rucola
un ciuffo di basilico
un ciuffo di erba cipollina
sale e pepe

Passate al frullatore il tonno, ben pulito e privato della pelle, e le uova. Raccogliete tutto in una ciotola. Tritate finemente capperi, basilico, erba cipollina e la buccia del limone. Unite al tonno il burro ammorbidito e amalgamate il trito con il succo di mezzo limone, sale e pepe fino a ottenere un impasto omogeneo.

Formate tante palline irregolari e riponetele in frigorifero. Al momento di servire formate un letto di rucola sul piatto da portata e sopra disponete le polpettine di tonno ed erbe.

Pomodori camone di Sardegna ripieni di acciughe

Ingredienti per 4 persone:
12 pomodorini camone maturi
150 g di acciughe sotto sale
una manciata di olive verdi denocciolate
un tubetto di maionese
sale e pepe

Lavate i pomodorini, tagliate la calotta, eliminate con un cucchiaio la parte interna, costituita da semi e polpa e salateli internamente. Teneteli rovesciati per un'ora perché perdano l'acqua di vegetazione.

Dissalate le acciughe e tritatele grossolanamente. In una ciotola raccogliete le acciughe, amalgamatevi un po' di maionese, salate e pepate. Riempite con il composto i pomodorini e decorateli con un'oliva denocciolata.

Pomodori camone di Sardegna ripieni di gamberetti

Ingredienti per 4 persone:
12 pomodorini camone maturi
250 g di gamberetti sgusciati
un ciuffo di prezzemolo
1 spicchio d'aglio
un tubetto di maionese
sale e pepe

Lavate i pomodorini, tagliate la calotta, eliminate con un cucchiaio la parte interna, costituita da semi e polpa e salateli internamente. Teneteli rovesciati per un'ora perché perdano l'acqua di vegetazione.

Sbollentate i gamberetti in acqua salata per 3 minuti, poi scolateli e lasciateli raffreddare. Tritate finemente aglio e prezzemolo e, in una ciotola, uniteli alla maionese, mescolando bene. Aggiungete i gamberetti grossolanamente triturati, salate e pepate. Riempite con il composto i pomodorini e servite subito.

Pomodori camone di Sardegna ripieni di granchio

Ingredienti per 4 persone:
12 pomodorini camone maturi
250 g di polpa di granchio
1 barattolo di mais dolce
un tubetto di maionese
sale e pepe

Lavate i pomodorini, tagliate la calotta, eliminate con un cucchiaio la parte interna, costituita da semi e polpa e salateli internamente. Teneteli rovesciati per un'ora perché perdano l'acqua di vegetazione.

Tagliate a rondelle la polpa di granchio. In una ciotola raccogliete le rondelle, il mais scolato dal liquido di conservazione, amalgamate con un po'di maionese, salate e pepate. Riempite con il composto i pomodorini e servite.

Pomodori camone di Sardegna ripieni di tonno

Ingredienti per 4 persone:
12 pomodorini camone maturi
150 g di tonno
una manciata di capperi salati
2 acciughe salate
una manciata di olive verdi denocciolate
un tubetto di maionese
sale e pepe

Lavate i pomodorini, tagliate la calotta, eliminate con un cucchiaio la parte interna, costituita da semi e polpa e salateli internamente. Teneteli rovesciati per un'ora perché perdano l'acqua di vegetazione.

Dissalate le acciughe e tritatele grossolanamente. Pulite bene il tonno, togliete la pelle e passatelo al mixer, quindi unitelo alle acciughe. Tritate anche le olive e i capperi, che avrete passato sotto l'acqua fredda per dissalarli. In una ciotola raccogliete il tutto, amalgamate con un po'di maionese, salate e pepate. Riempite con il composto i pomodorini e decorateli con un'oliva denocciolata.

Rotolo di tonno

Ingredienti per 4 persone:
200 g di tonno
50 g di pecorino stagionato grattugiato
1 grossa patata
2 uova
una manciata di capperi salati
1 cucchiaio di aceto di vino bianco
un grosso pugno di pangrattato
sale e pepe

Lessate la patata con la buccia per 20 minuti, pelatela, quindi passatela nello schiacciapatate. Pulite bene il tonno, togliendo la pelle, e passatelo al mixer, quindi mettetelo in una ciotola con sale e pepe. Sciacquate i capperi e tritateli, poi uniteli al tonno. Aggiungete le uova, la patata, il pecorino stagionato grattugiato, il pangrattato, sale e pepe. Lavorate il composto con un cucchiaio di legno per amalgamarlo bene. Dategli la forma allungata di un rotolo. Avvolgetelo in una pezzuola di cotone, che terrete legata con uno spago. Fate cuocere il rotolo in 1 litro di acqua bollente con 1 cucchiaio di aceto e sale per 40 minuti. Lasciate raffreddare, quindi togliete la pezzuola. Tagliate a fette il rotolo e servite.

Sarago al latte cagliato

Ingredienti per 4 persone:
800 g di filetti di sarago
4 cucchiai di olio extravergine d'oliva
2 foglie di alloro
1 cipolla
1 limone
1 tazza di latte di pecora
sale e pepe
crostini di pane abbrustolito

Lavate il pesce, asciugatelo con una pezzuola pulita, poi fatelo friggere in due cucchiai di olio. Quando i filetti saranno dorati toglieteli e metteteli da parte. Aggiungete nella stessa padella il rimanente olio, l'alloro e la cipolla tritata e lasciate rosolare fino a quando saranno dorati. Unite il latte di pecora e il succo del limone e portate a ebollizione.

Unite il pesce, salate, pepate e lasciatelo cuocere per altri cinque minuti, in modo che la salsa si addensi. Servite con crostini di pane abbrustolito.

Sardelle marinate

Ingredienti per 4 persone:
800 g di sardelle
4 cipolle
100 g di farina
1 bicchiere di aceto di vino bianco
olio per friggere
sale e pepe

Pulite le sardelle, privatele di testa e interiora, lavatele e asciugatele. Passatele nella farina e friggetele in olio ben caldo. Quando saranno dorate da ambo i lati scolatele con una schiumarola, quindi fate assorbire l'unto in eccesso su un foglio di carta da cucina.

1. Acciughe marinate. (© Stockfood)

2. Anguilla al verde. (© Stockfood)

3. Antipasto di mare alla cagliaritana. (© Stockfood)

4. Aragosta in bellavista (presentazione alternativa). (© Stockfood)

5. Aragosta in salsa di ostriche di Calasetta. (© Stockfood)

6. Cozze allo zafferano. (© Stockfood)

7. Crostini con alici. (© Stockfood)

8. Salsa per crostini con gamberi allo zafferano (in primo piano). (© Stockfood)

9. Crostini di gamberi e zucchine. (© Stockfood)

10. Preparazione dei fagottini di ostriche di Arbatax. (© Stockfood)

11. Frittatina di bottarga e pecorino. (© Stockfood)

12. Gamberetti in gelatina rossa. (© Stockfood)

13. Gamberi e asparagi selvatici. (© Stockfood)

14. Gamberoni con carciofi. (© Stockfood)

15. Insalata calda di cozze al peperoncino. (© Stockfood)

16. Insalata di mare. (© Stockfood)

Donna che lava i panni; incisione di R. Branca, 1938.

Tritate la cipolla mettetela a rosolare in un po' d'olio, sale e pepe. Quando sarà dorata aggiungete un bicchiere abbondante di aceto, fate amalgamare e spegnete il fuoco. In un recipiente di vetro disponete le sardelle a strati, bagnate ogni strato con alcune cucchiaiate di marinata sino ad esaurimento degli ingredienti. Lasciate in infusione una giornata prima di consumare.

Sardine alla marinara

Ingredienti per 4 persone:
800 g di sardine
1 rametto di rosmarino
2 spicchi d'aglio
un pizzico di origano seccato
4 cucchiai di olio extravergine di oliva
1/2 bicchiere di aceto di vino bianco
sale e pepe

Pulite le sardine, svisceratele e privatele delle lische. Tritate finemente il rosmarino con l'aglio. Sistemate uno strato di sardine in un tegame con l'olio, cospargetelo con la metà del trito, quindi fate un altro strato di sardine, sempre ricoperte con il rimanente trito aromatico.

Insaporite con un po' di origano e versate a filo un goccio d'olio. Regolate di sale e pepe. Cucinatele per 15 minuti a fuoco lento e bagnate con un po' d'aceto forte. Fate raffreddare e servite.

Scampi con le mandorle

Ingredienti per 4 persone:
800 g di code di scampi
4 foglie di lattuga
1 bustina di mandorle spellate
4 cucchiai di olio extravergine d'oliva
1 cipollotto
sale e pepe bianco

Portate a ebollizione una pentola d'acqua salata e lessate gli scampi, poi scolateli e lasciateli raffreddare completamente. Pestate le mandorle nel mortaio, aggiungendo l'olio a filo, per farlo amalgamare. Quando gli scampi saranno freddi, toglieteli dal carapace, tagliateli a rondelline, uniteli al bianco del cipollotto tagliato finissimo e conditeli con la salsa di mandorle. Serviteli in coppette da cocktail fasciate con lattuga.

Soufflé di verdure con crema di cefalo

Ingredienti per 4 persone:
150 g di filetti di cefalo
6 cucchiai di olio extravergine d'oliva
1 dado da brodo
2 spicchi d'aglio
2 uova
1 cipolla
50 g di burro
150 g di patate
1 foglia d'alloro
1 confezione di panna
1 scalogno
1 cespo di scarola
50 g di pecorino grattugiato
sale e pepe

Pulite bene la scarola e pelate le patate. Fate soffriggere la scarola tagliata a pezzetti, insieme alla cipolla, in 4 cucchiai d'olio e il burro. Aggiungete le patate tagliate a dadini molto piccoli e fatele cuocere pochi minuti, eventualmente sfumando con un cucchiaio di acqua, fino a quando saranno cotti. Passate il composto in un mixer, amalgamate la panna, il pecorino grattugiato, i tuorli, gli albumi montati a neve fermissima, sale e pepe. Versate questo composto in stampini individuali e cuoceteli a bagnomaria, ponendoli in una teglia piena d'acqua, in forno preriscaldato a 150° per 30 minuti.

Nel frattempo sbollentate i filetti di cefalo per 5 minuti in acqua bollente salata. Tritate uno spicchio d'aglio e lo scalogno e metteteli a soffriggere in due cucchiai d'olio, aggiungete l'alloro e i filetti di merluzzo lessati, un dado e 100 ml di acqua calda e fate bollire fino a quando il brodo si sarà ritirato.

Frullate il tutto, passatelo al setaccio e, con la crema di cefalo, velate i piatti individuali e sformate sopra i soufflé di scarola.

Spiedini di anguilla

Ingredienti per 4 persone:
1 anguilla
75 g di burro
2 limoni
qualche foglia di salvia
sale e pepe

Pulite l'anguilla e spellatela, quindi tagliatela a tronchetti larghi 2 dita. Prendete degli stecchini di metallo e su ognuno di essi infilate 1 foglia di salvia, 1 fettina di limone e 1 tronchetto d'anguilla, alternandoli. In un tegame sciogliete il burro e friggetevi gli stecchini così preparati, salate e servite subito.

Spiedini di mare

Ingredienti per 4 persone:
4 seppioline
4 capesante
4 gamberi
4 moscardini
4 fettine di pancetta
20 g di burro
1 bicchierino di cognac
sale e pepe bianco

Pulite le seppioline, i moscardini, i gamberetti e le capesante, e avvolgete queste ultime nelle fettine di pancetta. Infilzateli su 4 spiedini alternandoli. Sciogliete il burro in una padella, fatevi rosolare gli spiedini rigirandoli da tutti i lati, bagnate con un bicchierino di cognac, fatelo evaporare, salate e pepate e cuocete ancora per 5 minuti.

Su guanchettus

Ingredienti per 4 persone:
1 kg di gianchetti
2 limoni
100 g di farina
olio per friggere
sale

Sciacquate i gianchetti, scolateli bene, asciugateli delicatamente e infarinateli. Portate l'olio a temperatura e friggeteli in olio molto caldo. Scolateli con una schiumarola quando saranno dorati, fate asciugare su un foglio di carta assorbente da cucina, salate e servite, accompagnando con spicchi di limone.

Tartara di cernia

Ingredienti per 4 persone:
4 fette di pane casereccio
400 g di filetto di cernia
2 cucchiaini di senape di Digione
4 cucchiai di olio extravergine di oliva
il succo di 1 limone
2 scalogni
un ciuffo di prezzemolo
sale e pepe bianco
crostini di pane abbrustolito

Tagliate a fettine sottili il filetto di cernia e mettetelo a marinare in una ciotola con olio, succo di limone nel quale avrete disciolto la senape, lo scalogno finemente tritato, sale e pepe bianco. Lasciate riposare in frigorifero per 2 ore. Bruschettate il pane, poi su ogni fetta mettete la cernia, irrorata con un poco di marinata e cosparsa con un trito fine di prezzemolo.

Tartara di tonno con capperi

Ingredienti per 4 persone:
400 g di filetto di tonno
1 limone
un ciuffo di prezzemolo
1/2 bicchiere di olio extravergine d'oliva
una manciata di capperi salati
sale e pepe

Tagliate a fettine sottili il filetto di tonno crudo e disponetele nei piattini individuali. Tritate i capperi dopo averli dissalati e cospargeteli sul tonno, poi conditelo con il succo del limone, un pizzico di sale e pepe e il prezzemolo tritato. Irrorate con un po' di olio e servite.

Tartara di tonno con salsa di acciughe ed erba cipollina

Ingredienti per 4 persone:
400 g di tonno fresco
4 cucchiai di olio extravergine d'oliva
1 limone
1 cipolla
una manciata di capperi salati
un ciuffo di erba cipollina
4 acciughe sott'olio
sale e pepe nero
crostini di pane abbrustolito

Tagliate molto finemente il tonno fresco, versateci il succo di un limone, e lasciate riposare per 10 minuti. Tritate una cipolla, i capperi, qualche filo di erba cipollina e i filetti di acciughe sott'olio.

Cospargetene il tonno, irrorate con l'olio, un pizzico di sale e una spolverata di pepe nero.

Mescolate bene il tutto e servite accompagnato da crostini di pane abbrustolito.

Tartine al tonno

Ingredienti per 4 persone:
8 fette di pancarré
100 g di ventresca di tonno
1/2 bicchiere di latte
la mollica di 1 panino
100 g di burro
sale e pepe bianco

Passate nel frullatore il tonno assieme alla mollica di pane precedentemente bagnata nel latte e strizzata, sale e pepe. Unite il burro ammorbidito e frullate ancora fino a ottenere un composto spumoso. Spalmatelo sul pane tostato e servite.

Tartine all'aragosta

Ingredienti per 4 persone:
8 fette di pancarré
1 aragosta piccola
100 g di burro
sale e pepe bianco

Per il court-bouillon:
30 g di burro
1 carota
1 cipolla
1/2 bicchiere di Vermentino di Sardegna
un ciuffo di prezzemolo
2-3 foglie di alloro
1 rametto di timo
sale e pepe in grani

Mettete in una pentola capiente gli ingredienti per il court-bouillon e portate a ebollizione. Tuffateci dentro l'aragosta e lasciatela cuocere una mezz'ora o più, a seconda delle dimensioni, quindi scolatela, aprite il carapace con un coltello molto affilato ed estraete la polpa.

Lasciatela raffreddare e mettetela nel frullatore assieme al burro ammorbidito. Aggiungete sale e pepe e frullate. Tostate le fette di pane e cospargetele con la crema di aragosta, quindi servite.

Tartine alla bottarga

Ingredienti per 4 persone:
1 confezione di bottarga
8 fette di pancarré
100 g di burro salato

Tostate le fette di pancarré e imburratele ancora calde. Grattugiate finemente la bottarga, quindi spolveratela sulle fette di pane. Disponete le tartine su un piatto da portata e riscaldate appena un poco nel forno tiepido con lo sportello aperto, quindi servitele.

Tonno in bellavista

Ingredienti per 4 persone:
400 g di tonno in un solo trancio
il succo di 1 limone
1 dado per gelatina istantanea
2 foglie di alloro
un vasetto di carciofini sott'olio
un vasetto di cetriolini sott'aceto
un vasetto di cipolline sott'aceto
un vasetto di funghetti sott'olio
sale e pepe in grani

Mettete il dado da gelatina a sciogliere in un litro di acqua.

Fate cuocere il tonno per circa mezz'oretta in abbondante acqua salata assieme a un po' di granelli di pepe, alloro e fette di limone. Scolatelo bene e adagiatelo su un piatto da portata fondo. Privatelo della pelle e decorate il piatto con i sottaceti e i sott'oli.

Ricoprite il tutto con la gelatina e mettete il piatto in frigorifero a solidificare per circa 2 ore prima di servire.

Tonno marinato alla menta

Ingredienti per 4 persone:
12 fettine sottili di tonno fresco
un ciuffo di menta fresca
1 spicchio d'aglio
4 cucchiai di olio extravergine d'oliva
il succo di 2 limoni
sale e pepe nero

Stendete le fettine di tonno fresco su un piatto e irroratele con il succo di un limone. Cospargetele con un trito fine di aglio e menta e avvolgetele a mo' di involtino. Lasciatele marinare per un'ora circa. Disponete gli involtini nel cestello per la cottura a vapore e lasciate cuocere per 15 minuti. Sistemate gli involtini su un piatto da portata e serviteli dopo averli conditi con un'emulsione di olio, succo di limone, sale e pepe.

Torta di alicine e carciofi

Ingredienti per 4 persone:
800 g di alicine piccole
8 carciofi sardi
2 limoni
2 spicchi d'aglio
un ciuffo di prezzemolo
4 cucchiai di olio extravergine di oliva
un grosso pugno di pangrattato
sale e pepe

Eliminate le foglie dure dei carciofi, tagliateli a fettine e metteteli in acqua acidulata col succo di 1 limone. Scolateli e fateli brasare a fuoco molto dolce con olio e aglio per mezz'ora, unendo poca acqua per volta. Pulite, diliscate e filettate le alicine, quindi disponetene uno strato in una teglia ben unta di olio, salate, pepate, irrorate col succo di 1/2 limone, quindi ricopritele coi carciofi e con un altro strato di alicine. Cospargete col restante succo di limone, sale e pepe, pangrattato e prezzemolo tritato finemente. Fate cuocere in forno già caldo a 180° per 20 minuti.

Torta di carciofi e muggine

Ingredienti per 4 persone:
400 g di filetti di muggine
4 cucchiai di olio extravergine d'oliva
1 dado da brodo
2 spicchi d'aglio
un ciuffo di prezzemolo
100 g di prosciutto cotto
1/2 bicchiere di Vermentino di Sardegna
1 confezione di pasta sfoglia salata
400 g di cuori di carciofo
sale e pepe

Mettete in una casseruola un paio di cucchiai di olio extravergine d'oliva e rosolate un trito fine di aglio e prezzemolo per pochi minuti. Aggiungete i cuori di carciofo, ben puliti e tagliati a fettine sottili, il prosciutto cotto a dadini, sale e pepe e fate rosolare a fuoco vivace.

Sfumate col vino e cuocete per circa 15 minuti a fuoco medio, aggiungendo del brodo nel caso i carciofi si seccassero troppo.

Nel frattempo tirate la pasta sfoglia e foderate una teglia da forno. Disponetevi uno strato di carciofi e sopra sistematevi i filetti di muggine, ben puliti e tagliati a pezzetti. Ricoprite con un altro strato di carciofi e sigillate con la rimanente pasta, pressando bene i bordi perché il ripieno non fuoriesca.

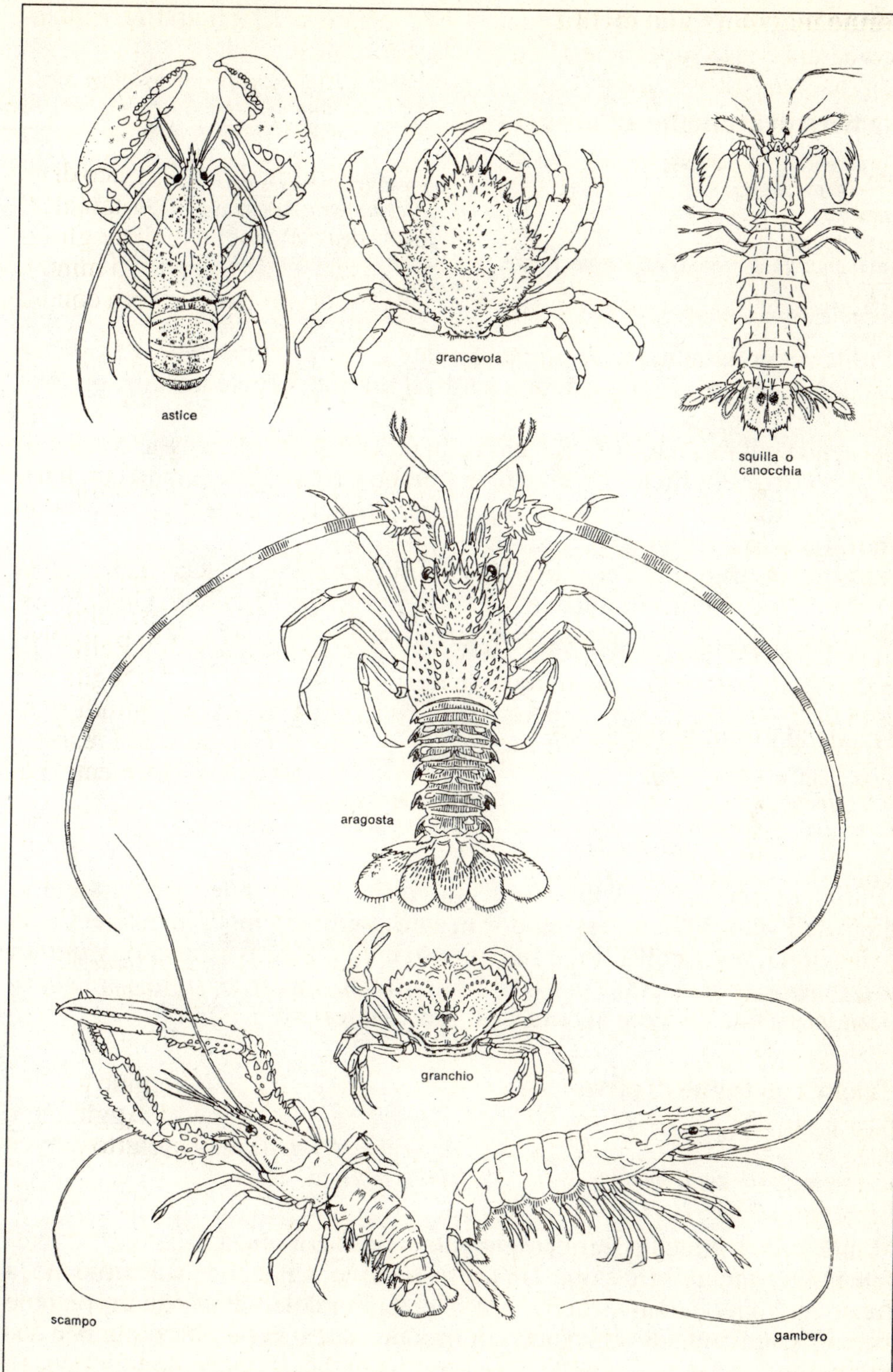
astice
grancevola
squilla o
canocchia
aragosta
granchio
scampo
gambero

Fate cuocere in forno preriscaldato a 200° per circa 15 minuti fino a quando vedrete che la superficie è ben dorata. Sfornate e servite.

Tortiera di acciughe all'arancia

Ingredienti per 4 persone:
400 g di acciughe
1 limone
1 arancia
una manciata di olive verdi denocciolate
25 g di pinoli
un ciuffo di prezzemolo
1 peperoncino piccante
1/2 bicchiere di Vermentino di Sardegna
un pugno di pangrattato
4 cucchiai di olio extravergine di oliva
sale e pepe

Pulite accuratamente le acciughe. Levate la testa e diliscatele. Lavatele e lasciatele scolare. Tagliate a fette sottili il limone. Tritate insieme prezzemolo, olive e pinoli.

Accendete il forno a 180°. Sistemate in una pirofila le acciughe con le code al centro, ricopritele con le fette di limone e cospargete il tutto con il trito preparato. Spolverizzate con il pangrattato, salate, pepate e irrorate con un filo d'olio e il vino.

Passate in forno caldo per circa 20 minuti. Spremete il succo dell'arancia e irrorate la tortiera, continuando la cottura per altri 15 minuti. Quando vedrete che il liquido è stato assorbito, spegnete il forno, fate riposare 5 minuti e servite.

Triglie ai pomodorini sardi

Ingredienti per 4 persone:
800 g di triglie
8 cucchiai di olio extravergine di oliva
250 g di pomodori sardi maturi
sale grosso
1 cucchiaio di zucchero

Pulite, sviscerate e filettate le triglie, quindi cuocetele velocemente in metà dell'olio. Mettete i pomodorini sardi tagliati a metà in una teglia da forno con il resto dell'olio, il sale grosso e un pizzico di zucchero, quindi infornate a caldo, a 200°, per 10-15 minuti. Disponete le triglie sul letto di pomodori, fate cuocere ancora 5 minuti, poi servite.

Triglie con foglie di olivo

Ingredienti per 4 persone:
800 g di triglie
una manciata di foglie di olivo
il succo di 1 limone
8 cucchiai di olio extravergine d'oliva
sale e pepe

Pulite e sviscerate le triglie, togliendo la lisca ma senza squamarle e mettete nella pancia di ciascuna 2-3 foglie d'olivo. Cuocetele sul barbecue, a fuoco molto moderato, per circa mezz'ora, girandole più volte e irrorandole con un'emulsione di olio, succo di limone, sale e pepe. Servitele ben abbrustolite.

Trigliette alla salvia

Ingredienti per 4 persone:
800 g di triglie piccole
8-10 foglie di salvia
1/2 bicchiere di latte
100 g di farina
4 cucchiai di olio extravergine di oliva
20 g di burro
sale e pepe
crostoni di pane abbrustolito

Pulite le triglie, evisceratele, lavatele ed asciugatele in un canovaccio pulito. Mettetele per circa un'ora in infusione nel latte, quindi scolatele, asciugatele e infarinatele leggermente. In un tegame scaldate quattro cucchiai d'olio e una grossa noce di burro, unite le foglie di salvia fresca, adagiatevi le triglie e cuocetele 8-10 minuti per parte. Salatele solo all'ultimo momento e servitele con crostoni di pane abbrustolito irrorati col sugo di cottura.

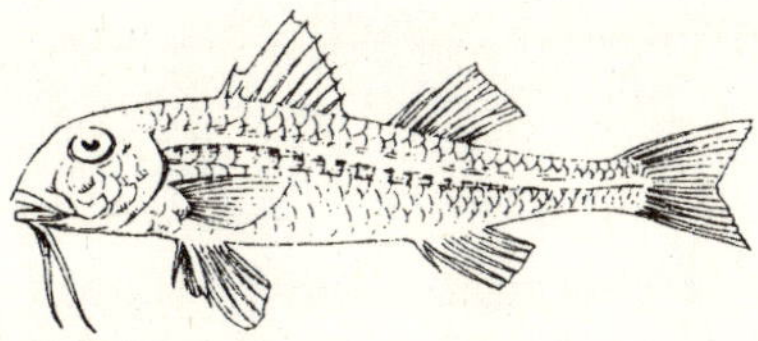

Uova ripiene di tonno e bottarga

Ingredienti per 4 persone:
8 uova
100 g di tonno sott'olio
1 confezione di bottarga
1 confezione di panna
1 cespo di lattuga
sale e pepe

Rassodate le uova, poi sgusciatele sotto l'acqua fredda, tagliatele a metà e togliete i tuorli. Metteteli nel frullatore assieme al tonno, alla bottarga e alla panna. Salate e pepate a piacere. Riempite con il composto gli albumi sodi, disponeteli su un letto di insalata e servite.

Vongole e cozze in agrodolce

Ingredienti per 4 persone:
2 kg di cozze
2 kg di vongole
50 g di zucchero
1 cipolla
1 peperoncino piccante
1/2 bicchiere di aceto di vino bianco
1 peperone giallo
4 cucchiai di olio extravergine di oliva
sale

Pulite accuratamente le vongole e le cozze, lasciatele spurgare, poi mettetele in una padella capiente assieme a un trito fine di cipolla e all'olio. Quando le conchiglie si saranno aperte, sfumate con l'aceto e fatelo in parte evaporare. A parte passate al frullatore il peperone giallo e mettetelo a cuocere in un'altra padellina con un filo d'olio, tenendo il fuoco allegro perché l'acqua del peperone evapori. Unite il peperone alle cozze e alle vongole, aggiungete lo zucchero, mescolando per farlo sciogliere. Insaporite con sale e peperoncino a piacere, mescolate e servite.

Zucchine, carote e pesce a scapece

Ingredienti per 4 persone:
400 g di pesce azzurro misto
100 g di farina
olio per friggere
2-3 carote
6 cucchiai di olio extravergine d'oliva
4 spicchi d'aglio
un pizzico di origano seccato
400 g di zucchine
1 peperoncino fresco
un ciuffo di basilico
un ciuffo di menta fresca
1 l di aceto di vino rosso
sale

Pulite le carote e lessatele per 8-10 minuti in acqua salata, badando di tenerle al dente, quindi sgocciolatele e tagliatele a rondelle. Disponetele in una terrina, ricopritele con due spicchi di aglio finemente tritati, sale, peperoncino sminuzzato, olio, un pizzico di origano e un bicchiere d'aceto.

Coprite e lasciate marinare per tutta la notte.

Lavate le zucchine, eliminate le estremità, asciugatele e tagliatele a fette per il lungo. Friggetele in olio bollente. Quando saranno dorate toglietele con una schiumarola, disponetele in una terrina a strati e su ogni strato mettete dell'aglio tagliato a fettine, il basilico spezzettato e qualche foglia di menta. In una casseruola mettete a bollire l'aceto avanzato, aggiungete un pizzico di sale e peperoncino. Quando l'aceto inizia a bollire, versatelo sulle zucchine, coprite la terrina con un coperchio e lasciate insaporire per tutta la notte.

Il giorno successivo, pulite bene il pesce azzurro, filettatelo, lavatelo, asciugatelo in un canovaccio pulito e infarinatelo. Friggetelo in abbondante olio molto caldo fino a quando sarà dorato, quindi mettete a scolare l'unto in eccesso su un foglio di carta assorbente da cucina.

Disponete il pesce in un piatto da portata fondo e ricopritelo con le zucchine e le carote, che avrete scolato dall'aceto in eccesso. Lasciate riposare un'ora e servite.

Zucchine ripiene di gamberi

Ingredienti per 4 persone:
4 zucchine grandi
150 g di gamberetti

Per la salsa:
un tubetto di maionese
1 cucchiaino di salsa ketchup
1 cipolla
sale e pepe

Pulite bene le zucchine e cuocetele per 8 minuti circa in acqua salata bollente. Scolatele e lasciatele raffreddare.

Nella stessa acqua sbollentate per un paio di minuti i gamberetti, quindi sgusciateli e fateli raffreddare.

Tritate la cipolla molto finemente e unitela alla maionese, quindi insaporitela con sale, pepe e il ketchup e conditevi i gamberetti. Tagliate le zucchine a metà nel senso della lunghezza, con uno scavino svuotatele con delicatezza della polpa, riempitele con il composto di maionese e gamberetti e servite subito.

Primi piatti

Cashcà dell'isola di San Pietro alla cernia

Ingredienti per 4 persone:

Per il cashcà:
400 g di semola di grano duro
sale

Per il condimento:
1 cernia di 7-800 g
2 cipolle
1 carota
1 costa di sedano
2 foglie di alloro
1/2 bicchiere di aceto di vino bianco
4 cucchiai di olio extravergine di oliva
una manciata di capperi salati
4-5 filetti di acciughe sott'olio
un ciuffo di prezzemolo
2 spicchi d'aglio
un ciuffo di basilico
2 bicchieri di Vermentino di Sardegna
sale e pepe

Il cashcà è una variante del cuscus tipico della zona di Carloforte e dell'isola di San Pietro, all'estremo sud della Sardegna.

Cuocete la semola a vapore e tenetela in caldo. In una pentola mettete un litro di acqua, le cipolle a rondelle, la carota a tocchetti, la costa di sedano a pezzi, l'alloro, il pepe in grani e l'aceto di vino bianco.

Cuocete la marinata per 30 minuti, filtratela e rimettetela nella pentola.

Aggiungete la cernia, pulita e sviscerata, e fatela cuocete per 15 minuti. Toglietela dal liquido di cottura, privatela della pelle e della lisca e tenetela in caldo. In un tegame versate l'olio e rosolate l'aglio tagliato a fettine sottili. Unite le acciughe spezzettate, il prezzemolo, il basilico e i capperi tritati. Unite la cernia, sfumate con il vino, salate e pepate e cuocete a fuoco lento per circa 10 minuti. Eventualmente addensate la salsa unendo un cucchiaio di farina. Su un piatto da portata caldo, disponete il cashcà e ricopritelo con la cernia velata con la salsa di cottura.

Cassola

Ingredienti per 4 persone:
1,5 kg di pesce misto (muggine, seppia, sarago, sanpietro, polipo, scorfano, vongole ecc.)
250 g di pomodori sardi maturi
1/2 bicchiere di Vermentino di Sardegna
2 spicchi di aglio
1 cipolla
1 peperoncino rosso piccante
un ciuffo di prezzemolo
un ciuffo di basilico
10 cucchiai di olio extravergine di oliva
sale e pepe
crostoni di pane abbrustolito

Mettete le vongole a spurgare in acqua salata per qualche ora. Pulite bene tutto il pesce, lavatelo e tagliatelo a pezzetti. Fate aprire le vongole in una padella con pochissimo olio e mezzo bicchiere di vino, toglietele dal fuoco e tenetele da parte.

Tritate finemente l'aglio e la cipolla, metteteli a rosolare in una casseruola con 5 cucchiai di olio, unite un peperoncino piccante tritato, mescolate e fate insaporire. Aggiungete i pomodori sardi grossolanamente tritati, salate e proseguite la cottura per altri 10 minuti.

Aggiungete il pesce, ben pulito, sviscerato, filettato e tagliato a pezzi, fatelo insaporire nel condimento, sempre mescolando, poi aggiustate di sale, coprite con poca acqua calda e fate cuocere per circa 45 minuti.

Unite alla zuppa le vongole aperte e un trito fine di prezzemolo e basilico. Servite irrorando con un filo di olio a crudo e accompagnando con crostoni di pane abbrustolito sfregati con aglio.

Ciciones al sugo di pesce

Ingredienti per 4 persone:

Per i ciciones:
400 g di semola di grano duro
sale

Per il condimento:
300 g di filetti di pesce azzurro
80 g di lardo
1/2 bicchiere di Vermentino di Gallura
1 cipolla
50 g di pecorino stagionato grattugiato
1 bustina di zafferano di Sardegna
sale

I ciciones sono la versione sassarese dei più famosi malloreddus.

Su una spianatoia disponete la semola a fontana, aggiungete un pizzico di sale e bagnate con poca acqua tiepida, impastando con le mani fino a ottenere un composto liscio, omogeneo e consistente. Prendete dei pezzetti di impasto, modellate dei cordoncini simili a grissini sottili e tagliateli a pezzetti della dimensione di 1 cm al massimo. Se non avete l'apposito tagliere scanalato passateli sul retro di una grattugia, quindi lasciateli seccare su un canovaccio pulito.

In una casseruola rosolate il lardo a dadini per pochi minuti quindi imbionditevi la cipolla tritata finemente e, quando sarà dorata, aggiungete la polpa dei pesci. Fate cuocere per 15 minuti a fiamma bassa, mescolando di tanto in tanto e sfumando con un goccio di vino. Aggiungete lo zafferano e

Keller

aggiustate di sale. Portate a ebollizione una pentola di acqua salata, cuocetevi i ciciones, scolateli al dente e ripassateli nella padella del sugo, spolverizzando con il pecorino grattugiato. Mescolate e servite.

Crema di aragosta

Ingredienti per 4 persone:
2 aragoste
1 confezione di panna
1/2 bicchiere di cognac
4 scalogni
4 cucchiai di salsa di pomodoro
50 g di burro
1/2 bicchiere di Vermentino di Sardegna
sale e pepe

Per il court-bouillon:
30 g di burro
1 carota
1 cipolla
1/2 bicchiere di Vermentino di Sardegna
un ciuffo di prezzemolo
2-3 foglie di alloro
1 rametto di timo
sale e pepe in grani

In una pentola capiente mettete a rosolare nel burro la carota e la cipolla affettate, versatevi il vino e un litro d'acqua, poi aggiungete il ciuffo di prezzemolo, l'alloro, il timo, il sale e il pepe. Portate a bollore e immergete le aragoste. Lasciatele cuocere nel court-bouillon per 20 minuti, poi spegnete il fuoco e lasciatele raffreddare nel brodo di cottura.

Triturate finemente gli scalogni e metteteli a soffriggere con il burro. Quando saranno dorati aggiungete la salsa di pomodoro e fatela addensare.

Scolate le aragoste, togliete la polpa e mettetela a soffriggere con un po' di burro in una padellina. Quando saranno dorate, toglietele dal tegamino e passatele al frullatore. Aggiungete la crema d'aragosta al sughetto di pomodoro, unite il cognac e amalgamate bene, facendo addensare. Spegnete il fuoco, aggiungete la panna, mescolate bene e servite.

Crema di gamberetti, carciofi e piselli

Ingredienti per 4 persone:
200 g di cuori di carciofo
1 barattolo di piselli
400 g di gamberetti
1 l di brodo vegetale
2 cucchiai di farina
sale e pepe

Sbollentate per 5 minuti i gamberetti in abbondante acqua salata, quindi scolateli, privateli del guscio e frullateli.

Mettete a cuocere i cuori di carciofo in una pirofila con un po' di brodo, quando saranno cotti, dopo circa 20 minuti, scolateli e passateli al frullatore, assieme ai piselli privati del loro liquido. Stemperate nel rimanente brodo la farina, unite la passata di verdure e i gamberetti, e fate cuocere per 10 minuti. Salate, pepate, mescolate e servite eventualmente con crostini di pane abbrustoliti.

Crema di ricci di mare

Ingredienti per 4 persone:

2 kg di ricci di mare
salsa besciamella
2 scalogni
50 g di burro
sale e pepe
crostini di pane soffritti nel burro

Con i guanti e un coltello molto affilato aprite i ricci di mare, tagliandoli in due. Estraete la delicata polpa con un cucchiaino e mettetela da parte. In una casseruola mettete lo scalogno tritato con il burro e fate imbiondire dolcemente. Quando lo scalogno sarà pronto, aggiungete la polpa dei ricci, mescolate e aggiungete la besciamella (o la panna). Servite questa salsa con crostini di pane soffritti nel burro.

Crêpes di muggine con carciofi

Ingredienti per 4 persone:

Per le crêpes:
250 g di farina
3 uova
40 g di burro
1 bicchiere di latte intero
un ciuffo di prezzemolo
sale

Per il ripieno:
un pizzico di noce moscata
2 spicchi d'aglio
1 uovo
salsa besciamella
50 g di burro
un grosso pugno di pangrattato
150 g di filetto di muggine
250 g di ricotta di pecora
50 g di pecorino stagionato grattugiato
450 g di cuori di carciofo
8 cucchiai di olio extravergine di oliva
sale e pepe

In una ciotola mettete la farina, unite un pizzico di sale, un poco di prezzemolo tritato e il latte. Mescolate fino a ottenere una pastella liscia e abbastanza fluida, alla quale aggiungerete le uova sbattute. Coprite e lasciate riposare per 1 ora. Sciogliete il burro a bagnomaria e amalgamatelo alla pastella. In una padella antiaderente fate sciogliere un pezzettino piccolo di burro a fiamma bassa, lasciate che frigga poi versate un mestolino di pasta, dopo un minuto girate la crespella prendendola con le dita e fate cuocere un minuto anche dall'altra parte. Toglietela dalla padella e lasciatela raffreddare. Ripetete l'operazione fino ad esaurimento della pastella.

Pulite bene i carciofi, conservando solamente i cuori, tagliateli a fettine sottili e fateli soffriggere in un po' di olio e una noce di burro insieme a uno spicchio di aglio, sale e pepe.

Rosolate i filetti di muggine con una noce di burro, sale e pepe, quando saranno cotti frullateli, unendo dopo qualche minuto i carciofi. Ponete il composto in una ciotola, aggiungete la ricotta, un uovo, il pecorino stagionato grattugiato, la noce moscata, il sale e il pepe e mescolate con cura.

Disponete le crêpes su un tagliere e farcitele con il ripieno. Arrotolatele su se stesse e tagliatele a fette spesse due dita.

Imburrate una grande pirofila, disponetevi le crêpes e ricopritele con un velo di besciamella.

Spolverizzate con il pangrattato mescolato a un pugno di pecorino e fatele cuocere in forno caldo a 200° per 20 minuti.

Culingiones alla ricotta e bottarga

Ingredienti per 4 persone:

Per la pasta:
400 g di semola di grano duro macinata fine
2 uova
sale

Per il ripieno:
400 g di ricotta di pecora
100 g di bottarga di muggine
50 g di pecorino stagionato grattugiato
200 g di spinaci lessati
2 uova
1 bustina di zafferano di Sardegna
sale e pepe

Per condire:
250 g di passata di pomodoro
1 cipolla
un ciuffo di basilico
4 cucchiai di olio extravergine di oliva
sale e pepe

I culingiones sono grossi ravioli di sfoglia all'uovo, solitamente di forma semicircolare, ma anche quadrati, originari dell'Ogliastra e diffusi in tutta la Sardegna in una miriade di varianti.

Ponete la semola sulla spianatoia, quindi impastatela con le uova, un pizzico di sale e l'acqua necessaria a ottenere un impasto omogeneo ma piuttosto consistente. Fate una palla, avvolgetela nella pellicola e fatela riposare per almeno 30 minuti.

Per il ripieno sbriciolate finemente la bottarga, schiacciate la ricotta con i rebbi di una forchetta e mescolate tutto in una terrina, unite gli spinaci finemente tritati, le uova, lo zafferano, sale e pepe. Mescolate bene per amalgamare il tutto.

Su un tagliere infarinato stendete con il matterello la pasta in due sfoglie sottili. Sulla prima disponete a distanza regolare delle piccole noci di ripieno, quindi coprite con la seconda sfoglia, premete con la punta delle dita intorno al ripieno per sigillare e tagliate con la rotella dentata tanti quadrati di circa 7-8 cm di lato.

In una padella fate scaldare l'olio, lasciate rosolare la cipolla finemente tritata e, quando sarà dorata, unite la passata di pomodoro, un pizzico di sale e pepe e il basilico, spezzettato con le mani. Fate addensare il sugo per 20 minuti.

Portate a ebollizione abbondante acqua salata e cuocete i culingiones. Scolateli quando saranno ancora al dente, conditeli con il sugo di pomodoro e servite subito.

Culingionis di branzino con sugo di pesce

Ingredienti per 4 persone:

Per la pasta:
400 g di semola di grano duro macinata fine
2 uova
sale

Per il ripieno:
300 g di filetti di branzino
2 tuorli d'uovo
2 fette di pancarré
50 g di pecorino stagionato grattugiato
1/2 bicchiere di latte
un ciuffo di prezzemolo
1 spicchio d'aglio
sale, pepe e noce moscata

Per il sugo:
500 g di cozze
4 acciughe salate
1 scalogno
4 cucchiai di olio extravergine di oliva
1/2 bicchiere di Vermentino di Sardegna
sale

Ponete la semola sulla spianatoia, quindi impastatela con le uova, un pizzico di sale e l'acqua necessaria a ottenere un impasto omogeneo ma piuttosto consistente. Fate una palla, avvolgetela nella pellicola e fatela riposare per almeno 30 minuti. Cuocete il branzino in padella con l'olio, quindi lasciate raffreddare un poco e tritate la polpa nel frullatore assieme ad aglio, prezzemolo e il pancarré ammollato nel latte e ben strizzato. Condite con sale e pepe e un poco di noce moscata.

Su un tagliere infarinato stendete con il matterello la pasta in due sfoglie sottili. Sulla prima disponete a distanza regolare delle piccole noci di ripieno, quindi coprite con la seconda sfoglia, premete con la punta delle dita intorno al ripieno per sigillare e tagliate con la rotella dentata tanti quadrati di circa 7-8 cm di lato.

Riempite i quadretti con l'impasto, chiudeteli ai lati come a formare un triangolo, poi lasciateli seccare. In una padella con un mestolo d'acqua fate aprire le cozze, quindi togliete i molluschi dalle conchiglie e filtrate il sughetto di cottura. Fate insaporire un trito di scalogno nell'olio, aggiungete le cozze e le acciughe, dissalate sotto acqua corrente e tritate, sfumate con il vino e il liquido di cottura delle cozze, salate, pepate e fate addensare il sugo.

Portate a ebollizione abbondante acqua salata e cuocete i culingiones. Scolateli quando saranno ancora al dente, conditeli con il sugo di pesce e servite subito.

Culingionis di pesce con pomodoro fresco

Ingredienti per 4 persone:

Per la pasta:
400 g di semola di grano duro macinata fine
2 uova
sale

Per il ripieno:
400 g di polpa di pesce azzurro (acciughe, sardine, sgombri ecc.)
4 cucchiai di olio extravergine di oliva
1 cipolla
1 carota
1 costa di sedano
50 g di pecorino stagionato grattugiato
1/2 bicchiere di Vermentino di Sardegna

Per il sugo:
6 cucchiai di olio extravergine d'oliva
250 g di pomodori sardi maturi
sale e peperoncino piccante

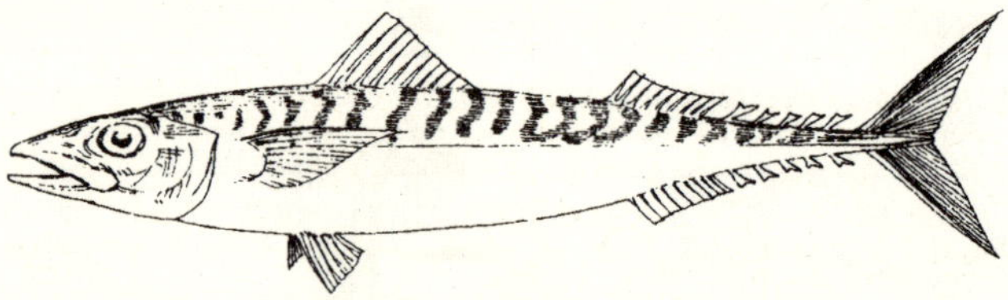

Ponete la semola sulla spianatoia, quindi impastatela con le uova, un pizzico di sale e l'acqua necessaria a ottenere un impasto omogeneo ma piuttosto consistente. Fate una palla, avvolgetela nella pellicola e fatela riposare per almeno 30 minuti.

Intanto preparate il ripieno. Tritate finemente il sedano, la cipolla e la carota e mettete ad appassire il tutto nell'olio. Unite la polpa di pesce tagliata a pezzetti, fatela rosolare a fuoco vivo, quindi sfumatela con mezzo bicchiere di vino.

Non appena quest'ultimo sarà evaporato salate, pepate, toglietela dal fuoco e passate il tutto al frullatore. Mettete il composto in una terrina e mantecatelo con il pecorino stagionato grattugiato.

Su un tagliere infarinato stendete con il matterello la pasta in due sfoglie sottili.

Sulla prima disponete a distanza regolare delle piccole noci di ripieno, quindi coprite con la seconda sfoglia, premete con la punta delle dita intorno al ripieno per sigillare e tagliate con la rotella dentata tanti quadrati di circa 7-8 cm di lato.

Tagliate a fettine i pomodori sardi e metteteli a friggere nell'olio a fuoco allegro perché perdano la loro acqua di vegetazione con un poco di sale e peperoncino a piacere.

Portate a ebollizione abbondante acqua salata e cuocete i culingionis. Scolateli quando saranno ancora al dente, conditeli con il sugo di pomodoro e servite subito.

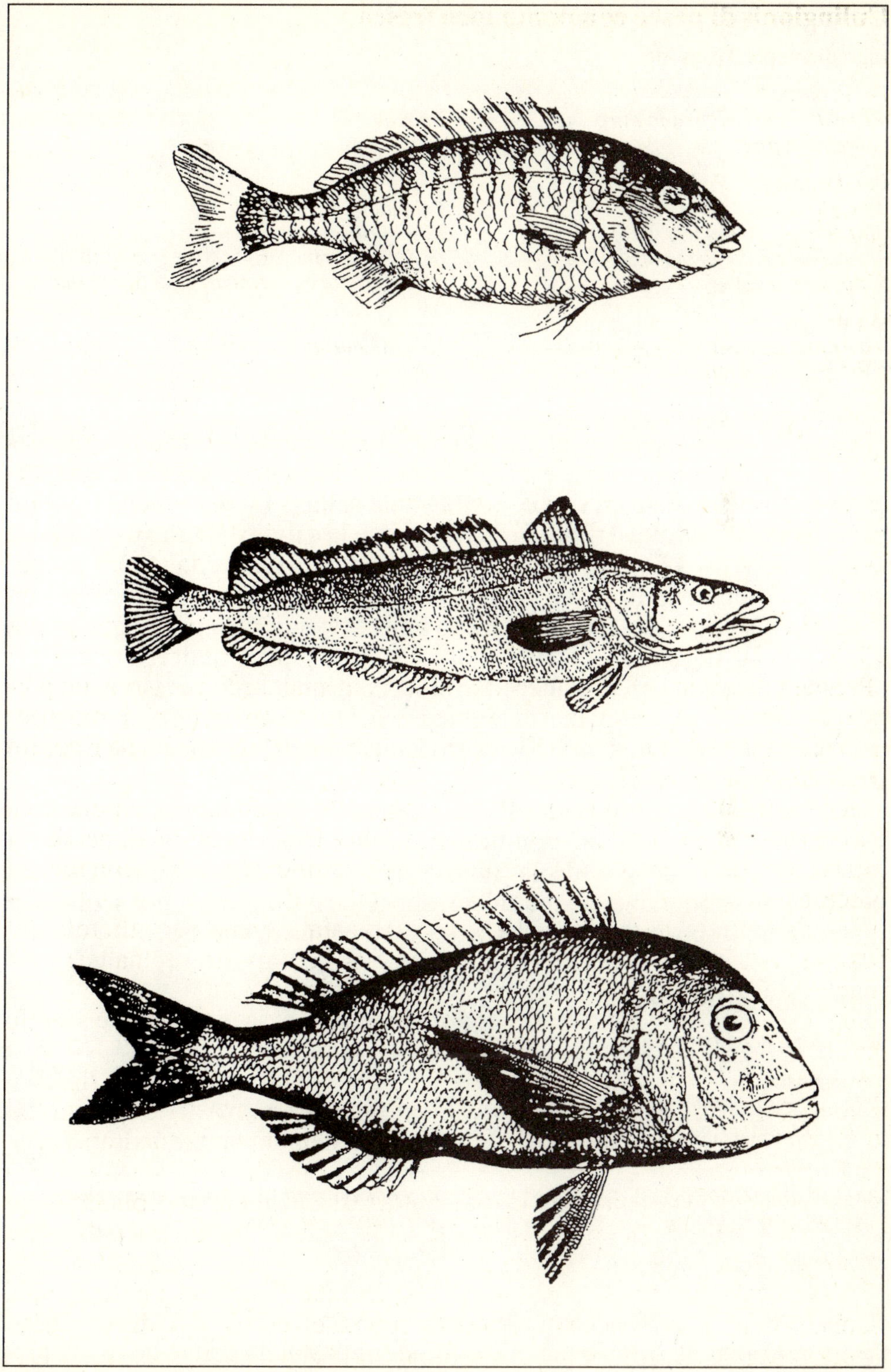

Culingionis di pesce in salsa di gamberi

Ingredienti per 4 persone:

Per la pasta:
400 g di semola di grano duro macinata fine
2 uova
sale

Per il ripieno:
3 tuorli
400 di polpa di pesce azzurro (sardine, acciughe, sgombri ecc.)
3-4 foglie di salvia
1 spicchio d'aglio
50 g di pecorino stagionato grattugiato
sale e pepe

Per il sugo:
300 g di gamberetti sgusciati
1 confezione di panna
1 cipolla
50 g di burro
sale e pepe bianco

Ponete la semola sulla spianatoia, quindi impastatela con le uova, un pizzico di sale e l'acqua necessaria a ottenere un impasto omogeneo ma piuttosto consistente. Fate una palla, avvolgetela nella pellicola e fatela riposare per almeno 30 minuti. Tritate finissimamente la salvia e l'aglio e uniteli alla polpa di pesce, che avrete passato nel frullatore, legate con i tuorli e il pecorino stagionato grattugiato, salate, pepate e amalgamate molto bene con le mani. Quando il ripieno sarà pronto potrete stendere la pasta, non prima altrimenti la sfoglia si seccherà e non riuscirete più a chiudere i ravioli.

Stendete la pasta con il matterello fino a raggiungere lo spessore più sottile possibile. Con il tagliapasta tagliatene dei quadretti di circa 5-6 cm per lato. Riempite i quadretti con l'impasto, chiudeteli ai lati come a formare un triangolo, poi lasciateli seccare.

Tagliate a fettine sottili la cipolla e mettetela ad appassire nel burro in una padella ampia; quando sarà dorata aggiungete i gamberetti e subito dopo la panna. Devono cuocere al massimo 5 minuti. Portate a ebollizione una pentola con abbondante acqua salata, cuocete i culingionis, poi scolateli e metteteli a insaporire nella padella del sugo prima di servire.

Culingionis di tonno

Ingredienti per 4 persone:

Per la pasta:
400 g di semola di grano duro macinata fine
2 uova
sale

Per il ripieno:
200 g di tonno fresco
200 g di spinaci lessati
50 g di pecorino stagionato grattugiato
sale, pepe e noce moscata

Per il sugo:
200 g di burro
4-5 foglie di salvia
sale e pepe bianco

Ponete la semola sulla spianatoia, quindi impastatela con le uova, un pizzico di sale e l'acqua necessaria a ottenere un impasto omogeneo ma piuttosto consistente. Fate una palla, avvolgetela nella pellicola e fatela riposare per almeno 30 minuti.

Pulite bene gli spinaci e sbollentateli in acqua salata per pochi minuti, quindi strizzateli bene e passateli al frullatore assieme al tonno, che avrete privato della pelle. Mettete il composto in una terrina e amalgamatelo con il pecorino stagionato grattugiato, sale, pepe e noce moscata.

Stendete la pasta con il matterello fino a raggiungere lo spessore più sottile possibile. Con il tagliapasta tagliatene dei quadretti di circa 8 cm per lato. Riempite i quadretti con l'impasto, chiudeteli ai lati come a formare un triangolo, poi lasciateli seccare intanto che preparate il sugo. In una larga padella fate fondere a fuoco dolcissimo il burro e mettetevi a insaporire la salvia.

Portate a ebollizione una pentola con abbondante acqua salata, cuocete i culingionis, poi scolateli e ripassateli in padella.

Prima di servire salate e pepate.

Culingionis galluresi di gamberi

Ingredienti per 4 persone:

Per la pasta:
400 g di semola di grano duro macinata fine
2 uova
sale

Per il ripieno:
500 g di gamberi
1 limone
un ciuffo di prezzemolo
un pugno di farina
2 pomodori
4 cucchiai di olio extravergine di oliva
1 cipolla
1/2 peperone
sale e pepe

Per il condimento:
50 g di burro
1/2 bicchiere di latte
50 g di pecorino piccante grattugiato
sale e pepe

Ponete la semola sulla spianatoia, quindi impastatela con le uova, un pizzico di sale e l'acqua necessaria a ottenere un impasto omogeneo ma piuttosto consistente. Fate una palla, avvolgetela nella pellicola e fatela riposare per almeno 30 minuti.

Lavate i gamberi, sgusciateli, tagliateli a pezzetti e conditeli con il succo del limone, sale e pepe e un po' di prezzemolo finemente tritato.

In un tegame fate soffriggere il burro con un cucchiaio d'olio, unite la cipolla tritata, il peperone a quadrettini piccoli, i pomodori spellati, privati dei semi e tagliati a pezzetti. Mescolate e cuocete a fuoco moderato per 10 minuti. Aggiungete i gamberi, mescolate e cuocete a tegame coperto per 2 minuti. Il composto deve essere abbastanza consistente.

Stendete la sfoglia, ritagliatevi tanti dischetti con un bicchiere, al centro di ognuno mettete un po' del composto di gamberi, ripiegate a metà a formare una mezzaluna, poi premete con le dita per sigillare bene.

In un pentolino sciogliete la farina con il latte caldo fino a ottenere una crema piuttosto densa, spegnete il fuoco e lasciate raffreddare. Ungete una teglia da forno e disponetevi i culingionis, ricopriteli con la salsina di burro e farina, cospargeteli di pecorino piccante grattugiato e fateli cuocere in forno preriscaldato a 180° per 20 minuti.

Culurzones di aragosta con asparagi selvatici

Ingredienti per 4 persone:

Per i culurzones:
250 g di farina
3 uova
40 g di burro
1 bicchiere di latte intero
sale

Per il ripieno:
salsa besciamella densa
200 g di ricotta di pecora
350 g di punte di asparagi selvatici
1 aragosta
sale e pepe

Per il court-bouillon:
30 g di burro
1 carota
1 cipolla
1/2 bicchiere di Vermentino di Sardegna
un ciuffo di prezzemolo
2-3 foglie di alloro
1 rametto di timo
sale e pepe in grani

Mettete in una pentola capiente gli ingredienti per il court-bouillon e portate a ebollizione. Tuffateci dentro l'aragosta e lasciatela cuocere una mezz'ora o più, a seconda delle dimensioni, quindi scolatela, aprite il carapace con un coltello molto affilato ed estraete la polpa, che triterete abbastanza finemente.

In una ciotola mettete la farina, unite un pizzico di sale e il latte. Mescolate fino a ottenere una pastella liscia e abbastanza fluida, alla quale aggiungerete le uova sbattute. Coprite e lasciate riposare per 1 ora. Sciogliete il burro a bagnomaria e amalgamatelo alla pastella. In una padella antiaderente fate sciogliere un pezzettino piccolo di burro a fiamma bassa, lasciate che frigga poi versate un mestolino di pasta, dopo un minuto girate la crespella prendendola con le dita e fate cuocere un minuto anche dall'altra parte. Toglietela dalla padella e lasciatela raffreddare. Ripetete l'operazione fino ad esaurimento della pastella.

Lessate gli asparagi in abbondante acqua salata per circa 15 minuti, scolateli, fateli raffreddare e triturateli.

Mescolate la besciamella con la ricotta, salate, pepate e aggiungete gli asparagi e l'aragosta, tenendo da parte alcune punte per la decorazione. Con questo composto farcite ogni crespella e piegatela in due, a formare una mezzaluna.

Adagiate i culurzones in una pirofila unta, decorate la superficie con le punte di asparagi, spennellate con il burro fuso e passate in forno già caldo a 160° per 15 minuti prima di servire.

Farfalle ai fiori di zucca, gamberi e zafferano

Ingredienti per 4 persone:
280 g di farfalle
1 cipolla
4 cucchiai di olio extravergine d'oliva
300 g di fiori di zucca
1 bustina di zafferano di Sardegna
50 g di pecorino stagionato grattugiato
sale e pepe

Lavate accuratamente i fiori di zucca, privateli del gambo e tagliuzzateli grossolanamente, quindi metteteli in una casseruola, con la cipolla tritata, l'olio, un pizzico di sale e pepe e lo zafferano. Sgusciate i gamberi, dopo averli ben lavati, e metteteli a insaporire assieme ai fiori di zucca. Fateli cuocere per una decina di minuti. Lessate la pasta in acqua salata. Scolatela al dente e versatela nella zuppiera. Aggiungete i fiori di zucca con i gamberi e il pecorino stagionato grattugiato, e mescolate bene. Cospargete di pepe nero macinato al momento e servite.

Fettuccine all'aragosta e verdure

Ingredienti per 4 persone:
400 g di fettuccine
600 g di polpa di aragosta
1 confezione di panna
2 cucchiai di salsa di pomodoro
1 zucchina
1 spicchio d'aglio
1 costa di sedano
2 carote
1 cipolla
4 fondi di carciofo
1 bicchiere di Vermentino di Sardegna
50 g di burro
sale e pepe

Fate rosolare, con una noce di burro, un trito di aglio, sedano, carota e cipolla, bagnate con un bicchiere di vino e, quando sarà evaporato, unite la salsa di pomodoro, la panna, sale, pepe e lasciate cuocere per circa 20 minuti. Aggiungete la zucchina tagliata a rondelle sottili e i fondi di carciofo tagliati a pezzetti, lasciate cuocere ancora 10 minuti, quindi unite la polpa dell'aragosta. Lasciate addensare il sugo. Lessate le fettuccine al dente in abbondante acqua salata, scolatele e conditele con il sugo di aragosta e verdure.

Fettuccine all'astice

Ingredienti per 4 persone:
400 g di fettuccine
2 astici
1 cipolla
2 scalogni
250 g di pomodori sardi maturi
1 spicchio d'aglio
un ciuffo di prezzemolo
50 g di burro
4 cucchiai di olio extravergine di oliva
sale e pepe nero

Tritate la cipolla e gli scalogni e fateli rosolare nel burro. Lessate gli astici 15 minuti in abbondante acqua salata, scolateli, aprite il carapace, estraete la polpa, tritatela grossolanamente, unitela al soffritto e lasciatela insaporire alcuni minuti, quindi aggiungete i pomodori spellati e tagliati a dadini e l'olio. Alzate il fuoco per far evaporare l'acqua di vegetazione e per far addensare il sugo.

Lessate le fettuccine in abbondante acqua salata, scolatele al dente e condite con il sugo di astice, quindi cospargete il tutto con un trito fine di aglio e prezzemolo, sale e pepe nero macinato al momento e servite.

Fettuccine alla bottarga di muggine

Ingredienti per 4 persone:
400 g di fettuccine
1 confezione di bottarga di muggine
un ciuffo di erba cipollina
1/2 bicchiere di olio extravergine di oliva
sale e pepe

Tagliate la bottarga a listarelle piuttosto sottili, quindi fatela marinare per qualche ora coperta di olio e un pizzico di pepe. Mondate l'erba cipollina, lavatela e asciugatela, poi tritatela.

Portate a ebollizione abbondante acqua salata e cuocetevi le fettuccine. Scolatele al dente e conditele con la bottarga e l'olio della marinatura, quindi fate saltare brevemente il tutto in una padella, profumate con l'erba cipollina tritata, salate e pepate, mescolate e servite subito, ben caldo.

Fettuccine allo scoglio

Ingredienti per 4 persone:
400 g di fettuccine all'uovo
200 g di calamaretti
200 g di gamberi
300 g di cozze
200 g di vongole veraci
200 g di scampi piccoli
4 spicchi d'aglio
un ciuffo di prezzemolo
peperoncino piccante a volontà
1/2 bicchiere di Vermentino di Sardegna
4 cucchiai di olio extravergine di oliva
sale

In una padella fate soffriggere nell'olio l'aglio tritato e un pochino di peperoncino. Fate dorare per pochi istanti, quindi aggiungete un goccio di vino, i calamaretti, gli scampi e il prezzemolo tritato con una presa di sale. Lasciate cuocere per almeno 15 minuti. Fate aprire in un'altra padella i frutti di mare con olio, aglio tritato e il resto del vino. Dopo aver fatto cuocere in abbondante acqua bollente e salata le fettuccine, scolatele al dente, poi fatele saltare nella padella con i calamaretti, i gamberi e gli scampi. Versate il tutto in un piatto da portata e guarnite con i frutti di mare e prezzemolo tritato.

Filindeu con bottarga ed erbe

Ingredienti per 4 persone:
400 g di filindeu
100 g di bottarga
100 g di pecorino stagionato grattugiato
2 spicchi d'aglio
un ciuffo di basilico
un ciuffo di prezzemolo
4 cucchiai di olio extravergine di oliva
sale e pepe

I filindeu sono pasta secca di semola di grano duro, acqua e sale, lavorata a mano, tagliata a pezzi di circa 100 g, arrotolata e "tirata" fino a ottenere una serie di "fili" dello spessore desiderato. La tradizione prevede che venga fatta asciugare su piani formati da foglie di asfodelo intrecciate.

Tritate finemente aglio, basilico e prezzemolo e metteteli a rosolare in una padella con l'olio per un paio di minuti, quindi aggiungete la bottarga sbriciolata e un goccio d'acqua. Lasciate cuocere altri 2 minuti.

Portate a ebollizione una pentola di acqua salata, cuocetevi i filindeu, scolateli al dente e ripassateli nella padella con la salsa di bottarga ed erbe. Mescolate bene e spolverate con il pecorino grattugiato, sale e pepe.

Filindeu con cozze e bottarga

Ingredienti per 4 persone:
400 g di filindeu
500 g di cozze
un pizzico di maggiorana seccata
1/2 bicchiere di brodo di pesce
50 g di bottarga di tonno
1 spicchio d'aglio
4 cucchiai di olio extravergine di oliva
sale e pepe

Lavate le cozze sotto l'acqua corrente. Scaldate un po' d'olio in una padella con lo spicchio d'aglio, aggiungete i mitili, mettete il coperchio e fateli aprire su fiamma vivace. Appena le cozze saranno aperte, mescolate e spegnete. Sgusciatele e mettetele in una padella con il brodo di pesce, alcuni cucchiai d'olio, la maggiorana tritata, sale e pepe. Nel frattempo portate a ebollizione una pentola con abbondante acqua salata, cuocete i filindeu, scolateli al dente, versateli nella padella e fateli saltare insieme alle cozze. Distribuite i filindeu nei singoli piatti, aggiungete la bottarga di tonno tagliata a lamelle sottili e un filo d'olio a crudo. Servite subito.

Filindeu con scampi e limone

Ingredienti per 4 persone:
400 g di filindeu
400 g di scampi
1 limone
1 spicchio d'aglio
un ciuffo di prezzemolo
4 cucchiai di olio extravergine di oliva
sale

Pulite gli scampi, togliete il guscio e tagliateli a pezzetti. In un tegame capiente fate insaporire abbondante olio con lo spicchio di aglio schiacciato; non appena quest'ultimo si sarà colorito toglietelo e cuocete gli scampi per circa 10 minuti. Cuocete i filindeu in abbondante acqua bollente salata, scolateli al dente e passateli nel tegame degli scampi. Unite il succo del limone, la scorza gialla tagliata alla julienne e un trito finissimo di prezzemolo. Mescolate e servite.

Filindeu in salsa di cozze e vongole

Ingredienti per 4 persone:
400 g di filindeu
1 kg di cozze
1 kg di vongole
250 g di pomodori sardi maturi
4 cucchiai di olio extravergine di oliva
1 spicchio d'aglio
un ciuffo di prezzemolo
un ciuffo di basilico
sale

Pulite e lavate con acqua fredda corrente le vongole e le cozze, quindi fatele aprire in padella con il coperchio a fiamma vivace. Eliminate gli eventuali gusci non aperti e conservate solo i molluschi, filtrando l'acqua di cottura.

In una padella con l'olio ben caldo cuocete a fiamma molto alta i pomodori, precedentemente lavati, privati dei semi e tagliati a cubetti. Lasciate evaporare l'acqua di vegetazione, aggiungete le cozze e le vongole, l'aglio tritato finemente e bagnate con un poco dell'acqua di cottura filtrata. Cuocete per alcuni minuti poi insaporite con qualche foglia di basilico e il prezzemolo tritati.

Nel frattempo portate a ebollizione una pentola con abbondante acqua salata, cuocete i filindeu, scolateli al dente, versateli nella padella del sugo e fateli saltare insieme alle cozze e alle vongole. Servite subito.

Fiuritti al pesce

Ingredienti per 4 persone:
300 g di fiuritti
400 g di filetti di sarda
1 uovo
un grosso pugno di pangrattato
salsa besciamella
50 g di burro
un ciuffo di prezzemolo
sale e pepe

I fiuritti sono una sorta di lasagne di pasta di semola di grano duro o di pasta all'uovo, tipiche della Gallura.

Impanate i filetti di sarda nell'uovo sbattuto e passateli nel pangrattato, poi fateli friggere rapidamente con il burro. Scaldate la besciamella e unitevi il prezzemolo tritato. Lessate i fiuritti in abbondante acqua salata per pochi minuti, e metteteli a scolare su un canovaccio pulito. Distribuite in una pirofila unta un cucchiaio di besciamella, coprite con uno strato di pasta e uno di pesce, continuate fino ad esaurimento degli ingredienti e terminate con uno strato di salsa. Infornate a caldo a 200° per 15 minuti. Servite subito.

Fiuritti al sugo di gamberi

Ingredienti per 4 persone:
300 g di fiuritti
800 g di gamberi
2 carote
2 coste di sedano
2 cipolle
50 g di burro
1 cucchiaio di concentrato di pomodoro
salsa besciamella
1/2 bicchiere di Vermentino di Sardegna
sale e pepe

Lavate e sgusciate i gamberi, sbollentateli per un paio di minuti in acqua salata, quindi scolateli e tritateli grossolanamente. Tritate anche sedano, carota e cipolla e metteteli a rosolare nel burro. Quando saranno appassiti unitevi il trito di gamberi, salate, pepate. Sfumate col vino, lasciatelo evaporare, poi aggiungete un goccio di acqua nella quale avrete sciolto il concentrato di pomodoro. Cuocete il sugo a fuoco dolce e coperto per circa 10 minuti. Scaldate la besciamella. Lessate i fiuritti in acqua bollente salata, scolateli e fateli asciugare su un canovaccio. Stendete un velo di besciamella sul fondo di una pirofila imburrata, fate un primo strato di fiuritti, ricopritelo con il sugo di gamberi e con la besciamella. Ripetete fino a esaurire tutti gli ingredienti. Infornate nel forno già caldo a 200° per circa 30 minuti e servite.

Fiuritti al tonno

Ingredienti per 4 persone:
300 g di fiuritti
400 g di tonno fresco
4-5 cucchiai di farina
4 cucchiai di olio extravergine di oliva
50 g di burro
salsa besciamella
1 cipolla
150 g di pecorino stagionato grattugiato
sale e pepe

Pulite bene il tonno, togliete la pelle e tagliatelo a pezzetti piccoli, quindi infarinateli e rosolateli nel burro con la cipolla tritata, sale e pepe. Quando saranno dorati spegnete il fuoco, lasciate intiepidire e trituratelì grossolanamente. Fate lessare in abbondante acqua salata i fiuritti, poi metteteli a scolare su un canovaccio In uno stampo unto di burro mettete uno strato di pasta, uno di tonno, la besciamella e spolverizzate col pecorino stagionato grattugiato. Alternate più strati. Terminate con la besciamella, spolverizzate con il pecorino stagionato grattugiato e fate cuocere in forno caldo a 180° finché non si sia formata la crosticina dorata. Servite subito.

Fregola ai calamaretti

Ingredienti per 4 persone:
400 g di fregola
400 g di calamaretti puliti
100 g di rucola
8 cucchiai di olio extravergine di oliva
1/2 bicchiere di brodo di pesce
2 spicchi di aglio
30 g di burro
sale e pepe

La fregola (sa fregula) è una pasta originaria del Campidano di Cagliari e Oristano. Il nome deriverebbe dal latino *fricare* ("sminuzzare"). È ottenuta impastando semola di grano duro e acqua, quindi viene lavorata con un movimento rotatorio dei palmi delle mani in modo da ottenere tante piccole palline, lasciate seccare. In pratica si presenta come un cuscus a grana grossa. Soffriggete l'aglio intero nell'olio. Appena comincia a imbiondire unite i calamaretti, ben puliti e tagliati a pezzetti, e 80 g di rucola, grossolanamente triturata, quindi salate, pepate, aggiungete il brodo di pesce e lasciate cuocere per pochi minuti. Lessate la fregola in abbondante acqua salata, poi scolatela e mettetela a insaporire nella padella con il sugo. Unite il burro e la rucola rimasta, che avrete tritato finemente, mescolate e servite.

Fregola alle vongoline

Ingredienti per 4 persone:
300 g di fregola
1 kg di vongoline
4 cucchiai di passata di pomodoro
4 cucchiai di olio extravergine di oliva
2 spicchi d'aglio
un ciuffo di prezzemolo
1 pomodoro secco
sale e pepe

Immergete le vongole in una terrina con abbondante acqua fresca e lasciatele in ammollo per circa 2 ore finché i molluschi avranno spurgato tutta la sabbia. Scolate le vongole e fatele aprire in una padella ampia a fiamma vivace. Togliete i molluschi dai gusci e filtrate l'acqua di cottura.

In una casseruola a parte imbiondite l'aglio in un filo d'olio e appassitevi il pomodoro secco tagliato a pezzetti. Aggiungete la passata di pomodoro, mescolate e lasciate insaporire, mescolando di tanto in tanto. Aggiungete anche le vongole insieme alla loro acqua di cottura filtrata e unite il prezzemolo tritato finemente. Il composto deve essere abbastanza liquido. Quando vedrete che bolle unite la fregola e lasciatela cuocere fino a quando sentirete che è tenera. Salate, pepate e servite.

Fregula stufada con bottarga

Ingredienti per 4 persone:
300 g di fregola
1 bustina di zafferano di Sardegna
100 g di pecorino sardo fresco
50 g di bottarga
2 cucchiai di vino bianco
100 g di pecorino piccante grattugiato
1 l di brodo vegetale
4 cucchiai di olio extravergine di oliva
sale e pepe

Portate il brodo a ebollizione e cuocete la fregola al dente. Disponete in una teglia che possa andare in forno il formaggio fresco tagliato a fettine, versate sopra la fregola ben scolata e cospargete di pecorino piccante grattugiato, zafferano sciolto in un dito di vino e bottarga sbriciolata.

Mescolate con cura, irrorate con l'olio, quindi passate in forno caldo a 180° a gratinare. Sfornate e servite subito, ben caldo.

Fusilli ai carciofi e gamberetti

Ingredienti per 4 persone:
400 g di fusilli
4 carciofi
200 g di gamberetti
2 spicchi d'aglio
un ciuffo di prezzemolo
1 limone
4 cucchiai d'olio extravergine di oliva
sale e pepe

Pulite i carciofi, lavateli, tagliateli a fettine sottili e lasciateli per 5 minuti in acqua acidulata con il succo di limone. In una padella piuttosto larga scaldate l'olio e fate imbiondire l'aglio, poi disponete i carciofi, regolate di sale e pepe e lasciateli cuocere per 15-20 minuti, aggiungendo dell'acqua se necessario. Quando saranno teneri, aggiungete i gamberetti, ben lavati e sgusciati, e il prezzemolo tritato, mescolate bene per qualche minuto a fuoco basso.

Portate a ebollizione una pentola di acqua salata, cuocetevi i fusilli, scolateli al dente e conditeli col sugo di carciofi e gamberetti. Mescolate delicatamente, irrorate con un filo di olio a crudo e servite subito.

Fusilli alla crema di zucchine e bottarga

Ingredienti per 4 persone:
400 g di fusilli
5 zucchine piccole
1 cipolla
50 g di bottarga
1 confezione di panna
un ciuffo di basilico
2 cucchiai di olio extravergine di oliva
sale e pepe

Mondate e lavate la cipolla e affettatela finemente. Lavate le zucchine, spuntatele e tagliatele a pezzetti. In una casseruola, unta con l'olio e 1 cucchiaio di acqua, fate appassire a fiamma dolce la cipolla. Unite le zucchine, mescolate dolcemente e lasciate cuocere a fuoco vivo per dieci minuti. Passate nel mixer il composto di zucchine e la panna. Lavate e asciugate delicatamente le foglie del basilico, e spezzettatele con le mani. Cuocete la pasta in abbondante acqua salata, scolatela al dente e conditela con la crema di zucchine. Per ultimo aggiungete la bottarga sbriciolata, il pepe e il basilico, mescolate e servite subito.

Gnocchetti con polipetti e basilico

Ingredienti per 4 persone:
400 g di gnocchetti di patate
200 g di polipetti
un ciuffo di basilico
10 g di burro
sale e pepe

Lessate i polipetti in abbondante acqua salata, e, quando saranno cotti, scolateli. Nell'acqua mettete a bollire gli gnocchetti. A parte prendete un pentolino, fate sciogliere una noce di burro, unite il basilico tritato, sale e pepe e i polipetti tagliati grossolanamente e fate insaporire una decina di minuti. Quando avrete scolato gli gnocchetti conditeli con il composto di polipetti. Servite subito.

Gnocchetti di patate con acciughe e pomodorini

Ingredienti per 4 persone:

Per gli gnocchi:
500 g patate
100 g farina
sale

Per il sugo:
200 g di pomodorini sardi maturi
200 g di acciughe
4 cucchiai olio extravergine di oliva
un ciuffo di basilico
sale e pepe nero

Cuocete le patate in abbondante acqua salata per una mezz'ora, poi scolatele, sbucciatele e passatele, ancora calde, allo schiacciapatate. Aggiungete subito la farina e il sale, impastando con cura in modo che tutti gli in-

gredienti siano ben amalgamati. Formate un rotolino dello spessore di un dito circa, che taglierete in pezzetti. Passateli sul retro di una grattugia pigiando con il pollice.

Nel frattempo mettete l'olio in una padella e portatelo a temperatura. Aggiungete i pomodorini sardi a pezzetti, alzando il fuoco in modo che friggano ed evapori l'acqua di vegetazione. Unite le acciughe, ben pulite, sviscerate, filettate e tagliate a pezzetti e fatele cuocere a fiamma alta per 5 minuti, insaporendo con sale e pepe nero.

Portate a ebollizione una pentola di acqua salata, buttatevi gli gnocchetti e, non appena cominciano a galleggiare, scolateli.

Aggiungete gli gnocchetti alla padella del sugo e cospargete con il basilico tritato. Lasciate insaporire per 2-3 minuti e servite subito.

Gnocchi di patate con ricci di mare

Ingredienti per 4 persone:
400 g di gnocchi di patate
2 kg di ricci di mare
250 g di pomodori sardi maturi
4 cucchiai di olio extravergine di oliva
2 spicchi d'aglio
2 scalogni
1 rametto di timo fresco
1 confezione di panna
sale e pepe

Pulite bene i ricci di mare, aprendoli con un coltellino affilato ed estraendone la polpa con un cucchiaino. Tagliate a pezzetti piccoli i pomodorini e metteteli a soffriggere in una padella capiente nell'olio d'oliva con gli spicchi d'aglio e gli scalogni finissimamente triturati. Lasciate cuocere i pomodorini fino a quando il sugo si sarà ben addensato, quindi unite il timo fresco e la panna. Spegnete il fuoco e aggiungete la polpa dei ricci, sale e pepe. Mescolate bene e tenete al caldo. Cuocete gli gnocchi in abbondante acqua salata, scolateli appena vengono a galla e versateli nella padella della salsa mescolandoli per farli insaporire.

Linguine al limone, bottarga e piselli

Ingredienti per 4 persone:
400 g di linguine
100 g di bottarga
250 g di piselli sgranati
1 confezione di panna
2 limoni
50 g di burro
sale e pepe

Mettete a bollire l'acqua per la pasta. Sbollentatevi per 5 minuti i piselli, poi raccoglieteli con un mestolo forato, scolateli e teneteli da parte. Lavate bene i due limoni, quindi grattugiate la parte gialla della buccia. Mettete il burro in una padella e insaporitevi i piselli. Cuocete intanto le linguine. Salate e pepate i piselli, unite la scorza di limone, la bottarga sbriciolata, mescolate e legate con la panna, che lascerete addensare. Scolate le linguine, quindi fatele saltare per qualche istante nella padella con il sugo, servendole immediatamente.

17. Insalata di polipo alla sarda. (© Stockfood)

18. Pomodori camone di Sardegna ripieni di gamberetti. (© Stockfood)

19. Spiedini di anguilla. (© Stockfood)

20. Triglia ai pomodorini sardi. (© Stockfood)

21. Cassola. (© Stockfood)

22. Crema di gamberetti, carciofi e piselli. (© Stockfood)

23. Culingionis di tonno. (© Stockfood)

24. Fettuccine allo scoglio. (© Stockfood)

25. Filindeu con cozze e vongole. (© Stockfood)

26. Pasta con ricotta e bottarga (da arricchire con un trito di olive verdi). (© Stockfood)

27. Pasta con tonno fresco e piselli. (© Stockfood)

28. Ravioli di scorfano. (© Stockfood)

29. Ravioli di tonnina. (© Stockfood)

30. Risotto alle seppie e olive nere. (© Stockfood)

31. Spaghetti ai frutti di mare. (© Stockfood)

32. Spaghetti alle vongole. (© Stockfood)

Linguine al ragù di polipo

Ingredienti per 4 persone:
400 g di linguine
1 polipo
1 spicchio d'aglio
1/2 bicchiere di Vermentino di Sardegna
4 cucchiai di olio extravergine d'oliva
1 alice sotto sale
un pizzico di peperoncino rosso piccante in polvere
1/2 bicchiere di passata di pomodoro
2 cucchiai di aceto di vino bianco
sale

Dopo aver pulito bene il polipo, bollitelo in abbondante acqua, fino a quando sentirete con i rebbi della forchetta che è tenero. Scolatelo e tritatelo grossolanamente.

In una padella rosolate nell'olio un trito di aglio, peperoncino e l'alice dissalata, quindi aggiungete il polipo. Lasciate cuocere per 8-10 minuti, sfumate con il vino bianco e lasciatelo evaporare, quindi unite la passata di pomodoro, lasciando rapprendere il sugo e sfumando con un goccio d'aceto.

Portate a ebollizione una pentola con abbondante acqua salata, cuocetevi la pasta, scolatela al dente e fatela saltare nella padella del polipo, quindi servite subito.

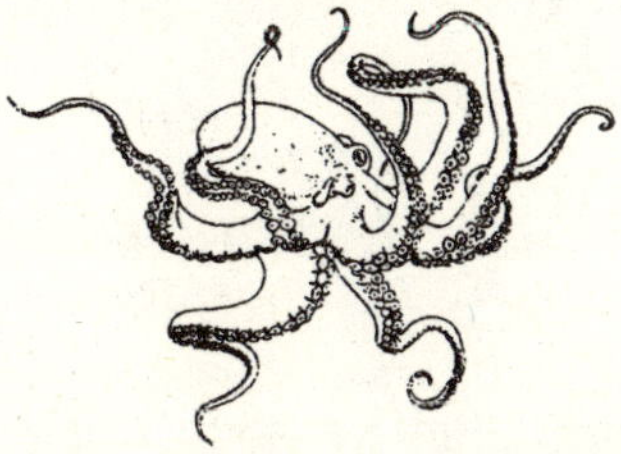

Lorighittas ai crostacei

Ingredienti per 4 persone:
350 g di lorighittas
10 gamberi
10 scampi
1 astice
3 pomodori maturi
1/2 bicchiere di Vernaccia di Oristano
4 cucchiai di olio extravergine di oliva
1 spicchio d'aglio
un ciuffo di prezzemolo
sale e peperoncino piccante in polvere

I lorighittas si trovano in tutta la Sardegna, ma sono una specialità di Morgongiori (OR). Si ottengono impastando semola di grano duro, sale e acqua, ricavando uno "spaghetto" di pasta, che viene girato due volte intorno a tre dita della mano, tagliato e chiuso alle estremità, a formare un anello un po' allungato.

Pulite bene i crostacei e togliete loro il carapace, tagliando a pezzetti la polpa. In una padella scaldate un filo d'olio e imbionditevi l'aglio tritato, aggiungete i gamberi, gli scampi e l'astice, salate e pepate. Unite i pomodori ben lavati e tagliati a dadini e fate evaporare l'acqua di vegetazione a fiamma alta. Insaporite con un pizzico di peperoncino e bagnate con poca Vernaccia. Lasciate evaporare a fiamma vivace, aggiustate di sale, abbassate la fiamma e portate a fine cottura.

Nel frattempo lessate le lorighittas in abbondante acqua bollente salata, scolatele al dente, fatele saltare in padella con il condimento di crostacei e servite subito, spolverizzando con un po' di prezzemolo tritato.

Lorighittas al tonno e bottarga

Ingredienti per 4 persone:
400 g di lorighittas
300 g di tonno
4 cucchiai di olio extravergine d'oliva
un pezzo di bottarga
un ciuffo di prezzemolo
una manciata di capperi salati
1 spicchio d'aglio
il succo di 1 limone
sale e pepe

Fate cuocere al dente le lorighittas in abbondante acqua salata. Nel frattempo frullate il tonno, ben pulito e privato della pelle con 4 cucchiai di olio. Tritate il prezzemolo con la bottarga, i capperi e l'aglio. Scolate la pasta e versatela in una zuppiera. Aggiungetevi il tonno ed il trito di prezzemolo e bottarga. Condite con il succo di limone, sale e pepe e mescolate bene. Servite subito.

Maccarones a ferritu ai moscardini in cartoccio

Ingredienti per 4 persone:
400 g di maccarones a ferritu
300 g di moscardini
2 pomodori
1 cipolla
1 costa di sedano
1 carota
1/2 bicchiere di Vermentino di Sardegna
4 cucchiai di olio extravergine di oliva
sale e peperoncino

I maccarones a ferritu, detti anche maccarrones furriaos, sono la versione sarda dei maccheroni con il ferretto: l'impasto è di semola di grano duro tirata a bastoncini sottili, che poi vengono premuti su un ferro apposito e tagliati, in modo da ottenere un maccherone bucato nel centro.

Tritate finemente sedano, carota e cipolla e fateli rosolare nell'olio fino a quando saranno ben dorati, quindi unite i pomodori tagliati a dadini, il sale e il peperoncino. Fate addensare bene poi aggiungete i moscardini, ben puliti e tagliati a pezzetti, sfumate con il vino, coprite e cuocete a fuoco molto basso per mezz'ora. Lessate in abbondante acqua salata i maccarones a ferritu molto al dente. Scolateli e fateli insaporire in padella insieme ai moscardini per 2 minuti. Mettete il tutto in 4 cartocci di carta stagnola, sigillate e infornate a forno già caldo a 180° per 10 minuti.

Maccarones a ferritu al cartoccio con frutti di mare

Ingredienti per 4 persone:
400 g di maccarones a ferritu
500 g di cozze
500 g di vongole
200 g di gamberetti sgusciati
200 g di seppioline
1 barattolo di pomodori pelati a pezzetti
2 spicchi d'aglio
4 cucchiai di olio extravergine di oliva
un ciuffo di basilico
sale e pepe

In una padella mettete l'olio, uno spicchio d'aglio e un po' di basilico;

quando sono caldi unite le vongole e le cozze, ben raschiate e lavate, e lasciatele aprire. Togliete i gusci e rimettete la padella sul fuoco, con i gamberetti sgusciati e le seppioline ben pulite e tagliate a pezzetti piccoli. Aggiungete il pomodoro, il resto dell'aglio ben tritato assieme al basilico, sale e pepe. Lessate in abbondante acqua salata i maccarones a ferritu, scolateli molto al dente, conditeli con il sugo e trasferirteli in 4 cartocci di carta d'alluminio; chiudeteli e passateli in forno caldo a 220° per 5 minuti.

Maccarones a ferritu al granchio e Torbato di Alghero

Ingredienti per 4 persone:
400 g di maccarones a ferritu
200 g di polpa di granchio
50 g di burro
1/2 bicchiere di Torbato di Alghero
sale e pepe

In un tegamino lasciate fondere il burro, unite la polpa di granchio tagliata a rondelle sottili, fate insaporire, sfumate con il Torbato, salate, pepate e lasciate evaporare. Lessate i maccarones a ferritu in abbondante acqua salata, scolateli al dente e conditeli con la salsa di polpa di granchio e Torbato di Alghero.

Maccarones a ferritu alle acciughe con olive e capperi

Ingredienti per 4 persone:
400 g di maccarones a ferritu
un grosso pugno di pangrattato
7 acciughe sotto sale
una manciata di olive verdi denocciolate
una manciata di capperi salati
4 cucchiai di olio extravergine di oliva
sale e un pizzico di peperoncino

Togliete la lisca alle acciughe, passatele sotto l'acqua corrente per togliere il sale in eccesso e asciugatele. In un tegamino mettete l'olio, i filetti d'acciuga sminuzzati e il peperoncino, quindi fateli sciogliere, schiacciandoli con i rebbi di una forchetta. Aggiungete le olive triturate e i capperi sciacquati. Mescolate, lasciate cuocere pochi minuti quindi togliete il sugo dal fuoco.

Portate a ebollizione una pentola con abbondante acqua salata e fate cuocere i maccarones a ferritu piuttosto al dente. Intanto che la pasta cuoce, mettete il pangrattato in una padella antiaderente appena unta di olio e fatelo tostare lievemente. Scolate i maccarones a ferritu e conditeli con il pane tostato e con la salsa di acciughe, olive e capperi.

Maccarones a ferritu con molluschi

Ingredienti per 4 persone:
400 g di maccarones a ferritu
1 seppia
5-6 totanetti
8-10 moscardini
400 g di cozze
2 spicchi d'aglio
1 cipolla
un ciuffo di prezzemolo
4 cucchiai di olio extravergine di oliva
2 acciughe salate
250 g di pomodori sardi maturi
sale e pepe

Pulite bene tutti i molluschi, lavateli e tagliateli a pezzi piccoli, possibilmente della stessa dimensione.

In un'ampia padella mettete a soffriggere nell'olio un trito di cipolla, aglio e prezzemolo, e, quando sarà dorato, unite i molluschi. Fate aprire a parte le cozze in un'altra padella con solo un mestolo di acqua, togliete le conchiglie e unite i frutti agli altri molluschi. Cuocete a fuoco moderato per una ventina di minuti, salate, insaporite con un pizzico di pepe e le acciughe dissalate, ben pulite e tritate. Rosolate bene il tutto, aggiungete il pomodoro a pezzettini e alzate il fuoco per far evaporare l'acqua di vegetazione.

A parte portate a ebollizione una pentola di acqua salata, cuocetevi i maccarones a ferritu, scolateli al dente e ripassateli nella padella del sugo per farli insaporire. Servite subito con una spolverata di prezzemolo finemente tritato.

Maccarones a ferritu con moscardini al finocchietto

Ingredienti per 4 persone:
500 g di moscardini
400 g di maccarones a ferritu
250 g di pomodori sardi maturi
2 spicchi d'aglio
un mazzetto di finocchietto selvatico
1/2 bicchiere di Vermentino di Sardegna
8 cucchiai di olio extravergine di oliva
sale e pepe nero

Pulite i moscardini, metteteli in una casseruola insieme al vino bianco e 4 cucchiai di olio, l'aglio tritato assieme al finocchietto, sale e pepe e fateli cuocere lentamente, coperti, per 40 minuti circa, mescolando spesso. Tritate grossolanamente i pomodori. Quando i moscardini saranno quasi pronti, portate a ebollizione una pentola con abbondante acqua salata e cuocetevi i maccarones a ferritu. In una padella mettete il resto dell'olio e fate friggere a fuoco alto i pomodori in modo che perdano l'acqua di vegetazione.

Scolate la pasta al dente e unitela al pomodoro, fatela insaporire, aggiungete i moscardini con il loro fondo di cottura, mescolate ancora, correggete di sale, completate con una macinata di pepe nero, un trito di finocchietto fresco e servite subito.

Maccarones a ferritu con polipo e vongole

Ingredienti per 4 persone:
400 g di maccarones a ferritu
600 g di vongole
400 g di polipo
2 spicchi d'aglio
1 cipollotto fresco
1 peperoncino piccante fresco
un ciuffo di basilico
8-10 cucchiai di olio extravergine di oliva
sale

Pulite bene e lessate il polipo per 40-50 minuti in abbondante acqua salata, quindi scolatelo, spellatelo e tagliatelo a pezzetti. Pulite le vongole, fatele aprire in padella con una cucchiaiata d'olio e uno spicchio d'aglio intero. Una volta aperte sgusciatele e tenetele da parte. Conservate anche il loro liquido, filtrato.

Tritate finissimo il secondo spicchio d'aglio e fatelo dorare un poco nell'olio, insieme con il cipollotto tagliato a rondelle sottili. Unite il polipo, un peperoncino fresco spezzettato e il liquido delle vongole. Quando que-

st'ultimo sarà parzialmente evaporato, aggiungete i molluschi e un trito fine di basilico. Portate a ebollizione una pentola con abbondante acqua salata, lessate al dente i maccarones a ferritu, scolateli, metteteli a insaporire qualche minuto nella padella del sugo e servite.

Maccarones a ferritu gratinati con le cozze

Ingredienti per 4 persone:
400 g di maccarones a ferritu
1/2 bicchiere di Vermentino di Sardegna
8 cucchiai di olio extravergine di oliva
1 cucchiaio di farina
un ciuffo di prezzemolo
2 spicchi d'aglio
1 kg di cozze
un grosso pugno di pangrattato
sale e pepe

Fate aprire le cozze, ben pulite e raschiate, in una padella con l'olio e un trito di aglio e prezzemolo, sfumate con il vino, toglietele dalle conchiglie e tenetele in caldo. Filtrate il liquido di cottura, aggiungete il burro, la farina e fate ridurre questo fondo di cottura a una salsa abbastanza densa. Portate a ebollizione una pentola capiente. Cuocete i maccarones a ferritu in abbondante acqua salata, scolateli al dente, conditeli con la salsa e le cozze, poi sistemateli in una pirofila da forno, cospargeteli di pangrattato e ancora un poco del trito di aglio e prezzemolo e fateli gratinare in forno già caldo a 200° fino a quando vedrete che si forma una crosticina dorata. Servite subito.

Maccarrones furriaos ai gamberetti

Ingredienti per 4 persone:
400 g di maccarrones furriaos
500 g di gamberetti
1 spicchio d'aglio
4 cucchiai di olio extravergine di oliva
100 g di prosciutto cotto affumicato
1 confezione di panna
sale e pepe

I maccarrones furriaos sono la versione nuorese dei maccarones a ferritu.

Fate rosolare in una padella con un po' di olio e uno spicchio d'aglio il prosciutto cotto affumicato tagliato a striscioline e i gamberetti, ben lavati e sgusciati. Portate a ebollizione una pentola con abbondante acqua salata, fatevi cuocere i maccarrones furriaos e scolateli al dente. Aggiungeteli nella padella con il prosciutto e i gamberetti, salate, pepate e mescolate. Mantecate con la panna, mescolate ancora e servite.

Maccarrones furriaos con la piovra

Ingredienti per 4 persone:
400 g di maccarrones furriaos
1 kg di piovra
1 foglia di alloro
1 spicchio d'aglio
1 rametto di timo fresco
1 cipollotto
1 bicchiere di Vermentino di Gallura
1 peperoncino piccante fresco
un ciuffo di basilico
4 cucchiai di olio extravergine d'oliva
sale

Lessate la piovra ben pulita per 50 minuti in abbondante acqua salata, aromatizzata da una foglia d'alloro. Appena pronta, scolatela, spellatela e tagliatela a rondelle. Tritate finissimo uno spicchio d'aglio e fatelo rosolare nell'olio insieme con un cipollotto tagliato a rondelle sottili, il timo e il peperoncino. Unite la piovra, lasciate rosolare e sfumate con il vino. Quando quest'ultimo sarà parzialmente evaporato, aggiungete una manciata di foglie di basilico spezzettate con le dita e spegnete il fuoco.

Portate a ebollizione una pentola con abbondante acqua salata, cuocetevi i maccarrones furriaos, scolateli al dente e fateli saltare nella padella della piovra, mescolate bene e servite subito.

Maccarrones furriaos con le sarde

Ingredienti per 4 persone:
400 g di maccarrones furriaos
10 cucchiai di olio extravergine d'oliva
600 g di sarde fresche
30 g di mandorle
4 filetti di acciughe sotto sale
un pizzico di semi di finocchio
1 bustina di zafferano di Sardegna
1 cipolla
una noce di burro
4 cucchiai di olio extravergine d'oliva
sale

Lavate bene le sarde, apritele, svuotatele delle interiora e diliscatele. Tritate la cipolla, mettetela in un tegame con l'olio e fatela appassire a fuoco basso; aggiungete al soffritto metà delle sarde e i filetti di acciughe schiacciati e ridotti in poltiglia. Unite lo zafferano sciolto in poca acqua tiepida, le mandorle sbucciate e tagliate a filetti, i semi di finocchio e l'acqua calda sufficiente per formare una salsetta non troppo densa. Friggete a parte le rimanenti sarde in poco olio.

Cuocete i maccarrones furriaos in abbondante acqua salata, scolateli molto al dente e conditeli con metà della salsa di pesce; versateli in una pirofila imburrata, ricopriteli con la rimanente salsa, distribuitevi sopra le sarde fritte e passateli a gratinare in forno già caldo a 180° per pochi minuti.

Maccarrones furriaos con tonno e peperoni

Ingredienti per 4 persone:
400 g di maccarrones furriaos
1 spicchio d'aglio
4 cucchiai di olio extravergine d'oliva
un pizzico di peperoncino rosso piccante in polvere
2 alici sotto sale
un ciuffo di prezzemolo
150 g di tonno
1 peperone giallo
1/2 bicchiere di Vermentino di Sardegna
1/2 bicchiere di passata di pomodoro
sale

Mettete a soffriggere in olio aglio, peperoncino e un paio di alici diliscate e dissalate. Appena l'aglio inizierà a imbiondire, aggiungete un trito di prezzemolo, il tonno sbriciolato e il peperone tagliato a listarelle. Lasciate soffriggere per 5 minuti e sfumate con il vino. Quando il vino sarà del tutto evaporato aggiungete il pomodoro. Lasciate cuocere per alcuni minuti per addensare il sugo. Fate attenzione al sale poiché le acciughe sono già salate.

Portate a ebollizione una pentola con abbondante acqua salata, cuocetevi i maccarrones furriaos, scolateli al dente e fateli saltare nella padella del sugo, quindi servite subito, cospargendo il tutto con un trito di prezzemolo.

Maccheroni al ragù di scorfano e finocchio selvatico

Ingredienti per 4 persone:
400 g di maccheroni
4 cucchiai di olio extravergine di oliva
50 g di pecorino stagionato grattugiato
200 g di scorfano pulito
250 g di pomodorini sardi maturi
una manciata di olive verdi denocciolate
sale e pepe

Lavate e pulite lo scorfano, svisceratelo, filettatelo e tagliatelo a pezzetti piccoli. Dovete ottenere circa 200 g di polpa pulita. Fatelo rosolare per un paio di minuti nell'olio, a fuoco allegro, quindi sfumate con il vino, fate evaporare e aggiungete i pomodorini sardi tritati grossolanamente.

Lasciate che evapori il liquido di vegetazione poi aggiungete le olive, salate, pepate e lasciate cuocere per 10 minuti. All'ultimo momento unite un trito fine di finocchietto selvatico.

Portate a ebollizione una pentola con abbondante acqua salata, cuocete i maccheroni, scolateli al dente e fateli insaporire nella padella del ragù di scorfano. Cospargete con pecorino stagionato grattugiato e servite.

Maccheroni al sugo di polipetti

Ingredienti per 4 persone:
400 g di maccheroni larghi
500 g di polipetti
3 cipolle
1/2 bicchiere di passata di pomodoro
un ciuffo di basilico
4 cucchiai di olio extravergine d'oliva
sale e pepe

Pulite i moscardini, privandoli del becco e degli occhi, lavateli e scolateli. Affettate le cipolle molto finemente, mettetele in una padella e soffriggetele in un filo d'olio, quindi unite i moscardini tagliati a pezzi, lasciateli insaporire per 5 minuti, aggiungete il pomodoro, 2 bicchieri di acqua calda, un po' di sale e pepe. Fate cuocere per 30 minuti. Portate a ebollizione una pentola con abbondante acqua salata, cuocetevi la pasta, scolatela al dente e fatela saltare nella padella del sugo, quindi servite subito, con un trito di basilico.

Maccheroni con calamari e carciofi

Ingredienti per 4 persone:
400 g di maccheroni rigati
2-3 cuori di carciofo
1 limone
1 spicchio d'aglio
8 cucchiai di olio extravergine d'oliva
400 g di calamari
1 confezione di panna
un bicchierino di brandy
sale e pepe

Mondate e lavate accuratamente i carciofi, lasciateli a bagno in acqua acidulata con il succo del limone, quindi tagliateli a fettine sottili e metteteli ad appassire in padella con aglio e olio, portandoli a cottura con un po' d'acqua. Soffriggete in un'altra padella i calamari ben puliti e tagliati a striscioline sottili con aglio ed olio. Lasciate cuocere fino a quando saranno teneri, unite i carciofi, la panna e un bicchierino di brandy, lasciando addensare bene la salsa.

Portate a ebollizione una pentola con abbondante acqua salata, cuocetevi la pasta, scolatela al dente e fatela saltare nella padella del sugo, quindi servite subito.

Maccheroni con la merca di Oristano

Ingredienti per 4 persone:
400 g di maccheroni
1 bicchiere di olio extravergine di oliva
2 spicchi d'aglio
100 g di merca
sale e pepe nero

La merca è una conserva di pesce che si produce esclusivamente nelle zone di San Teodoro a Cabras e degli stagni di Oristano. È prodotta in quantità limitata, quasi sempre per autoconsumo.

Si puliscono bene i cefali, si tagliano in tranci, si lessano in acqua e sale. Una volta scolati, i cefali sono lasciati asciugare all'aria per alcune ore, quindi vengono avvolti nelle foglie della salicornia, un'erba palustre. La merca viene lasciata insaporire per alcuni giorni in un ambiente freddo e si può conservare per alcune settimane.

Mettete l'olio in una padella e soffriggete lo spicchio d'aglio. Potete scegliere se eliminarlo o conservarlo, se volete un sapore più forte. Aggiungete la merca e lasciatela cuocere a fuoco dolce per una decina di minuti.

A parte portate a ebollizione una pentola di acqua salata, cuocetevi i maccheroni, scolateli al dente e ripassateli nella padella della merca, salando e pepando. Servite subito.

Maccheroni con pesce e verdure

Ingredienti per 4 persone:
400 g di maccheroni
800 g di pesce azzurro
4 cucchiai di olio extravergine di oliva
un rametto di timo fresco
un pizzico di maggiorana seccata
1 melanzana
1 cipolla
1 peperone rosso
1 peperone giallo
2 zucchine
1/2 bicchiere di aceto di vino bianco
sale e pepe

Per la marinata:
4 limoni
4 cucchiai di olio extravergine di oliva
1 testa d'aglio
pepe

Pulite accuratamente il pesce azzurro, svisceratelo, filettatelo, lavatelo sotto acqua corrente e asciugatelo con un canovaccio. Mettetelo a marinare in frigorifero per 4 ore in una ciotola con l'olio, l'aglio, il succo dei limoni e il pepe. Tagliate a dadini la melanzana, le zucchine e i peperoni. Dividete in spicchi la cipolla e rosolatela nell'olio fino a quando sarà dorata. Aggiungete le verdure, sale e pepe e fate cuocere a fuoco lento per 25 minuti, mescolando spesso. Sfumate con l'aceto e lasciatelo evaporare. Unite il pesce e fatelo cuocere per una decina di minuti. A fine cottura aggiungete timo e maggiorana, sale e pepe.

Portate a ebollizione una pentola con abbondante acqua salata, cuocetevi i maccheroni, scolateli al dente e ripassateli nella padella del sugo per farli insaporire. Mescolate e servite.

Malloreddus ai ricci di mare

Ingredienti per 4 persone:
400 g di malloreddus
40 ricci di mare
4 spicchi di aglio
4 cucchiai di olio extravergine di oliva
sale e pepe

I malloreddus sono i tradizionali gnocchetti sardi, ottenuti impastando semola di grano duro, sale, zafferano e acqua. L'impasto viene diviso in tanti bastoncini tagliati in pezzettini delle dimensioni di un fagiolo. I dadini sono schiacciati con il pollice, arricciati e infine premuti contro un attrezzo di rete (tradizionalmente si usava un canestro fatto col culmo secco del fieno) che gli conferisce il caratteristico aspetto.

Prendete ricci di mare freschi, apriteli, estraete le uova e mettetele da parte. Portate a ebollizione abbondante acqua salata e cuocete al dente gli gnocchetti sardi. A parte tritate l'aglio e mettetelo a rosolare dolcemente nell'olio in una padella ampia, scolate la pasta, versatela nella padella e metteteci sopra i ricci. Mescolate e servite subito.

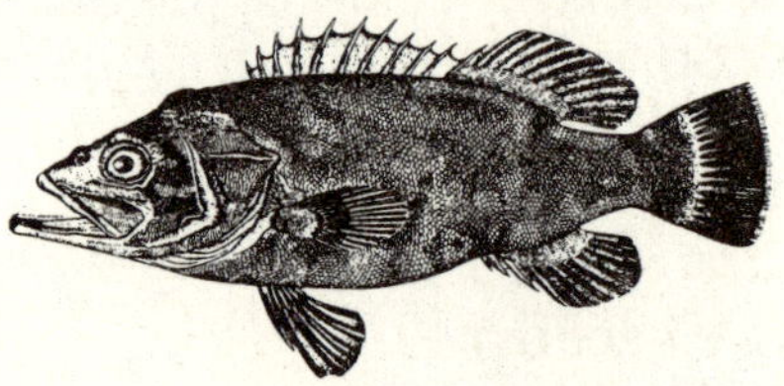

Malloreddus al sugo di cernia

Ingredienti per 4 persone:
400 g di malloreddus
800 g di filetti di cernia
2 spicchi d'aglio
4 cucchiai di olio extravergine d'oliva
1 bicchiere di Vermentino di Sardegna
100 g di pomodorini da sugo
un ciuffo di basilico
un ciuffo di prezzemolo
sale e peperoncino piccante in polvere

Pulite bene la cernia (potete usare i filetti, che sono già puliti), tagliatela a pezzetti e mettetela in una pentola con l'olio extravergine d'oliva, lo spicchio d'aglio finemente tagliuzzato, i pomodori tagliati in quattro, e alcune foglie di basilico. Fate soffriggere il tutto, poi bagnate con un bicchiere di Vermentino. Lasciate evaporare e aggiungete mezzo bicchiere d'acqua, per portare a fine cottura il pesce, badando che il sugo sia addensato. Prima di spegnere il fuoco aggiungete peperoncino piccante a piacere e il prezzemolo

Costume di donna sarda. Incisione ottocentesca.

finemente triturato. Cuocete in abbondante acqua salata i malloreddus, quindi scolateli e conditeli con il sugo di cernia.

Malloreddus alla bresaola di mare

Ingredienti per 4 persone:
400 g di malloreddus
200 g di tonnina
1/2 bicchiere di olio extravergine d'oliva
2 cipollotti freschi
sale e pepe

La tonnina, chiamata anche bresaola di mare, è una conserva preparata con il filetto dei tonni pescati da maggio a luglio lungo la costa occidentale dell'isola. In una padella con l'olio fate rosolare i cipollotti, tagliati a rondelle sottili. Quando saranno leggermente dorati unite la tonnina tagliata a dadini e fatela ammorbidire.

Portate a ebollizione abbondante acqua salata e cuocete al dente gli gnocchetti sardi. Scolateli al dente e metteteli a insaporire per 2 minuti nella padella della bresaola di mare, salando e pepando. Servite subito.

Malloreddus alla carlofortina

Ingredienti per 4 persone:
400 g di malloreddus
200 g di tonno
250 g di pomodorini sardi maturi
8 cucchiai di olio extravergine di oliva
sale e pepe

Pulite bene il tonno, privatelo della pelle e tagliatelo a dadini. Scaldate l'olio in una padella e fate rosolare a fuoco allegro il tonno per pochi minuti, con sale e pepe, quindi spegnete.

Mondate i pomodorini, lavateli e tagliateli a spicchietti. In una zuppiera riunite il tonno e i pomodorini, conditeli con un pizzico di sale e l'olio nel quale avete cotto il tonno, poi mescolate bene.

Portate a ebollizione abbondante acqua in una pentola, salatela e fatevi cuocere i malloreddus. Scolateli al dente, quindi versateli nella zuppiera con il condimento. Mescolate e servite subito.

Malloreddus alle cozze e broccoli

Ingredienti per 4 persone:
400 g di malloreddus
400 g di broccoli
1 kg di cozze
4 cucchiai di olio extravergine di oliva
1 spicchio d'aglio
un ciuffo di prezzemolo
sale e peperoncino

Fate un trito fine di aglio e prezzemolo e mettetelo con l'olio in una capiente padella, aggiungete le cozze ben pulite e raschiate, fatele aprire e togliete la metà dei gusci. Tagliate a pezzetti i broccoli, sbollentateli per 5-6 minuti, quindi fateli saltare nella padella delle cozze. Cuocete in abbondante acqua salata i malloreddus, scolateli al dente e fateli insaporire assieme alle cozze e ai broccoletti. Aggiungete sale e peperoncino a piacere e servite.

Malloreddus con aragosta e peperone

Ingredienti per 4 persone:
400 g di malloreddus
1 aragosta di 1 kg circa
1 scalogno
1 spicchio d'aglio
1/2 bicchiere di Vermentino di Sardegna
1 peperone giallo
1 rametto di santoreggia
1 rametto di timo fresco
1/2 bicchiere di olio extravergine di oliva
sale pepe

Lavate il peperone, mondatelo e tagliatelo a pezzi piccoli, quindi fatelo rosolare nell'olio con l'aglio fino a quando sarà morbido. Togliete il peperone e, nello stesso olio, fate soffriggere lo scalogno a fettine fino a quando sarà dorato, poi unite la polpa dell'aragosta, che avrete estratto dal carapace e tagliata a pezzetti. Salate, pepate, unite la santoreggia e il timo, proseguite la cottura, a tegame coperto e abbassando la fiamma al minimo, per circa 20 minuti, sfumando con il vino.

Lessate nel frattempo i malloreddus in abbondante acqua bollente salata, scolateli al dente e fateli saltare nella padella con il sugo a fuoco vivace. Servite subito.

Malloreddus con calamari al pomodoro

Ingredienti per 4 persone:
400 g di malloreddus
750 g di calamaretti
250 g di pomodori sardi maturi
un ciuffo di basilico
4 cucchiai di olio extravergine di oliva
sale e pepe

Sbollentate i pomodori per pochi minuti in acqua salata, eliminate i semi e tagliateli a dadini. Pulite bene i calamaretti e lessateli in acqua salata per 5-10 minuti a seconda delle dimensioni. Disponete i calamaretti in una zuppiera da portata e copriteli con i pomodori e il basilico sminuzzato con le mani. Conditeli con olio, sale e pepe nero macinato al momento.

Lessate nel frattempo i malloreddus in abbondante acqua bollente salata, scolateli al dente e uniteli al sugo freddo di calamari. Mescolate e servite.

Malloreddus con il polipo

Ingredienti per 4 persone:
400 g di malloreddus
500 g di polipo
1 acciuga dissalata
1/2 bicchiere di olio extravergine d'oliva
un ciuffo di prezzemolo
2 cipolle
250 g di pomodori sardi maturi
sale e pepe

Lavate il polipo, pulitelo e tagliatelo a rondelle, poi mettetelo in una casseruola con mezzo bicchiere d'olio, aggiungete le cipolle tagliate a rondelle, un bel po' di prezzemolo tritato e, senza acqua e senza sale cuocete il polipo. In una padella mettete un paio di cucchiai d'olio e i pomodori tagliati a rondelle sottili, fateli friggere a fuoco allegro, poi unite l'acciuga dissalata e diliscata che dovrà sciogliersi. Unite il polipo al sughetto. Fate insaporire per altri 10 minuti. Cuocete i malloreddus in abbondante acqua salata, scolateli al dente e versateli nella padella con il polipo. Fateli saltare giusto il tempo per insaporirli, poi serviteli cosparsi di prezzemolo tritato.

Malloreddus con vongole alla cagliaritana

Ingredienti per 4 persone:
400 g di malloreddus
1 kg e 1/2 di vongole
1 rametto di timo fresco
1 rametto di rosmarino
2 foglie di alloro
un ciuffo di basilico
1 cipolla
2 spicchi d'aglio
10 cucchiai di olio extravergine di oliva
1/2 bicchiere di Vermentino di Sardegna
3 cucchiai di farina
50 g di burro
un ciuffo di prezzemolo
sale e pepe

Lasciate a bagno in acqua fredda salata le vongole, almeno per 3-4 ore, in modo che buttino fuori la sabbia.

Nel frattempo tritate finemente il timo, il rosmarino, l'alloro, il basilico, la cipolla e l'aglio; metteteli in un grosso tegame (sufficiente a contenere le vongole), aggiungete l'olio, disponetevi le vongole, bagnate con il vino, salate, pepate e lasciate cuocere a fuoco vivo, finché i gusci si saranno aperti. Lasciate raffreddare, togliete la conchiglia superiore, conservando solo quella col mollusco, e filtrate il sugo di cottura. Tenete le vongole in caldo. Versate in una pentolina il sugo passato al colino, stemperatelo con la farina, mescolando accuratamente per evitare che si formino grumi, unite il burro e fate scaldare bene.

Lessate nel frattempo i malloreddus in abbondante acqua bollente salata e scolateli al dente. Conditeli con le vongole, irrorateli con la salsina, mescolate e servite, cospargendo con prezzemolo tritato.

Marracones de 'mlathadura al tonno fresco

Ingredienti per 4 persone:
400 g di marracones de 'mlathadura
400 g di tonno fresco
200 g di polpa di pomodoro
4 cucchiai di olio extravergine di oliva
1 spicchio d'aglio
1 cipolla
un ciuffo di prezzemolo
sale e pepe

I marracones de 'mlathadura sono gnocchi di farina impastata solamente con acqua tiepida salata. La pasta viene tagliata a pezzettini, che vengono poi schiacciati con le dita sul palineddu, un canestro di asfodelo, in modo che assumano un aspetto rigato, simile a quello dei malloreddus.

In una padella fate rosolare un trito di aglio e cipolla nell'olio e, quando sarà dorato, aggiungete il tonno ben pulito, privato della pelle e tagliato a dadini piccoli, quindi fatelo cuocere per qualche minuto. Aggiungete la polpa di pomodoro e fate cuocere a fuoco vivo per circa 10 minuti. Nel frattempo lessate la pasta al dente, scolatela e versatela nella padella dove avete cotto il tonno.

Mescolate bene, aggiungete il prezzemolo tritato, sale e pepe macinato al momento e servite.

Mezze maniche ai calamari e asparagi

Ingredienti per 4 persone:

400 g di mezze maniche
un mazzetto di asparagi selvatici
500 g di calamaretti
2 scalogni
8 cucchiai di olio extravergine di oliva
1/2 bicchiere di brodo vegetale
1/2 bicchiere di Vermentino di Sardegna
sale e pepe

Tritate finemente lo scalogno e mettetelo a imbiondire nell'olio. Quando sarà dorato unite gli asparagi mondati e tagliati a pezzettini piccoli, bagnate con il brodo e lasciateli stufare dolcemente fino a quando sentirete con i rebbi di una forchetta che sono teneri. Unite allora i calamaretti, ben puliti e tagliati a pezzettini, lasciateli rosolare 5 minuti e sfumateli col vino. Salate, pepate e portate a termine la cottura, sempre assaggiando la consistenza con una forchetta. Portate a ebollizione una pentola di acqua bollente, salatela, cuocetevi le mezze maniche, scolatele al dente e ripassatele nella padella del sugo per farle insaporire. Servite subito.

Mezze maniche al ragù di scorfano

Ingredienti per 4 persone:

400 g di mezze maniche
1 scorfano
un ciuffo di prezzemolo
2 spicchi d'aglio
4 cucchiai di olio extravergine di oliva
1/2 bicchiere di Vermentino di Gallura
una manciata di olive verdi denocciolate
sale e pepe

Lavate e pulite lo scorfano, filettatelo e tagliatelo a pezzetti piccoli. Mettetelo a rosolare nell'olio con l'aglio a fettine e, quando sarà quasi abbrustolito, sfumatelo col vino. Lasciatelo evaporare e aggiungete le olive, sale, pepe, lasciando cuocere ancora per 10 minuti.

Portate a ebollizione una pentola di acqua bollente, salatela, cuocetevi le mezze maniche, scolatele al dente e ripassatele nella padella del sugo per farle insaporire. Servite subito, cospargendo con prezzemolo tritato.

Pasta all'origano e filetti di sarda

Ingredienti per 4 persone:

400 g di pasta corta piccola (sedanini o pennette)
400 g di sarde
olio per friggere
un grosso pizzico di origano seccato
1 peperoncino piccante
10 cucchiai di olio extravergine di oliva
sale

Pulite bene le sarde, lavatele, svisceratele e filettatele. Asciugatele e fatele friggere nell'olio fino a quando saranno dorate, quindi toglietele e fate scolare l'unto in eccesso su un foglio di carta assorbente da cucina.

Sbriciolate il peperoncino e l'origano in una ciotola, disponetevi sopra le sarde fritte, quindi ricoprite il tutto d'olio, aggiungete il sale e lasciate riposare per un paio d'ore. Portate a ebollizione una pentola di acqua bollente, salatela, cuocetevi la pasta, scolatela al dente e conditela con il sugo freddo di origano e filetti di sarde.

Pasta con bottarga e pecorino in trito di basilico

Ingredienti per 4 persone:
1 confezione di bottarga
400 g di pasta corta tipo pennette
100 g di pecorino stagionato grattugiato
2 spicchi d'aglio
un ciuffo di basilico
un ciuffo di prezzemolo
8 cucchiai di olio extravergine di oliva
sale e pepe

Preparate in un tegame l'olio e la bottarga sciolta in poca acqua e un trito di aglio, basilico e prezzemolo. Cuocete al massimo per 2 minuti.

Portate a ebollizione una pentola di acqua salata e cuocetevi la pasta. Scolatela al dente e ripassatela nel tegame con la salsa di bottarga. Mescolate bene e spolverate con il pecorino grattugiato.

Pasta con cozze, maggiorana e bottarga

Ingredienti per 4 persone:
400 g di pasta corta tipo maccheroni
500 g di cozze
un pizzico di maggiorana seccata
1 confezione di bottarga di tonno
1 spicchio d'aglio
8 cucchiai di olio extravergine di oliva
sale e pepe

Lavate le cozze sotto l'acqua corrente e raschiatele. Scaldate un po' d'olio in una padella con lo spicchio d'aglio, aggiungete le cozze, mettete un coperchio e fatele aprire su fiamma vivace. Appena aperte, mescolate e spegnete. Togliete le conchiglie, conservando solamente quelle con il mollusco e mettetele in un piatto con un po' d'olio e la maggiorana tritata.

Portate a ebollizione una pentola di acqua salata e cuocetevi la pasta. Scolatela al dente. Versate la pasta nella padella e fatela saltare a fuoco allegro insieme alle cozze. Prima di servire, aggiungete la bottarga di tonno tagliata a lamelle sottili, sale, una macinata di pepe nero e un filo d'olio crudo.

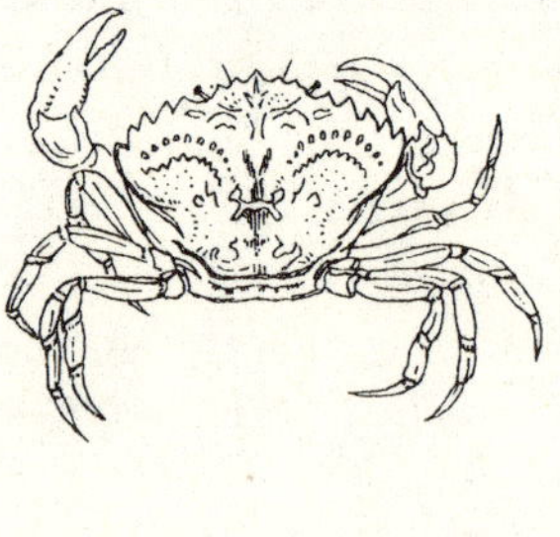

Pasta con pilargiu

Ingredienti per 4 persone:
400 g di pasta corta tipo penne
3 granseole
8-10 cucchiai di olio extravergine di oliva
sale e pepe nero

Il pilargiu è la polpa della granseola. Pulite le granseole per bene, con una spazzolina di ferro, e fatele cuocere in abbondante acqua salata. Tradizionalmente si usa l'acqua di mare. Lasciatele cuocere circa 10-15 minuti, a seconda della grandezza, quindi spegnete il fuoco e lasciate raffreddare nell'acqua di cottura. Tagliate i carapace e svuotatele della polpa, tritatela fi-

nemente e amalgamatela con l'olio a crudo, sale e pepe nero macinato al momento. Portate a ebollizione una pentola di acqua salata e cuocetevi la pasta. Scolatela al dente e conditela con il trito di granseola. Servite subito.

Pasta con ricotta, olive e bottarga

Ingredienti per 4 persone:
400 g di pasta
150 g di ricotta di pecora
50 g di pecorino stagionato grattugiato
1 confezione di bottarga
1 cipollotto
un pizzico di maggiorana seccata
1 rametto di timo fresco
una manciata di olive verdi denocciolate
8 cucchiai di olio extravergine di oliva
sale pepe

Pulite il cipollotto, affettate molto sottile la parte bianca e mettetelo a soffriggere dolcemente con 4 cucchiai di olio. Tritate finemente le foglie di timo, aggiungetele al cipollotto e incorporate anche la maggiorana, sale e pepe. Lasciate insaporire qualche minuto, poi spegnete il fuoco e aggiungete la ricotta, stemperandola bene per amalgamarla al soffritto.

Portate a ebollizione una pentola con abbondante acqua, salate e cuocete la pasta. Scolatela al dente e fatela saltare velocemente nella padella con la ricotta, aggiungendo anche un paio di cucchiai dell'acqua di cottura. Quando sarà ben insaporita, togliete dal fuoco, cospargete con abbondante bottarga tagliata a scagliette, pecorino stagionato grattugiato e un trito grossolano di olive verdi. Mescolate e servite.

Pasta con tonno fresco e piselli

Ingredienti per 4 persone:
400 g di pasta
200 g di tonno
100 g di piselli sgranati freschi
1 spicchio d'aglio
un ciuffo di prezzemolo
4 cucchiai di olio extravergine d'oliva
1/2 bicchiere di Vermentino di Sardegna
sale e un pizzico di peperoncino rosso piccante in polvere

Tritate l'aglio e fatelo soffriggere in una padella con il tonno, ben pulito, privato della pelle e tagliato a pezzetti, e il peperoncino a piacere; sfumate con mezzo bicchiere di vino bianco e una volta ripreso il bollore unite i piselli. Salate e lasciate cuocere il sugo per 5 minuti.

Portate a ebollizione una pentola con abbondante acqua salata, cuocetevi la pasta, scolatela al dente e fatela saltare nella padella del sugo, quindi servite subito, cospargendo il tutto con abbondante prezzemolo tritato.

Pasta e patate con mosciame di tonno

Ingredienti per 4 persone:
400 g di pasta corta
400 g di patate
100 g di mosciame di tonno
1 cipolla
4 pomodori
un ciuffo di prezzemolo
4 cucchiai di olio extravergine di oliva
sale e pepe

Pelate e tagliate a dadini le patate, quindi cuocetele coperte d'acqua in una pentolina fino a quando saranno morbide ma non sfatte. In una padella fate rosolare nell'olio la cipolla affettata sottile, quando sarà dorata aggiungete i pomodori tagliati a pezzi, sale e pepe. Una volta evaporato il liquido di vegetazione, unite le patate ben scolate e fatele insaporire. Addensato il sugo, spegnete il fuoco e unite il mosciame di tonno a pezzettini piccoli.

Portate a ebollizione una pentola con abbondante acqua salata, cuocetevi la pasta, scolatela al dente e mescolatela nella padella del sugo.

Prima di servire cospargete generosamente con il prezzemolo tritato e pepe nero macinato al momento.

Penne al tonno crudo e limone

Ingredienti per 4 persone:
400 g di mezze penne
200 g di tonno freschissimo
4 cucchiai di olio extravergine di oliva
1 limone
1 cipollotto fresco
un ciuffo di prezzemolo
sale e pepe

Portate a ebollizione una pentola con abbondante acqua salata e lessatevi le penne. Mentre cuocete la pasta, amalgamate in una terrina il tonno, ben pulito, privato della pelle e tagliato a pezzetti piccoli, l'olio a crudo, il cipollotto tritato finemente, sale e pepe. Quando la pasta è al dente, scolatela, versatela nella zuppiera e conditela, aggiungete un trito di prezzemolo fresco e il succo del limone. Mescolate e servite.

Penne con bottarga, mele, olive e noci

Ingredienti per 4 persone:
400 g di penne
2 mele
100 g di bottarga
una manciata di olive verdi denocciolate
50 g di gherigli di noce
un ciuffo di prezzemolo
4 cucchiai di olio extravergine di oliva
sale e pepe

Mettete a bollire l'acqua per la pasta. Sbucciate e tagliate a dadini le mele e fatele rosolare in una padella con 2 cucchiaiate d'olio. Unitevi i gherigli di noce spezzettati, le olive, sale e pepe. Cuocete il tutto a fuoco moderato, finché le mele saranno ben cotte, quasi sfatte. Lessate la pasta, scolatela e conditela con questa salsa. Guarnite con un trito fine di prezzemolo e la bottarga sbriciolata. Mescolate e servite.

Pennette ai peperoni e tarantello

Ingredienti per 4 persone:
400 g di pennette
200 g di tarantello
2 peperoni gialli
un ciuffo di prezzemolo
2 spicchi d'aglio
1 confezione di panna
4 cucchiai di olio extravergine di oliva
sale e pepe

Il tarantello, una specialità di Carloforte, è la carne che circonda la spina dorsale del tonno che, appena pescato, viene cotta a vapore e confezionata a tranci sottolio.

Mondate e lavate i peperoni, tagliateli a listarelle e fateli appassire, assieme a un trito fine di aglio e prezzemolo, per circa 20-25 minuti in un tegame con un filo d'olio, eventualmente sfumando con un goccio d'acqua se si dovessero seccare troppo. Aggiungete sale, pepe, la panna, poi amalgamate il tutto con il tarantello. Fate cuocere le penne in abbondante acqua salata, scolatele al dente, conditele con il sugo di peperoni e tarantello e servitele calde.

Pennette alla bottarga di molga

Ingredienti per 4 persone:
400 g di pennette
100 g di bottarga di molga
100 g di burro
sale e pepe

Questa bottarga è abbastanza rara e pregiata, e viene preparata in quantità molto limitata ad Alghero con le sacche ovariche della molga, un pesce simile al merluzzo che vive in acque profonde.

Sciogliete il burro in una padella, badando che non frigga. Quando sarà sciolto unite la bottarga di molga, salate e pepate.

Portate a ebollizione una pentola con abbondante acqua salata e lessatevi le pennette. Scolatele al dente, conditele con il burro insaporito con la bottarga di molga che avrete stemperato con due cucchiai di acqua della bollitura della pasta. Salate, pepate e servite.

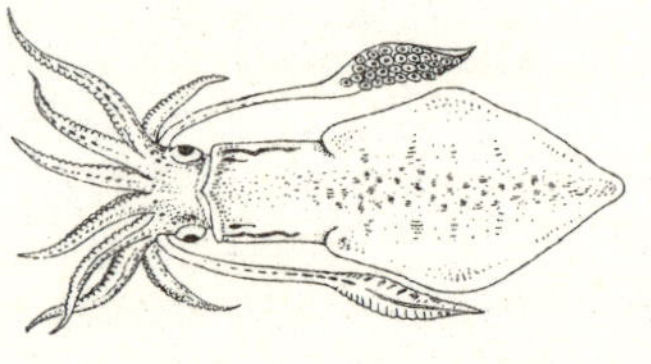

Pillus al sugo di calamari

Ingredienti per 4 persone:
400 g di pillus
1 bicchiere di olio extravergine di oliva
2 bicchieri di Vernaccia di Oristano
200 g di calamari
un ciuffo di prezzemolo
sale e pepe

I pillus sono sottili strisce di pasta (talvolta all'uovo) simili ai tagliolini.

Pulite i calamari, togliendo la sacchetta del nero, gli occhi, il becco e la pinna. Lavateli bene, sotto acqua corrente, staccate le teste, tagliatele a listarelle e fatele rosolare, in una casseruolina, con l'olio, sale e pepe. Tagliate finemente anche i sacchetti dei calamari, aggiungeteli alle teste, bagnateli con la Vernaccia e proseguite la cottura, per circa 20 minuti.

Portate a ebollizione una pentola con abbondante acqua salata e lessatevi i pillus. Scolateli al dente, conditeli con il sughetto di calamari e abbondante pepe nero macinato al momento. Cospargete con abbondante prezzemolo tritato e servite.

Pillus al sugo di pesce spada e menta

Ingredienti per 4 persone:
400 g di pillus
300 g di pesce spada a fette sottili
2 spicchi d'aglio
10-12 foglie di menta
2 pomodori maturi
4 cucchiai di olio extravergine di oliva
un ciuffo di prezzemolo
1/2 bicchiere di Vermentino di Sardegna
sale e pepe bianco

Fate soffriggere a fuoco allegro, in un tegame con l'olio, il pomodoro tagliato a fettine e l'aglio triturato. Condite con sale, pepe e prezzemolo tritato. Tagliate quindi le fette di pesce spada a dadini, versateli nel tegame irrorando col vino e lasciateli cuocere per 10-12 minuti a fuoco basso. Nel frattempo cuocete i pillus in abbondante acqua salata, scolateli al dente e conditeli con il sugo di pesce spada. Sopra a tutto mettete un trito di menta fresca.

Pillus col sugo di pesce

Ingredienti per 4 persone:
400 g di pillus
200 g di pesce azzurro
250 g di pomodori sardi maturi
2 spicchi d'aglio
4 cucchiai di olio extravergine di oliva
1 peperoncino piccante fresco o in polvere
sale

Tagliate a rondelle i pomodori freschi da sugo e metteteli a friggere in una padella con mezzo bicchiere di olio extravergine d'oliva già caldo, mescolate con un cucchiaio di legno e lasciate che i pomodori rosolino bene, facendo evaporare tutta l'acqua in eccesso, quindi aggiungete il pesce diliscato, filettato e lavato sotto acqua corrente. Cuocete a fuoco molto allegro per 15 minuti, salate, unite due spicchi d'aglio tagliati a lamelle sottilissime e una generosa spolverata di peperoncino rosso piccante. Cuocete i pillus in abbondante acqua salata, scolateli al dente fateli saltare nella padella del sugo, mescolate bene e servite subito.

Pillus con aragosta alla crema di peperoni

Ingredienti per 4 persone:
400 g di pillus
1 aragosta di circa 800 g
1 costa di sedano
1 cipolla
3 scalogni
4 cucchiai di olio extravergine d'oliva
2 peperoni rossi
50 g di burro
1 confezione di panna
4 cucchiai di Martini bianco
sale e pepe

Tritate finemente carota, sedano, cipolla e uno scalogno e metteteli a soffriggere nell'olio fino a quando saranno dorati.

Lavate i peperoni rossi, tagliateli a listarelle sottili e metteteli a cuocere nel soffritto per 15 minuti.

Lessate per una mezz'ora l'aragosta in abbondante acqua salata, quindi spegnete il fuoco e lasciatela intiepidire nella pentola. Quando sarà fredda, estraete la polpa dal carapace e tagliatela a pezzettini.

Fate fondere il burro in una padella, fatevi stufare il rimanente scalogno tritato, salate e pepate, aggiungete la polpa dell'aragosta, il Martini bianco e lasciate stufare a fuoco dolce. Passate nel mixer i peperoni fino a ridurli in crema ed aggiungetela all'aragosta, mescolando bene. Quando il bollore riprende, aggiungete la panna da cucina e lasciate sobbollire per una decina di minuti.

Cuocete i pillus in abbondante acqua salata, scolateli al dente e fateli saltare nella padella del sugo di aragosta con crema di peperoni, mescolate bene e servite subito.

Pillus con cozze e zafferano

Ingredienti per 4 persone:
400 g di pillus
800 g di cozze
1 confezione di panna
1 cipolla
4 cucchiai di Vermentino di Sardegna
1 bustina di zafferano di Sardegna
4 cucchiai di olio extravergine di oliva
sale

Tritate finemente la cipolla e fatela rosolare in padella con l'olio senza farle prendere colore. Aggiungete le cozze ben lavate e raschiate e fatele aprire. Togliete le conchiglie vuote e lasciate solamente la valva col mollusco. Aggiungete la panna, mescolate e fate addensare il sugo. Unite la bustina di zafferano sciolto in un dito di vino, mescolando bene. Cuocete i pillus in abbondante acqua salata, scolateli al dente e versateli nella padella nella quale avete cotto il sugo, mescolate con cura facendoli saltare per mezzo minuto. Servite subito.

Pillus con il ragù di cernia

Ingredienti per 4 persone:
400 g di pillus
800 g di cernia
2 spicchi d'aglio
4 cucchiai di olio extravergine di oliva
1 bicchiere di Vermentino di Sardegna
250 g di pomodori sardi maturi
un grosso pizzico di origano
un ciuffo di prezzemolo
sale e peperoncino piccante in polvere

Pulite bene la cernia (potete usare i filetti, che sono già puliti), tagliatela a pezzetti e mettetela in una pentola con mezzo bicchiere di olio extravergine d'oliva, lo spicchio d'aglio finemente tagliuzzato, i pomodori tagliati in quattro e abbondante origano. Fate soffriggere il tutto poi bagnate con un bicchiere di vino bianco secco. Lasciate evaporare e aggiungete mezzo bicchiere d'acqua, per portare a fine cottura il pesce, badando che il sugo sia

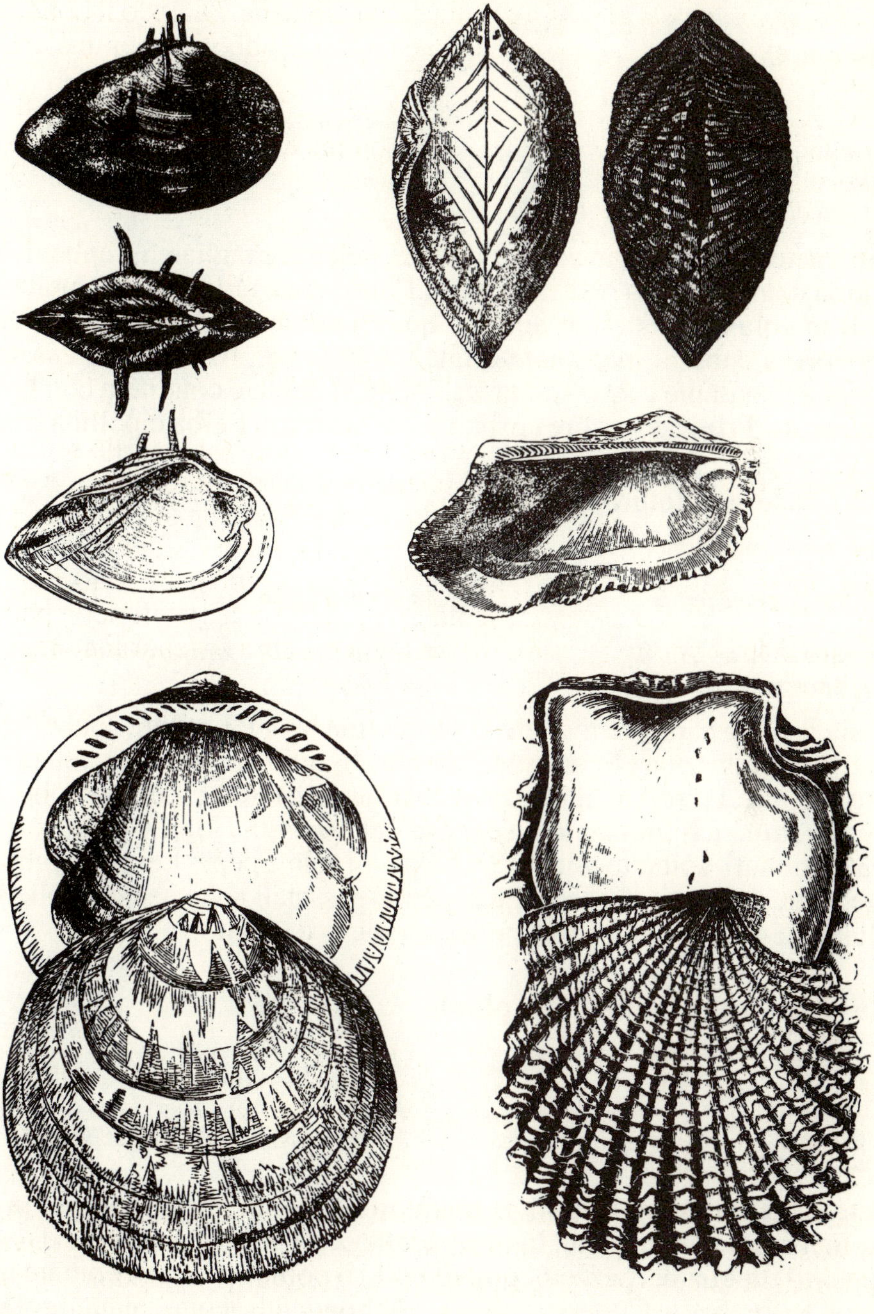

addensato. Prima di spegnere il fuoco aggiungete peperoncino piccante a piacere e il prezzemolo finemente triturato. Cuocete in abbondante acqua salata i pillus, quindi scolateli e conditeli con il ragù di cernia.

Pillus con la spigola

Ingredienti per 4 persone:
400 g di pillus
300 g di filetti di spigola
1 scalogno
4 cucchiai di olio extravergine di oliva
250 g di pomodori sardi maturi
un ciuffo di erba cipollina
sale e pepe

Immergete i pomodori in acqua bollente, pelateli e tagliateli a cubetti. Tritate lo scalogno e fatelo soffriggere con l'olio senza farlo colorire, unite i filetti di spigola e lasciateli insaporire, quindi salate e pepate. Aggiungete il pomodoro a cubetti, mescolate e fate cuocere per 10 minuti. Lessate la pasta in abbondante acqua salata, scolatela al dente e conditela con la salsa preparata. Prima di servire cospargete il tutto con l'erba cipollina tritata.

Pillus con le seppioline

Ingredienti per 4 persone:
400 g di pillus
600 g di seppioline pulite
1 patata
200 g di pisellini freschi
250 g di pomodori sardi maturi
1 cipolla
2 spicchi d'aglio
un ciuffo di prezzemolo
4 cucchiai di olio extravergine di oliva
sale e pepe

In una pentola capiente mettete le seppioline lavate e pulite, i pelati spezzettati, la cipolla tritata finemente assieme all'aglio, la patata sbucciata e tagliata a fettine, i pisellini, il prezzemolo tritato e quattro cucchiai d'olio. Iniziate la cottura a fiamma media e mescolate spesso. Coprite e cuocete per circa 40 minuti, soltanto alla fine regolate di sale e pepe. Lessate i pillus in abbondante acqua salata, scolateli al dente, passateli nella pentola delle seppioline, mescolate perché insaporiscano bene e servite.

Pillus con tonno, mandorle e pinoli

Ingredienti per 4 persone:
400 g di pillus
200 g di tonno
40 g di pinoli
40 g di mandorle sgusciate
4 cucchiai di olio extravergine di oliva
2 spicchi d'aglio
2 cucchiai di conserva di pomodoro
sale

Passate nel frullatore i pinoli, le mandorle e l'aglio, mettete il trito in una ciotolina e tenetelo da parte. In una padella con l'olio fate cuocere il tonno, ben pulito e tagliato a pezzetti, quindi unite il pomodoro e spezzettate il pesce con la forchetta. Cuocete i pillus in abbondante acqua salata, scolateli, conditeli con la salsa di tonno e cospargete il tutto con il trito di pinoli, aglio e mandorle.

Pillus con vongole e carciofi

Ingredienti per 4 persone:
400 g di pillus
2 carciofi
800 g di vongole
1 carota
1 costa di sedano
1 cipolla
un ciuffo di prezzemolo
4 cucchiai di olio extravergine di oliva
1 spicchio d'aglio
il succo di 1 limone
sale e pepe

Pulite i carciofi, usate solamente i cuori e tagliateli a spicchietti piccoli, che metterete nell'acqua acidulata con il succo di limone. Tritate finemente sedano, carota e cipolla. In una larga padella fate scaldare l'olio con il trito, lasciate rosolare, quindi aggiungete i carciofi, salate e pepate e cuoceteli per una ventina di minuti, bagnando con un po' d'acqua per mantenerli morbidi. Quando i carciofi sono quasi cotti unite le vongole. Lessate i pillus in acqua salata, scolateli al dente e fateli insaporire nella padella con il condimento di carciofi e vongole. Prima di servire aggiungete un trito fine di aglio e prezzemolo, sale e pepe.

Pillus di Iglesias

Ingredienti per 4 persone:
400 g di pillus
200 g di gamberetti
200 g di cozze
4-5 scampi
2 gamberoni
200 g di vongole veraci
100 g di polpa di granchio
3-4 seppioline
1 barattolo di pomodori pelati
un ciuffo di basilico
2-3 spicchi d'aglio
1 bicchiere di Moscato di Sorso-Sennori
4 cucchiai di olio extravergine di oliva
un grosso pugno di pangrattato
peperoncino
sale

Fate soffriggere in una padella, in cui avrete messo dell'olio d'oliva, uno spicchio d'aglio, del peperoncino a piacere e parte del basilico tritato finemente. Aggiungete i pomodori pelati tagliati a dadini e fate cuocere per 15 minuti circa, con un pizzico di sale. Unite poi le seppioline, i gamberetti, gli scampi, i gamberoni, la polpa di granchio, tutti ben puliti e tagliati a pezzetti, e fate cuocere per altri 30 minuti, sfumando col Moscato di Sorso-Sennori. Intanto pulite le vongole e le cozze, facendole aprire in una padella con solo un mestolo d'acqua. Togliete i molluschi dalle conchiglie e aggiungeteli al sugo con il rimanente basilico fresco spezzettato. Fate cuocere i pillus in abbondante acqua salata, scolateli al dente e fateli saltare nella padella, insieme al sugo di pesce. Aggiungete il pangrattato e servite.

Pillus di Palau all'aragosta

Ingredienti per 4 persone:
400 g di pillus
4 aragostine
1 confezione di panna
4 cucchiai di salsa di pomodoro
4 cucchiai di olio extravergine di oliva
un ciuffo di prezzemolo
sale e pepe

Dividete in due le aragostine, quindi mettetele in una padella capiente con l'olio, il sale, il prezzemolo tritato, il pepe e fatele cuocere per 10 minuti, girandole spesso. Aggiungete il pomodoro e la panna, e fate addensare il sugo. Cuocete i pillus in abbondante acqua salata, scolateli al dente e fateli saltare nello stesso tegame delle aragostine, che avrete momentaneamente tolto e tenuto in caldo.

Servite i pillus nei singoli piatti con sopra le aragostine, irrorando tutto con il sughetto.

Ravioli di cernia

Ingredienti per 4 persone:

Per la pasta:
400 g di farina
4 uova
sale

Per il ripieno:
400 g di polpa di cernia
un grosso pugno di pangrattato
50 g di pecorino stagionato grattugiato
1 cipolla
4 cucchiai di olio extravergine di oliva
1 uovo
1/2 bicchiere di Vermentino di Sardegna
un ciuffo di basilico
un ciuffo di prezzemolo
sale e pepe

Per il condimento:
10 gamberoni
4 pomodori
4 cucchiai di olio extravergine di oliva
1 spicchio d'aglio
1/2 bicchiere di Vermentino di Sardegna
un ciuffo di basilico
un ciuffo di prezzemolo
sale e pepe

Su un tagliere disponete la farina a fontana, formate un cratere e rompetevi le uova, aggiungete un pizzico di sale e impastate fino ad ottenere una pasta liscia e omogenea che lascerete riposare per circa 30 minuti.

Nel frattempo tritate la cipolla, fatela rosolare nell'olio, poi tagliate a piccoli pezzetti la cernia e cuocetela assieme alla cipolla. Insaporite con qualche foglia di basilico e poco prezzemolo tritati finemente. Sfumate con un poco di vino, aggiustate di sale e di pepe. Levate dal fuoco, lasciate raffreddare, unite il pangrattato, l'uovo e amalgamate il tutto fino a ottenere un composto omogeneo. In una padella a parte imbiondite l'aglio nell'olio, rosolatevi i gamberoni ben puliti e privati del carapace e sfumate con il Vermentino. Unite i pomodori a fettine, qualche foglia di basilico e poco prezzemolo tritati, un pizzico di sale, di pepe e cuocete per 10 minuti.

Stendete la pasta in una sfoglia sottile, tagliate dei quadrati e disponete 1 cucchiaio di ripieno di cernia al centro, chiudete a metà i ravioli, premendo i bordi con le dita per evitare la fuoriuscita del ripieno in cottura. Lessate i ravioli in acqua bollente salata, scolateli e conditeli con il ragù di gamberi. Servite subito.

Ravioli di scorfano

Ingredienti per 4 persone:

Per la pasta:
400 g di farina
4 uova
sale

Per il ripieno:
400 g di polpa di scorfano
2 spicchi d'aglio
1 limone
un ciuffo di prezzemolo
100 g di ricotta di pecora
1 tuorlo d'uovo
4 cucchiai di olio extravergine di oliva
sale e pepe

Per il condimento:
100 g di burro
un ciuffo di erba cipollina
50 g di pecorino stagionato grattugiato
sale e pepe

Su un tagliere disponete la farina a fontana, formate un cratere e rompetevi le uova, aggiungete un pizzico di sale e impastate fino ad ottenere una pasta liscia e omogenea che lascerete riposare per circa 30 minuti.

In una padella fate dorare l'aglio schiacciato in abbondante olio, poi toglietelo e fate cuocere la polpa dello scorfano, condendola con sale, pepe e un poco di scorza del limone grattugiata. Lasciate insaporire per 10 minuti, quindi spegnete e fate raffreddare il tutto. Unite la polpa dello scorfano sminuzzata bene con la ricotta, il prezzemolo tritato, il tuorlo d'uovo, sale e pepe. Stendete la pasta in una sfoglia sottile, tagliate dei quadrati e disponete 1 cucchiaio di ripieno di scorfano al centro, chiudete a metà i ravioli, premendo i bordi con le dita per evitare la fuoriuscita del ripieno in cottura. Lessate i ravioli in acqua bollente salata, scolateli e conditeli con burro fuso e con un trito di erba cipollina. Servite spolverizzati di pecorino stagionato grattugiato.

Ravioli di tonnina

Ingredienti per 4 persone:

Per la pasta:
400 g di farina
4 uova
sale

Per il ripieno:
1 spicchio d'aglio
un ciuffo di prezzemolo
400 g di ricotta di pecora
1 tuorlo d'uovo
200 g di tonnina
sale e pepe

Per il condimento:
100 g di burro
5-6 foglie di salvia
50 g di pecorino stagionato grattugiato
sale e pepe

La tonnina, chiamata anche bresaola di mare, è una conserva preparata con il filetto dei tonni pescati da maggio a luglio lungo la costa occidentale dell'isola. Su un tagliere disponete la farina a fontana, formate un cratere e rompetevi le uova, aggiungete un pizzico di sale e impastate fino ad ottenere una pasta liscia e omogenea che lascerete riposare per circa 30 minuti.

Tritate finemente la tonnina e unitela alla ricotta, salando e pepando. Tritate finemente anche prezzemolo e aglio e mescolateli al ripieno. Unite poi il tuorlo e amalgamate bene il tutto.

Stendete con il matterello la pasta in una sfoglia sottile, tagliate dei quadrati e disponete 1 cucchiaio di ripieno di tonnina e ricotta al centro, chiudete a metà i ravioli, premendo i bordi con le dita per evitare la fuoriuscita del ripieno in cottura. Lessate i ravioli in acqua bollente salata, scolateli e conditeli con burro fuso nel quale avrete fatto soffriggere le foglie di salvia. Servite spolverizzati di pecorino stagionato grattugiato.

Riso al dentice farcito

Ingredienti per 4 persone:

1 dentice di 1 kg circa
2 spicchi d'aglio
1 porro (solo la parte bianca)
360 g di riso
4 cucchiai di concentrato di pomodoro
4 cucchiai di olio extravergine di oliva
2 cipolle
2 carote
1 peperoncino piccante
un cuore di sedano
1/2 l di brodo vegetale
sale e pepe bianco

Squamate e pulite il dentice, eliminate testa e coda, filettatelo e tagliatelo in 4 pezzi. Fate un trito con prezzemolo, aglio, porro, sale, pepe e peperoncino e farcitene i pezzi di pesce, arrotolandoli e tenendoli chiusi con uno stecchino.

Tagliate a pezzettini carote, cipolle e sedano. Mettete i pezzettini nel tegame con l'olio e fateli rosolare aggiungendo, non appena sono dorati, il concentrato di pomodoro sciolto in acqua. Fate cuocere per circa 20 minuti. Unite i pezzi di pesce e fate cuocere per circa 10 minuti.

Portate a ebollizione una pentola di acqua salata e cuocetevi il riso. Quando il riso sarà cotto, scolatelo e conditelo con il sugo sistemando sopra il pesce. Servite subito.

Riso al Filu 'e Ferru e gamberetti

Ingredienti per 4 persone:

360 g di riso
500 g di gamberetti
50 g di burro
1 porro
1 bicchierino di Filu 'e Ferru
1 confezione di panna
sale e pepe

Fate appassire nel burro il bianco del porro lavato e tritato, salate, pepate, cuocete a fuoco basso per circa 10 minuti, quindi aggiungete i gamberetti sgusciati, la panna e il Filu 'e Ferru, facendo addensare un po' la salsa a fuoco allegro. Cuocete il riso al dente in abbondante acqua salata, scolatelo bene e conditelo con la salsa.

Il nuraghe di Santa Barbara di Macomer, incisione da Voyage en Sardaigne *di A. La Marmora, 1840.*

Riso all'astice con fagioli

Ingredienti per 4 persone:

360 g di riso
1 astice
1 cipolla
2 spicchi d'aglio
4 cucchiai di olio extravergine di oliva
50 g di burro
1/2 bicchiere di Vermentino di Sardegna
1 barattolo di fagioli
1 barattolo di pomodori pelati
un ciuffo di basilico
1 dado
sale e pepe

Fate soffriggere la cipolla tritata nell'olio, poi aggiungete l'aglio tagliato a fettine.

Prendete l'astice, aprite il carapace ed estraete la polpa. Tagliatela a dadini e mettetela a rosolare nel burro, sfumate con il vino bianco. Aggiungete un mezzo dado, il riso e i pomodori pelati. Quindi aggiungete anche i fagioli scolati dal loro liquido di conservazione. Portate a cottura il riso, eventualmente bagnando con un goccio di acqua al bisogno, e insaporite con sale e pepe.

Prima di servire spolverate con basilico tritato.

Riso con aragosta alle spezie

Ingredienti per 4 persone:

360 g di riso
4 code di aragosta
100 g di burro
1 limone
un pizzico di cannella in polvere
un pizzico di chiodi di garofano in polvere
un pizzico di noce moscata in polvere
sale e pepe bianco

Togliete la polpa dalle code di aragosta e tritatela grossolanamente. In un tegamino fate sciogliere appena il burro, toglietelo dal fuoco prima che frigga, unite le spezie in polvere, il succo del limone, sale e pepe.

Portate a ebollizione una pentola con abbondante acqua, salatela, cuocetevi il riso, scolatelo al dente e conditelo con la salsa.

Spolverizzate di pepe e guarnite con fettine di limone prima di servire.

Riso con sughetto di seppie

Ingredienti per 4 persone:

360 g di riso
2 seppie
2 spicchi d'aglio
1 bicchiere di Vermentino di Sardegna
un ciuffo di prezzemolo
4 cucchiai di olio extravergine di oliva
250 g di pomodori sardi maturi
sale e pepe

Pulite bene le seppie e tagliatele a listarelle sottili.

Tritate finemente aglio e prezzemolo e mettetelo a soffriggere per 2 minuti nell'olio, prima che imbiondisca unite le seppie. Sfumate col vino, salate e pepate e lasciate cuocere a fiamma dolce per una decina di minuti, mescolando. Tritate i pomodori e aggiungeteli al sugo, facendo cuocere ancora 15-20 minuti.

Controllate con i rebbi di una forchetta se le seppie sono tenere ed eventualmente alzate il fuoco per far addensare il sughetto.

Portate a ebollizione una pentola con abbondante acqua, salatela, cuocetevi il riso, scolatelo al dente e conditelo con la salsa. Spolverizzate con un altro poco di trito di prezzemolo e aglio prima di servire.

Riso e gamberi del Campidano

Ingredienti per 4 persone:
360 g di riso
1 kg di gamberi
1 cipolla
un ciuffo di prezzemolo
1 bicchiere di Campidano di Tertalba DOC
1 bicchiere di brodo vegetale
4 cucchiai di olio extravergine di oliva
2 spicchi d'aglio
sale e pepe

Pulite bene i gamberi sotto abbondante acqua corrente, quindi sgusciateli e tagliateli a rondelle.

In una padella ampia scaldate l'olio e rosolatevi la cipolla e l'aglio, finemente tritati, con l'olio, sale e pepe. Quando vedrete che il soffritto è dorato aggiungete i gamberi e cuocete per alcuni minuti. Poi unite il riso e portatelo a cottura sfumando prima col Campidano di Tertalba poi col brodo.

Prima di servire cospargete il riso con un poco di prezzemolo tritato.

Risotto al cefalo

Ingredienti per 4 persone:
360 g di riso
4 filetti di cefalo
un pugno di mollica di pane inzuppata nel latte
100 g di burro
un ciuffo di prezzemolo
un pizzico di origano seccato
5-6 foglie di salvia
2 tazze di brodo vegetale
sale e pepe

Unite la mollica di pane, ben strizzata, con il burro ammorbidito, l'origano, il prezzemolo, il sale e il pepe: amalgamate bene il tutto. Disponete la farcia su ciascun filetto, dividendola in parti uguali. Arrotolate i filetti e fermateli con uno stecchino, quindi infarinateli leggermente e friggeteli nel burro con le foglie di salvia, fino a quando non avranno preso un bel colore dorato. A parte cuocete il riso in abbondante acqua salata, scolatelo al dente e conditelo con il burro nel quale è stato cotto il pesce. Servite nei singoli piatti e sopra al risotto mettete per ogni commensale un filetto di cefalo.

Risotto alla marinara

Ingredienti per 4/6 persone:
400 g di riso
200 g di vongole pulite
200 g di gamberetti sgusciati
100 g di seppioline
100 g di polipetti
2 spicchi d'aglio
un ciuffo di prezzemolo
un ciuffo di basilico
4 cucchiai di olio extravergine di oliva
1 peperoncino piccante
sale

Pulite bene il pesce e tagliatelo a pezzetti. Mettete in una padella piuttosto capiente l'olio, un trito di aglio, basilico e prezzemolo, il pomodoro, il

peperoncino e il sale. Coprite e fate scaldare il sugo per una decina di minuti, quindi aggiungete il pesce e portatelo a cottura. Portate a ebollizione l'acqua e cuocetevi il riso, avendo cura di tenerlo al dente. Unite il riso al pesce e fatelo saltare un poco prima di servirlo.

Risotto alle seppie e olive nere

Ingredienti per 4 persone:
360 g di riso
400 g di seppie
una manciata di olive nere denocciolate
2 pomodori
1 cipolla
2 spicchi d'aglio
4-5 foglie di basilico
1/2 l di brodo vegetale
1/2 bicchiere di Vermentino di Sardegna
4 cucchiai di olio extravergine di oliva
sale e pepe

Pulite le seppie, sbollentatele in acqua bollente non salata, poi tagliatele a listarelle. Fatele rosolare in una padella con un cucchiaio d'olio, la cipolla e gli spicchi d'aglio tritati. Unite le olive e fatele saltare a fuoco vivo per 1 minuto. Infine aggiungete i pomodori, un trito grossolano di foglie di basilico, sale e pepe. Rigirate il tutto con un cucchiaio di legno. Unite il riso e portatelo a cottura bagnando col vino e il brodo. Salate e pepate prima di servire.

Risotto con calamari e cozze

Ingredienti per 4 persone:
360 g di riso
200 g di calamari
500 g cozze
2 spicchi d'aglio
4 cucchiai di olio extravergine di oliva
1/2 bicchiere di Vermentino di Sardegna
1/2 l di brodo vegetale
un ciuffo di prezzemolo
sale e pepe

Tagliate ad anelli i calamari ben puliti e metteteli a rosolare con l'olio, un trito di aglio e prezzemolo, sale e pepe. Sfumate con il vino, mettete il coperchio e cuocete per 20 minuti circa. A parte fate aprire le cozze in una padella con un filo d'olio, togliete i molluschi dalle conchiglie e uniteli ai calamari. Filtrate il sugo di cottura delle cozze. Aggiungete al sugo di calamari il riso, bagnate con il brodo delle cozze filtrato e portate a cottura con il brodo vegetale. Mantecate il risotto con il burro e servite.

Risotto con scorfano, zafferano e carciofi

Ingredienti per 4 persone:
360 g di riso
200 g di polpa di scorfano
1 scalogno
1/2 bicchiere di Vermentino di Sardegna
2 bustine di zafferano di Sardegna
50 g di burro
1 l di brodo vegetale
4 carciofi
1 spicchio d'aglio
un ciuffo di prezzemolo
4 cucchiai di olio extravergine di oliva
sale e pepe

Pulite i carciofi e tagliateli a fettine con l'apposito attrezzo, quindi fateli saltare in padella con un po' di olio, un trito fine di aglio e prezzemolo e un po' d'acqua. Lasciateli cuocere una decina di minuti. Aggiungete la polpa dello scorfano a pezzetti e fatela cuocere per non più di 10 minuti.

In una padella fate rosolare con l'olio lo scalogno tritato finissimo, versate il riso e fatelo tostare per qualche minuto. Bagnate con il vino e lasciatelo evaporare. Aggiungete i carciofi e lo scorfano portate a fine cottura con il brodo. Prima di servire unite lo zafferano, mantecate con il burro, salate e pepate.

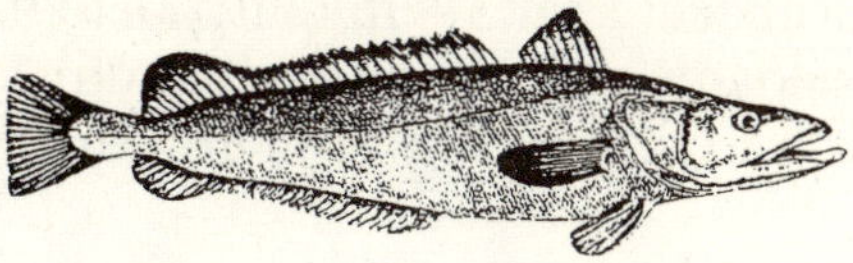

Rotolo di pasta al branzino

Ingredienti per 4 persone:

Per la pasta:
100 g di farina
2 uova
50 g di burro
sale

Per il ripieno:
1 branzino grande
4 carciofi
10 cucchiai di olio extravergine di oliva
2 limoni
un ciuffo di basilico

Per il condimento:
10 g di burro
salsa besciamella
50 g di pecorino stagionato grattugiato
sale e pepe

Pulite bene, sviscerate e filettate il branzino. Fate appena rosolare i filetti da ambedue le parti in una padella con un po' di olio, quindi teneteli a parte.

Pulite i carciofi, togliete le foglie esterne dure, le spine e il fieno interno, tagliateli a fettine sottili e lasciateli a bagno in acqua acidulata con il succo di limone. Fateli brasare a fuoco molto dolce in un tegame con olio, il succo di un limone, sale e un poco d'acqua. A cottura ultimata, dopo circa 20-25 minuti, controllate che siano teneri, spegnete il fuoco e fateli raffreddare.

Setacciate la farina su un tagliere, formate una fontana e rompetevi dentro le uova con un pizzico di sale. Iniziate a lavorare la pasta, aggiungendo man mano il burro ammorbidito, fino a quando otterrete un composto morbido e ben amalgamato. Lasciatelo riposare per 30 minuti, coperto.

Trascorso questo tempo, con il matterello tirate la sfoglia abbastanza sottile, ponetevi nel centro un filetto di branzino, ricopritelo con la metà dei carciofi brasati, cospargeteli con il basilico tritato fate un altro strato di carciofi e coprite il tutto con l'altro filetto di branzino. Arrotolate la pasta attorno al ripieno, a formare un rotolo.

Imburrate una pirofila da forno, stendeteci il rotolo, ricopritelo con la besciamella e spolverizzatelo col pecorino. Infornate a caldo a 200° per 10-15 minuti, fino a quando vedrete che in superficie si è formata una crosticina dorata.

Sedanini alla panna e bottarga

Ingredienti per 4 persone:
400 g di sedanini
1 confezione di bottarga
1 confezione di panna da cucina
1 cipolla
50 g di burro
sale e pepe

Tritate finemente la cipolla e mettetela ad appassire nel burro a fuoco lentissimo. Non deve assolutamente prendere colore, altrimenti il gusto del piatto verrà alterato. Aggiungete la bottarga e stemperatela con la punta della forchetta. Lasciatela cuocere per 3-4 minuti, poi toglietela dal fuoco. Cuocete i sedanini in abbondante acqua salata, scolateli, conditeli con la panna, mescolando bene, infine aggiungete il sughetto di bottarga.

Spaghetti ai frutti di mare

Ingredienti per 4 persone:
400 g di spaghetti
400 g di vongole veraci
400 g di telline
400 g di cozze
400 g di gamberi
1 spicchio d'aglio
1 peperoncino rosso piccante
un ciuffo di prezzemolo
2 pomodori maturi
8 cucchiai di olio extravergine di oliva
sale

Mettete a bagno vongole e telline in acqua fredda salata per circa 2 ore, così da spurgarle della sabbia ed eventuali impurità. Scolatele e lavatele bene sotto il getto d'acqua fredda corrente. Spazzolate con cura le cozze, poi lavatele bene.

Versate in una padella capiente tutti i molluschi insieme con l'olio, l'aglio sbucciato e leggermente schiacciato, il peperoncino sminuzzato e il prezzemolo mondato, lavato e tritato finemente. Fate cuocere a fiamma viva fino a quando i molluschi si saranno tutti aperti. Gettate quelli eventualmente rimasti chiusi, quindi unite i gamberi, lavati e sgusciati. Aggiungete i pomodori, lavati e tagliati a dadini, e fate cuocere per 10 minuti.

Portate a ebollizione abbondante acqua, salatela e cuocete gli spaghetti. Scolateli quando saranno ancora al dente e versateli nella padella con i frutti di mare. Fate saltare il tutto per 2-3 minuti mescolando continuamente, togliete dal fuoco e servite subito, spolverizzando con prezzemolo tritato.

Spaghetti ai moscardini

Ingredienti per 4 persone:
400 g di spaghetti
600 g di moscardini
1/2 bicchiere di passata di pomodoro
4 cucchiai di olio extravergine d'oliva
1 cipolla
1 carota
1 costa di sedano
2 spicchi d'aglio
2 foglie di alloro
2 chiodi di garofano
1/2 bicchiere di Vermentino di Sardegna
sale e pepe

Tagliate a pezzi i moscardini, dopo averli ben puliti. Tritate finemente la cipolla, la carota, il sedano e l'aglio e metteteli in una padella con l'olio e i

Moule
Anguille
huitres
Cancre
Carpe
Raye
Saumon
morue
Solle

moscardini. Fate rosolare qualche minuto, quindi ricoprite il tutto con un poco di acqua calda e lasciate cuocere tenendo coperto per un'ora, aggiungendo di tanto in tanto qualche cucchiaio di vino. Quando i moscardini sono ben cotti, aggiungete le foglie di alloro e i chiodi di garofano. Salate leggermente e fate bollire ancora un po', tenendo scoperto, per far addensare la salsa. Cuocete gli spaghetti in abbondante acqua salata, scolateli bene, conditeli con il sugo di moscardini e servite subito.

Spaghetti al branzino in crema di rosmarino

Ingredienti per 4 persone:
400 g di spaghetti
400 g di polpa di branzino
1 rametto di rosmarino
2 scalogni
1 confezione di panna
1 cucchiaio di farina
30 g di burro
1 bicchiere di latte
sale

Fate tostare la farina in padella con una noce di burro e amalgamatela con il latte, mescolando bene con un cucchiaio finché raggiungerà la consistenza della besciamella; a questo punto incorporate la panna e continuate a mescolare bene. A parte tritate finissimamente il rosmarino e lo scalogno e uniteli alla salsa; amalgamate il tutto e riscaldate a fuoco basso per qualche minuto, aggiungendo altro latte se vi sembra che la crema sia troppo densa. Regolate di sale e di pepe.

In una padella a parte fate friggere nell'olio a fuoco molto allegro il branzino tagliato a cubetti piccoli, fino a quando sarà rosolato.

Portate a ebollizione abbondante acqua, salatela e cuocete gli spaghetti. Scolateli quando saranno ancora al dente e conditeli con il branzino rosolato e la salsa di rosmarino. Mescolate e servite.

Spaghetti all'astice con crema di peperoni

Ingredienti per 4 persone:
400 g di spaghetti
2 astici
1 cipolla
1 costa di sedano
1 carota
4 cucchiai di olio extravergine d'oliva
1/2 bicchiere di Vermentino di Sardegna
sale e pepe

Per la crema ai peperoni:
2 peperoni gialli
1 confezione di panna
un ciuffo di prezzemolo
2 spicchi d'aglio
2 cucchiai di passata di pomodoro
50 g di burro
sale e pepe

Per il court-bouillon:
30 g di burro
1 carota
1 cipolla
1/2 bicchiere di Vermentino di Sardegna
un ciuffo di prezzemolo
2-3 foglie di alloro
1 rametto di timo
sale e pepe in grani

Mettete in una pentola capiente gli ingredienti per il court-bouillon e portate a ebollizione.

Tuffatevi gli astici e, dalla ripresa del bollore, calcolate una cottura di circa 10 minuti. Appena saranno cotti, fateli raffreddare nel brodo, quindi aprite il carapace, recuperando tutta la polpa, anche quella contenuta nelle chele. In una padella fate rosolare nell'olio un trito fine di sedano, carota e cipolla, quando avrà preso colore mettete a insaporire la polpa dell'astice, salate, pepate, sfumando con il vino bianco. Lasciatelo evaporare e spegnete il fuoco.

In una pentolina fate sciogliere il burro e rosolate dolcemente un trito fine di aglio e prezzemolo, sale e pepe. Pulite i peperoni, togliendo semi e filamenti bianchi, e passateli al mixer. Unite la crema di peperoni al soffritto, fate asciugare l'acqua di vegetazione alzando il fuoco, salate, pepate e colorate con la passata di pomodoro. Lasciate cuocere una ventina di minuti. Quando la crema si sarà addensata, spegnete il fuoco e unite la panna.

Portate a ebollizione abbondante acqua, salatela e cuocete gli spaghetti. Scolateli quando saranno ancora al dente e conditeli con la salsa di peperone. Unite l'astice, mescolate e servite.

Spaghetti alla bottarga

Ingredienti per 4 persone:
400 g di spaghetti
1 confezione di bottarga
1 confezione di panna da cucina
1 cipolla
50 g di burro
sale e pepe

Tritate finemente la cipolla e mettetela ad appassire nel burro a fuoco lentissimo. Non deve assolutamente prendere colore, altrimenti il gusto del piatto verrà alterato. Aggiungete la bottarga e stemperatela con la punta della forchetta. Lasciatela cuocere per 3-4 minuti, poi toglietela dal fuoco. Cuocete gli spaghetti in abbondante acqua salata, scolateli, conditeli con la panna, mescolando bene, infine aggiungete il sughetto di bottarga.

Spaghetti alla bottarga, nocciole e olive nere

Ingredienti per 4 persone:
400 g di spaghetti
100 g di bottarga
50 g di nocciole
4 cucchiai di olio extravergine di oliva
una manciata di olive nere denocciolate
1 spicchio d'aglio
1 confezione di panna
1/2 bicchiere di Vermentino di Sardegna
un ciuffo di prezzemolo
sale e pepe

Tritate finemente la bottarga e le nocciole e, a parte, il prezzemolo.

In una padella con l'olio fate rosolare l'aglio intero schiacciato, unite metà del trito di bottarga e nocciole, sfumate con il vino bianco e fatelo evaporare. Togliete lo spicchio intero e unite le olive nere denocciolate e grossolanamente triturate e la panna.

Cuocete gli spaghetti in abbondante acqua salata, scolateli bene, conditeli con la salsa e mescolate bene. Spolverizzate la pasta con il resto del trito di bottarga e nocciole e il prezzemolo tritato prima di servire.

Spaghetti alla bottarga e vongole

Ingredienti per 4 persone:
400 g di spaghetti
600 g di vongole
100 g di bottarga
2 spicchi d'aglio
un ciuffo di prezzemolo
4 cucchiai di olio extravergine di oliva
sale

Lasciate a bagno per circa 2 ore le vongole in acqua salata per farle spurgare dalla sabbia. In una padella ampia fate soffriggere l'aglio tritato finemente in un filo d'olio, quindi aggiungete le vongole e fatele aprire a fiamma moderata. Eliminate le conchiglie chiuse, aggiustate di sale e spolverizzate di prezzemolo tritato finemente.

Lessate gli spaghetti in abbondante acqua bollente salata, scolateli al dente e saltateli in padella con le vongole. Servite la pasta ben calda ricoperta di bottarga sbriciolata.

Spaghetti alle vongole

Ingredienti per 4 persone:
400 g di spaghetti
1 kg di vongole
1 spicchio d'aglio
1/2 bicchiere di Vermentino di Sardegna
un ciuffo di prezzemolo
4 cucchiai di olio extravergine d'oliva
sale e un pizzico di peperoncino rosso piccante in polvere

Lavate le vongole e mettetele a spurgare in acqua salata, quindi lavatele sotto l'acqua corrente. Prendete una padella molto capiente e fate rosolare nell'olio l'aglio e il peperoncino. Non appena l'aglio avrà preso colore, versate le vongole. Mescolatele spesso e, quando saranno tutte aperte, sfumatele con il vino. Cuocete gli spaghetti in abbondante acqua salata, scolateli al dente, e versateli nella padella delle vongole. Fateli insaporire a fuoco vivace, cospargeteli di prezzemolo e servite subito.

Spaghetti allo scoglio

Ingredienti per 4 persone:
400 g di spaghetti
200 g di calamaretti
200 g di gamberi
300 g di cozze
200 g di vongole veraci
200 g di scampi piccoli
4 spicchi d'aglio
un ciuffo di prezzemolo
peperoncino piccante a volontà
1/2 bicchiere di Vermentino di Sardegna
1/2 bicchiere di olio extravergine di oliva
sale

In una padella fate soffriggere nell'olio l'aglio tritato e un pochino di peperoncino. Fate dorare per pochi istanti, quindi aggiungete un goccio di vino, i calamaretti, gli scampi ed il prezzemolo con una presa di sale. Lasciate cuocere per almeno 15 minuti. Fate aprire in un'altra padella i frutti di mare con olio, aglio tritato e il resto del vino. Dopo aver fatto cuocere in abbondante acqua bollente e salata gli spaghetti, scolateli al dente, poi fateli saltare nella padella con i calamaretti, i gamberi e gli scampi. Versate il tutto in un piatto da portata e guarnite con i frutti di mare e prezzemolo tritato.

Spaghetti con anguilla affumicata

Ingredienti per 4 persone:
400 g di spaghetti
1/2 bicchiere di olio extravergine d'oliva
2 spicchi d'aglio
200 g di anguilla affumicata
sale e pepe

S'anguidda affumnda, l'anguilla, pescata negli stagni del Sinis, viene conservata, ben pulita, privata della testa, sviscerata e filettata sotto sale per qualche giorno, quindi viene affumicata. Tradizionalmente si usa bruciare legna proveniente da piante della macchia mediterranea, il cui fumo dà all'anguilla un sapore caratteristico. L'anguilla viene poi conservata confezionata sottovuoto.

Tagliate a pezzetti piccoli i filetti di anguilla affumicata e metteteli a rosolare dolcemente nell'olio con gli spicchi d'aglio a fettine, sale e pepe.

Lessate gli spaghetti in abbondante acqua bollente salata, scolateli al dente e saltateli in padella con l'anguilla per farli insaporire bene. Mescolate e servite.

Spaghetti con calamari e funghi

Ingredienti per 4 persone:
400 g di spaghetti
50 g di funghi secchi
4 calamari
2 spicchi d'aglio
un ciuffo di prezzemolo
un pizzico di origano seccato
1 bicchiere di Vermentino di Sardegna
4 cucchiai di passata di pomodoro
un grosso pugno di pangrattato
10 cucchiai di olio extravergine di oliva
sale e pepe

Fate rinvenire i funghi secchi in acqua tiepida. Pulite accuratamente i calamari. Lasciate intere le sacche e tritate invece finemente i tentacoli, raccogliendoli in una terrina. Tritate anche l'aglio, il prezzemolo e i funghi ben lavati e strizzati e unite tutto ai tentacoli, insieme con l'origano e il pangrattato. Regolate di sale e di pepe e amalgamate con l'olio. Farcite le sacche dei calamari con il ripieno preparato, poi chiudete le aperture con uno stecchino o qualche punto di filo bianco.

Mettete il rimanente olio in una padella, adagiate i calamari farciti e fateli soffriggere, quindi sfumate con il vino nel quale avrete stemperato la passata di pomodoro. Lasciateli cuocere per circa 30 minuti a calore moderato, girandoli spesso. Se il sugo si dovesse addensare aggiungete un goccio d'acqua della bollitura della pasta.

Lessate gli spaghetti in abbondante acqua bollente salata, scolateli al dente e conditeli con il sughetto dei calamari. Servite un calamaro farcito a testa, posandolo sopra agli spaghetti.

Spaghetti con cozze e melanzane

Ingredienti per 4 persone:
400 g di spaghetti
800 g di cozze
1 melanzana
300 g di polpa di pomodoro
1 grossa cipolla
1 spicchio d'aglio
un ciuffo di basilico
4 cucchiai di olio extravergine di oliva
sale e peperoncino piccante

Raschiate bene le cozze, lavatele e mettetele ad aprire in una padella con un mestolo di acqua. Quando saranno aperte estraete i molluschi dal guscio e filtrate l'acqua di cottura.

Sbucciate la melanzana, tagliatela a rondelle e fate spurgare l'acqua di vegetazione col sale grosso. Preparate un trito di basilico e aglio: rosolatene metà in padella con l'olio e aggiungete le melanzane a cubetti. Quando iniziano a diventare tenere, abbassate il fuoco, aggiungete il pomodoro, la cipolla tritata, sale e un po' di peperoncino. Fate cuocere dolcemente per almeno 20 minuti, sfumando con l'acqua delle cozze. 5 minuti prima di spegnere il fuoco aggiungete i molluschi.

Cuocete gli spaghetti al dente, scolateli e fateli insaporire in padella col sugo, a fuoco vivace. Prima di servire cospargete con il rimanente trito di aglio e basilico.

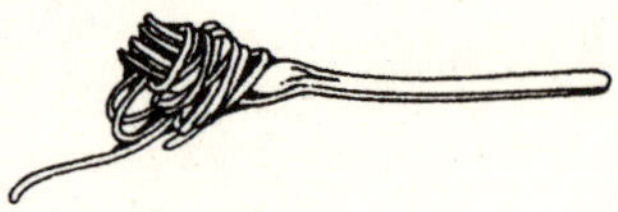

Spaghetti con cuore di tonno di Carloforte

Ingredienti per 4 persone:
400 g di spaghetti
100 g di cuore di tonno
2 spicchi d'aglio
un ciuffo di prezzemolo
1/2 bicchiere di olio extravergine d'oliva
1/2 bicchiere di Monica di Sardegna
sale e pepe

Il cuore di tonno è una specialità di Carloforte: appena pescato il pesce, si prende il cuore, si cosparge di sale, quindi viene pressato tra due tavole di legno e lasciato così per quasi un mese, poi viene fatto essiccare all'ombra per 3-4 giorni. Prima di usarlo bisogna reidratarlo, mettendolo a bagno in un poco di acqua tiepida.

Dopo avere reidratato il cuore del tonno, tagliatelo a pezzetti piccoli e mettetelo a soffriggere in padella con l'olio a fuoco dolce. Sfumate con il vino, salate e pepate.

Cuocete gli spaghetti al dente, scolateli e fateli insaporire in padella col cuore, a fuoco vivace. Prima di servire cospargete con un poco di prezzemolo tritato.

Spaghetti con granchi e pecorino

Ingredienti per 4 persone:
400 g di spaghetti
50 g di pecorino piccante grattugiato
1 kg di granchi
10 cucchiai di olio extravergine di oliva
sale e pepe nero

Lavate i granchi e lessateli in una pentola capiente con abbondante acqua salata. Cuoceteli per circa 20-25 minuti, scolateli, aprite il carapace ed estraete la polpa. Mettetela in una terrina e conditela con l'olio, sale e abbondante pepe nero macinato al momento.

Cuocete gli spaghetti al dente, scolateli e conditeli con il granchio, mescolando bene. Prima di servire cospargete con il pecorino piccante grattugiato.

Spaghetti con il tonno

Ingredienti per 4 persone:
400 g di spaghetti
1 spicchio d'aglio
2 acciughe salate
1 barattolo di pomodori pelati
300 g di tonno
4 cucchiai di olio extravergine d'oliva
un pizzico di origano
sale e pepe

Mettete in una casseruola un po' di olio con l'aglio, che toglierete appena avrà preso colore, aggiungete le acciughe dissalate, lavate, spinate e tagliate a pezzetti. Lasciatele cuocere a fuoco lento in modo che si disfino, quindi unite i pomodori pelati, tagliati a pezzetti. Fate cuocere a fuoco basso e, quando la salsa si sarà ben addensata, aggiungete il tonno, ben pulito, privato della pelle e tritato. Lasciate cuocere ancora al massimo 10 minuti, quindi salate poco, pepate e aggiungete l'origano.

Portate a ebollizione una pentola di acqua salata, cuocetevi gli spaghetti, scolateli al dente e conditeli con il sugo di tonno.

Spaghetti con melanzane, moscardini e ricotta salata

Ingredienti per 4 persone:
400 g di spaghetti
100 g di polpa di pomodoro
un ciuffo di basilico
2 melanzane
100 g di ricotta salata di pecora
250 g di moscardini
1/2 bicchiere di olio extravergine di oliva
sale e pepe

In una padella mettete 4-5 cucchiai di olio, il pomodoro, il basilico, sale e pepe, e fate rosolare il tutto a fiamma vivace, per far addensare il sughetto. Aggiungete i moscardini ben puliti e tagliati a pezzetti e fate cuocere a fuoco dolce per 15 minuti aggiungendo un goccio d'acqua di bollitura della pasta se si dovesse addensare troppo.

In una padella a parte friggete nel resto dell'olio le melanzane tagliate a dadini; quando saranno dorate e quasi abbrustolite toglietele con una schiumarola e fate scolare l'unto in eccesso su un foglio di carta assorbente da cucina. Cuocete gli spaghetti in abbondante acqua salata, scolateli al dente e conditeli con il sugo di moscardini, al quale all'ultimo minuto avrete aggiunto le melanzane. Cospargete il tutto con la ricotta salata sbriciolata, mescolate e servite.

Spaghetti con mosciame di tonno di Alghero

Ingredienti per 4 persone:
400 g di spaghetti
10 cucchiai di olio extravergine d'oliva
4 cucchiai di passata di pomodoro
200 g di mosciame di tonno di Alghero
1/2 bicchiere di Alghero DOC
sale e pepe

Il mosciame di tonno di Alghero è ottenuto con il filetto di tonno essiccato.
Prendete un'ampia ciotola e riempitela di acqua tiepida, quindi mettetevi a reidratare il filetto del tonno per un'oretta. Trascorso questo tempo, tagliatelo a fettine, poi a striscioline. Scaldate l'olio in una padella, mettetevi a soffriggere il mosciame, sfumate con il vino e fatelo parzialmente evaporare. Salate, pepate e aggiungete la passata di pomodoro.
Portate a ebollizione una pentola di acqua salata, cuocetevi gli spaghetti, scolateli al dente e conditeli con mosciame di tonno. Mescolate e servite.

Spaghetti con seppie, pomodoro e pecorino

Ingredienti per 4 persone:
400 g di spaghetti
450 g di seppioline
4 cucchiai di olio extravergine di oliva
1 bicchiere di Vermentino di Sardegna
8-10 pomodori secchi
1 cipolla
50 g di pecorino grattugiato
sale e pepe

Pulite le seppie tenendo da parte il sacchetto dell'inchiostro. Rosolate la cipolla finemente affettata nell'olio, quando sarà imbiondita unite le seppie, tagliate a striscioline, i pomodori secchi tagliati a pezzi piccoli, sale e pepe. Coprite e cuocete a fuoco dolce, mescolando, per 40 minuti, sfumando con i 3/4 del vino. A fine cottura unite il nero di seppia e il vino rimasto e fate addensare. Lessate gli spaghetti in abbondante acqua salata, scolateli al dente e conditeli con il sugo di seppie e pomodoro secco. Prima di servirli cospargeteli con il pecorino grattugiato.

Taddharini al sugo di scorfano

Ingredienti per 4 persone:
400 g di taddharini
1 scorfano
200 g di pomodori pelati
10 cucchiai di olio extravergine di oliva
1/2 bicchiere di Vermentino di Sardegna
2 spicchi d'aglio
un ciuffo di prezzemolo
sale e pepe

Questa pasta, tipica della Gallura, può essere sia di grano duro che all'uovo. Ha la forma di lasagnette sottili.
Pulite bene e filettate lo scorfano, conservando la testa e le lische. Scaldate l'olio in un tegame e fatevi soffriggere gli spicchi d'aglio schiacciati assieme alla testa e alle lische dello scorfano, fateli rosolare bene, sfumate con

il vino e, una volta evaporato, unite i pomodori spezzettati. Salate e lasciate cuocere per circa un quarto d'ora, quindi passate il sugo al setaccio. Raccoglietelo in una padella e fate alzare il bollore quindi unite i filetti di pesce, conditeli con sale e pepe e lasciateli cuocere per 5 minuti.

Lessate i taddharini in abbondante acqua bollente salata, scolateli al dente, versateli nella padella con il sugo e fateli saltare per qualche minuto. Serviteli con un filo di olio a crudo e prezzemolo tritato.

Taddharini alla menta e gamberetti

Ingredienti per 4 persone:
400 g di taddharini
un mazzetto di menta
300 g di gamberetti sgusciati
4 cucchiai di olio extravergine di oliva
sale e pepe

Portate a ebollizione una pentola con abbondante acqua, salatela e lessate i taddharini.

Mentre la pasta cuoce, fate appassire un trito di menta con l'olio, in una padella, e dopo pochi minuti aggiungete i gamberetti sgusciati. Scolate i taddharini al dente e fateli insaporire per un minuto nella padella con la menta, i gamberetti, sale e pepe.

Taddharini con gamberetti e capperi

Ingredienti per 4 persone:
400 g di taddharini
200 g di gamberetti sgusciati
una manciata di capperi salati
2 spicchi d'aglio
1 peperoncino piccante
1/2 bicchiere di olio extravergine di oliva
sale

Portate a ebollizione una pentola d'acqua salata, non appena bolle buttate i gamberetti e spegnete il fuoco, scolateli dopo 2 minuti e sgusciateli. A parte tritate l'aglio e mettetelo a soffriggere nell'olio con il peperoncino, assieme ai capperi, dissalati e tritati. Dopo 5 minuti aggiungete i gamberetti. A parte fate cuocere i taddharini in abbondante acqua salata, scolateli al dente e conditeli con questo sughetto profumatissimo, mescolando bene.

Taddharini con gamberi e peperoni

Ingredienti per 4 persone:
400 g di taddharini
1 peperone giallo
300 g di gamberi
2 cucchiai di passata di pomodoro
1 spicchio d'aglio
4 cucchiai di olio extravergine di oliva
un ciuffo di prezzemolo
sale e pepe nero

Tritate finemente aglio e prezzemolo e metteteli ad appassire nell'olio, quindi aggiungete il peperone, ben pulito e tritato, e lasciate evaporare l'acqua in eccesso. Unite il pomodoro, sale e pepe e fate addensare ancora la salsa. Sgusciate i gamberetti, uniteli al sugo e fateli cuocere per 5 minuti. Cuocete i taddharini in abbondante acqua salata, scolateli al dente, conditeli con il sugo di peperoni e gamberetti, quindi serviteli con pepe nero macinato al momento.

Taddharini con moscardini e totanetti

Ingredienti per 4 persone:
400 g di taddharini
400 g di pomodori freschi
300 g di moscardini
2 spicchi d'aglio
300 g di totanetti
4 cucchiai di olio extravergine di oliva
sale e pepe

Cuocete i moscardini e i totanetti, ben puliti e tagliati a pezzi, in padella con l'olio, facendoli rosolare. Tritate i pomodori assieme all'aglio. Cuocete i taddharini in abbondante acqua salata, scolateli al dente e conditeli con il trito a crudo di pomodori e aglio e con il soffritto di moscardini e totanetti.

Taddharini con ricotta e gamberetti

Ingredienti per 4 persone:
400 g di taddharini
400 g di gamberetti sgusciati
1/2 bicchiere di latte di capra
200 g di ricotta fresca
50 g di burro
noce moscata
sale e pepe

Lavorate la ricotta con un pizzico di noce moscata, il latte tiepido e il sale. Sbollentate per un minuto i gamberetti e uniteli alla ricotta, dopo averli triturati. Fate cuocere i taddharini in abbondante acqua salata e scolateli al dente. Versate i taddharini in una terrina e conditeli con la ricotta, i gamberetti, un pizzico di pepe e sale. Mescolate e aggiungete il burro fuso, quindi servite subito.

Taddharini con seppioline e polipetti

Ingredienti per 4 persone:
400 g di taddharini
300 g di seppioline
300 g di polipetti
1 scalogno
1/2 bicchiere di Vernaccia di Oristano
4 cucchiai di olio extravergine di oliva
un ciuffo di prezzemolo
sale e peperoncino

Privateте le seppioline della pellicina esterna e delle interiora; lavatele, scolatele, asciugatele e tagliatene una parte ad anelli. Pulite bene anche i polipetti e tagliateli a pezzi.

In un padella con l'olio e il peperoncino fate appassire lo scalogno tritato, aggiungete le seppioline, i polipetti e fateli insaporire per 2 minuti circa, mescolando di tanto in tanto. Insaporite quindi con sale e pepe, sfumate col vino e continuate la cottura per 7-8 minuti a fuoco dolce. Portate a ebollizione una pentola di acqua, salatela e fatevi cuocere i taddharini; scolateli al dente e versateli nella padella con il sugo di seppioline e polipetti, cospargete con il prezzemolo tritato e mescolate. Versate i taddharini sul piatto da portata e servite.

Taddharini con tonno e piselli

Ingredienti per 4 persone:
400 g di taddharini
200 g di tonno
una manciata di capperi salati
una manciata di mandorle
1 barattolo di pisellini
1 cipolla
sale e pepe

Soffriggete la cipolla tritata nell'olio, aggiungete i piselli con il loro liquido di conservazione e lasciateli stufare per una decina di minuti, quindi unite il tonno, ben pulito, privato della pelle e tagliato a pezzetti, sale e pepe.

Lessate i taddharini in abbondante acqua salata, scolateli al dente e conditeli con il sughetto di tonno e piselli. Prima di servire cospargete il tutto con un trito fine di mandorle e capperi.

Tagliatelle ai calamaretti con salsa di seppioline

Ingredienti per 4 persone:
400 g di tagliatelle
200 g di calamaretti
1 cipolla
2 spicchi d'aglio
200 g di seppioline
10 cucchiai di olio extravergine di oliva
un ciuffo di prezzemolo
sale e pepe

Pulite bene i calamaretti e tagliateli a pezzi, quindi fateli rosolare a fuoco allegro nella metà dell'olio, fino a quando saranno ben rosolati.

Tritate cipolla, aglio e prezzemolo e metteteli a rosolare nel rimanente olio con sale e pepe. Quando il soffritto sarà dorato, unite le seppioline ben pulite, sfumate col vino e portatele a cottura. Quando sentirete con i rebbi di una forchetta che sono tenere spegnete il fuoco, lasciate un poco intiepidire e frullate il tutto.

Cuocete le tagliatelle in abbondante acqua bollente salata, scolatele al dente, conditele con la salsa di seppioline, quindi servitele ricoperte di calamaretti.

Tagliatelle al tarantello

Ingredienti per 4 persone:
400 g di tagliatelle
200 g di tarantello
1 bicchiere di olio extravergine di oliva
un ciuffo di prezzemolo
2 spicchi d'aglio
sale e pepe

Considerata una delle parti più pregiate del tonno, il tarantello è la carne che circonda la spina dorsale.

Mettete l'olio in un'ampia padella e fate soffriggere dolcemente il tarantello, tagliato a pezzetti, condendolo con sale e pepe. Tritate finemente aglio e prezzemolo.

Cuocete le tagliatelle in abbondante acqua bollente salata, scolatele al dente, conditele con il tarantello, quindi servitele cosparse dal trito di aglio e prezzemolo.

Tagliatelle con mela e polipetti

Ingredienti per 4 persone:
400 g di tagliatelle
300 g di polipetti
2 piccole mele (mela 'e ferru)
il succo di 1 limone
1 spicchio d'aglio
un ciuffo di prezzemolo
3 scalogni
4 cucchiai di olio extravergine di oliva
sale e pepe

Pulite bene i polipetti, eliminando le teste e la pelle viscida, poi sciacquateli sotto l'acqua fredda corrente. Mescolate in una terrina i polipetti, le fettine delle caratteristiche mele' e ferru, con la buccia, il succo di limone, l'olio, l'aglio, il prezzemolo e gli scalogni finemente tritati. Coprite la terrina e mettete a marinare in frigorifero per almeno 2 ore. Togliete i polipetti dalla marinata, cuoceteli alla griglia o alla brace, e tenete da parte il condimento. Fate cuocere le tagliatelle in abbondante acqua bollente salata, scolatele al dente e conditele con i polipetti alla brace, cospargendo il tutto con la marinata. Mescolate, salate e pepate e servite.

Tagliatelle con seppie e carciofi

Ingredienti per 4 persone:
400 g di tagliatelle
300 g di seppie pulite
1 cipolla
3 carciofi
1 mestolo di brodo vegetale
1 bicchiere di Vermentino di Sardegna
4 cucchiai di olio extravergine d'oliva
sale e pepe

Tagliate le seppie ben pulite a listarelle sottili e stufatele, coperte, con la cipolla, 4 cucchiai d'olio e un poco di vino. Pulite i carciofi, eliminando le spine, le foglie dure esterne e il fieno. Tagliateli a fettine sottili e fateli cuocere, a fuoco lento, con mezzo bicchiere di vino, un mestolino di brodo, sale e pepe macinato al momento. A cottura completata, tenete da parte un terzo dei carciofi e frullate il resto, in modo da ottenere una salsa densa. Lessate le tagliatelle in abbondante acqua salata, scolatele al dente, quindi conditele con i carciofi stufati, la salsa, le seppie, sale e pepe macinato al momento e servite subito.

Tagliatelle piccanti all'aragostina

Ingredienti per 4 persone:
2 aragostine di circa 400-500 g l'una
2 cipolle
2 spicchi d'aglio
250 g di pomodori sardi maturi
4 cucchiai di olio extravergine di oliva
1 bicchiere di Vermentino di Sardegna
1 peperoncino piccante
2 foglie d'alloro
1 rametto di timo
sale e pepe

Portate a bollore una pentola con abbondante acqua salata e lessatevi le aragostine per 10 minuti, quindi scolatele e fatele raffreddare sotto l'acqua corrente. Sbucciate le cipolle e l'aglio e tritateli finemente. Scottate in acqua bollente i pomodori, pelateli, tagliateli in quarti e privateli dei semi, quindi sminuzzate la polpa.

Togliete la polpa dell'aragosta dal carapace e tagliatela a rondelle. Fate scaldare l'olio d'oliva in una padella e rosolatevi i pezzi di aragosta da ogni lato, a fuoco dolce, per alcuni minuti, dopodiché toglieteli dalla padella, nella quale metterete i carapaci insieme al trito di aglio e cipolla, fate soffriggere il tutto a fuoco basso per alcuni minuti, quindi aggiungete la polpa sminuzzata dei pomodori, l'alloro e il timo. Lasciate cuocere a calore moderato per 4-5 minuti, poi sfumate con il vino bianco e proseguite la cottura per altri 5 minuti. Al termine, insaporite con sale, un pizzico di peperoncino o il peperoncino fresco tritato, a scelta.

Passate il fondo di cottura al colino e rimettete il sughetto in padella, quindi ponete a scaldare i pezzetti di aragosta.

Lessate le tagliatelle in abbondante acqua salata, scolatele al dente, conditele con il sugo di aragostine piccanti e servite subito.

Trenette alla nuorese

Ingredienti per 4 persone:

400 g di trenette
16 sarde
50 g di burro
un ciuffo di prezzemolo
100 g di funghi freschi
1 panino raffermo
2 cipolle
1 costa di sedano
1 carota
2 spicchi di aglio
2 foglie di alloro
3 cipolle
50 g di pecorino piccante grattugiato
sale e pepe

Ponete in una pentola con un paio di litri di acqua una cipolla, il sedano, il prezzemolo, la carota, l'aglio, tutti tagliati a pezzetti, 50 g di funghi tritati, le foglie di alloro, sale e pepe e fatelo bollire pianissimo per un'ora, quindi passatelo al setaccio e mettetevi a cuocere le sarde ben pulite e filettate. Mettete in una casseruola il burro con la seconda cipolla e il prezzemolo finemente tritati, i restanti funghi tagliuzzati grossolanamente, sale e pepe e unitevi del pane raffermo inzuppato nel brodo delle sarde. Togliete i pescetti e sminuzzateli con la forchetta, quindi metteteli a insaporire assieme alle cipolle, alzate il fuoco e fate addensare il sugo. Lessate in abbondante acqua salata le trenette, scolatele al dente e conditele con la salsa di sarde. Spolverizzatele con pecorino piccante grattugiato prima di servirle.

Zuppa di aragosta

Ingredienti per 4 persone:

3 aragoste
250 g di pomodori sardi maturi
4 cucchiai di olio extravergine di oliva
1 cipolla
4 fette di pane abbrustolite
2 spicchi d'aglio
un ciuffo di prezzemolo
un pizzico di origano seccato
1 bicchiere di Alghero Torbato Spumante
sale e pepe

Lavate bene le aragoste, aprite il carapace ed estraete la polpa. Mettete il carapace in una pentola con l'olio, lasciate soffriggere e aggiungete un trito di cipolla, aglio e prezzemolo. Sfumate con il vino, poi unite i pomodori grossolanamente tritati. Salate, pepate, aggiungete mezzo litro di acqua e portate a bollore, lasciando cuocere una mezz'ora. Filtrate la zuppa e rimettetela nel tegame. Unite la polpa dell'aragosta tagliata a pezzetti piccoli e fatela insaporire per una decina di minuti.

Spolverizzate con prezzemolo tritato e portate in tavola la zuppa, accompagnandola con le fette di pane abbrustolite.

Zuppa di calamaretti all'uva appassita

Ingredienti per 4 persone:
100 g di uva appassita
800 g di calamaretti
250 g di pomodori sardi maturi
4 cucchiai di olio extravergine di oliva
1 l di brodo vegetale
2 spicchi d'aglio
sale e pepe
crostoni di pane abbrustolito

Pulite accuratamente i calamaretti, lavateli sotto l'acqua corrente, metteteli ad asciugare su un canovaccio pulito e tagliateli a pezzetti. Scottate i pomodori in acqua bollente, scolateli e lasciateli intiepidire, poi pelateli e riduceteli in filetti, eliminando i semi. Fate scaldare l'olio in un tegame e ponetevi ad imbiondire l'aglio, unite i pomodori, sale e un pizzico di pepe. Dopo circa 10 minuti di cottura a calore moderato, unite i calamaretti, l'uva appassita e lasciate stufare il tutto dolcemente, sfumando con il brodo vegetale e mescolando. Dopo circa 1 ora di cottura, frullate il tutto con un frullatore a immersione e servite la zuppa eventualmente accompagnandola con crostoni di pane abbrustolito.

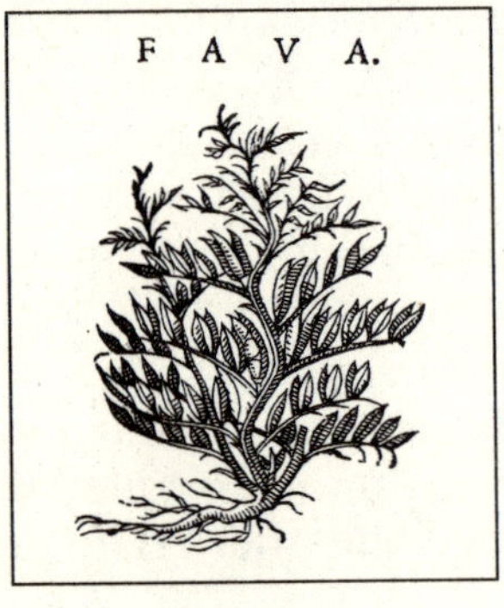

Zuppa di fave e acciughine alla sarda

Ingredienti per 4 persone:
500 g di fave secche
500 g di acciughine
4 cucchiai di olio extravergine di oliva
2 cipolle
1 cucchiaio di conserva di pomodoro
1 peperoncino piccante
sale
crostoni di pane abbrustolito

Mettete a bagno le fave secche almeno un giorno e una notte prima di cucinarle. Ponetele in una pentola capiente, copritele di acqua fredda e lasciatele cuocere per almeno 2 ore. Tritate con la mezzaluna le cipolle e fatele soffriggere nell'olio. Quando il soffritto sarà dorato aggiungete le acciughine, ben pulite, lavate, sviscerate e filettate e fatele rosolare 5 minuti, poi unite il pomodoro e il peperoncino e lasciate cuocere per circa 10 minuti. Quando le fave saranno tenere, unite il sugo, lasciate insaporire almeno una mezz'ora, poi servite. Si può servire questa zuppa in scodelle nelle quali sia stato messo pane abbrustolito sfregato di aglio.

Zuppa di patate e cozze

Ingredienti per 4 persone:
1,5 l di brodo vegetale
800 g di patate
800 g di cozze
80 g di burro
1 scalogno
4 fette di pane casereccio
sale e pepe bianco

Fate bollire il brodo in una capace pentola, unitevi le patate sbucciate e tagliate a tocchetti e lasciatele cuocere.

Pulite e raschiate le cozze e fatele aprire in padella con un mestolo d'acqua. Quando le conchiglie saranno aperte, estraete i molluschi e filtrate il sughetto di cottura.

Nel frattempo friggete le fette di pane in circa 60 g di burro assieme allo scalogno tritato e disponete ogni fetta nelle singole fondine.

Appena le patate saranno cotte, toglietele dal recipiente e passatele allo schiacciapatate. Poi versate la purea nella pentola, unite l'acqua di cottura delle cozze, i molluschi, salate leggermente, insaporite con un po' di pepe bianco, aggiungete una noce di burro e mescolate con cura. Lasciate cuocere al massimo per 5 minuti. Infine servite la zuppa sulle fette di pane precedentemente fritte.

Zuppa di pesce alla cagliaritana

Ingredienti per 4 persone:
300 g di cefalo
300 g di anguilla
300 g di sarago
300 g di seppie
300 g di granchi
300 g di scorfano
1 cipolla
2 spicchi d'aglio
un ciuffo di prezzemolo
10 pomodori secchi
4 cucchiai di olio extravergine di oliva
1 bicchiere di Vermentino di Sardegna
sale e pepe

Pulite il pesce e tagliate a pezzettini quello più grande. Fate ammorbidire in acqua tiepida i pomodori e poi tritateli. Tritate anche il prezzemolo, la cipolla e l'aglio. Mettete in una casseruola la cipolla, metà del prezzemolo, i pomodori e l'olio. Fate rosolare a fuoco medio per 10 minuti, quindi unite il vino e fatelo evaporare. Aggiungete il pesce, cominciando da quello che necessita di una cottura più lunga. Fatelo cuocere 20 minuti, poi aggiungete il resto del pesce, coprite con 2 o 3 mestoli di acqua calda, salate, pepate e proseguite la cottura per 10 minuti. Filtrate il brodo e tenete in caldo la zuppa. Disponetela nelle ciotole, cospargetela con prezzemolo tritato e servite.

Zuppa di pesce dell'Ogliastra

Ingredienti per 4 persone:
2 kg di pesce vario (gronghi, cappone, sanpietro, scorfani, triglie, saraghi, polipi, seppie, cozze, arselle,) gamberetti, gamberoni ecc.)
2 spicchi di aglio
un ciuffo di prezzemolo
250 g di pomodori sardi maturi
1 bicchiere di Vermentino di Sardegna
10 cucchiai di olio extravergine di oliva
1 cipolla
1 carota
1 costa di sedano
sale e pepe
8 fette di pane casereccio abbrustolito

Pulite il pesce, svisceratelo, filettatelo e tenetelo da parte. Pulite le seppie, togliendo il sacchetto del nero, gli occhi e l'osso. Spazzolate bene le cozze e mettetele ad aprire, assieme alle arselle in una padella con un mestolo di acqua, quindi estraete i molluschi dalle conchiglie. Sgusciate i gamberetti e i gamberoni.

In una pentola capiente, preferibilmente di coccio, mettete l'olio e fate rosolare un trito di aglio, sedano, carota e cipolla; quando sarà dorato unite i polipi e i calamari, tagliati a pezzetti, poiché sono i più duri da cuocere. Sfumate con il vino e lasciatelo parzialmente evaporare, quindi unite i pomodori triturati grossolanamente. Regolate di sale e pepe e lasciate sobbollire per circa 20 minuti. Unite gli altri pesci, tenendo per ultimi i molluschi e i gamberi.

Fate cuocere, a fiamma dolce, per altri 30 minuti e poco prima di servire aggiungete un trito di prezzemolo e aglio. Accompagnate con le fette di pane abbrustolito.

Zuppa di pesce di Castelsardo

Ingredienti per 4 persone:
4 tranci di tonno
4 seppie
10-12 gamberi
800 g di cozze
un ciuffo di prezzemolo
250 g di pomodori sardi maturi
1 peperoncino rosso
10 cucchiai di olio extravergine di oliva
1 cipolla
sale
fette di pane abbrustolite

Private il tonno della pelle e tagliatelo a bocconi. Pulite bene le seppie e tagliatele a striscioline. Togliete il carapace ai gamberi. Fate aprire le cozze in una padella con un mestolo di acqua, togliete i molluschi dalle conchiglie e filtrate il sughetto di cottura.

In una pignatta, possibilmente di terracotta, fate rosolare nell'olio la cipolla tritata con il peperoncino e, quando sarà dorata, aggiungete i pomodori a dadini. Regolate di sale e unite circa un litro di acqua. Quando prenderà il bollore unite prima le striscioline di seppie, dopo circa 10 minuti il tonno, e per

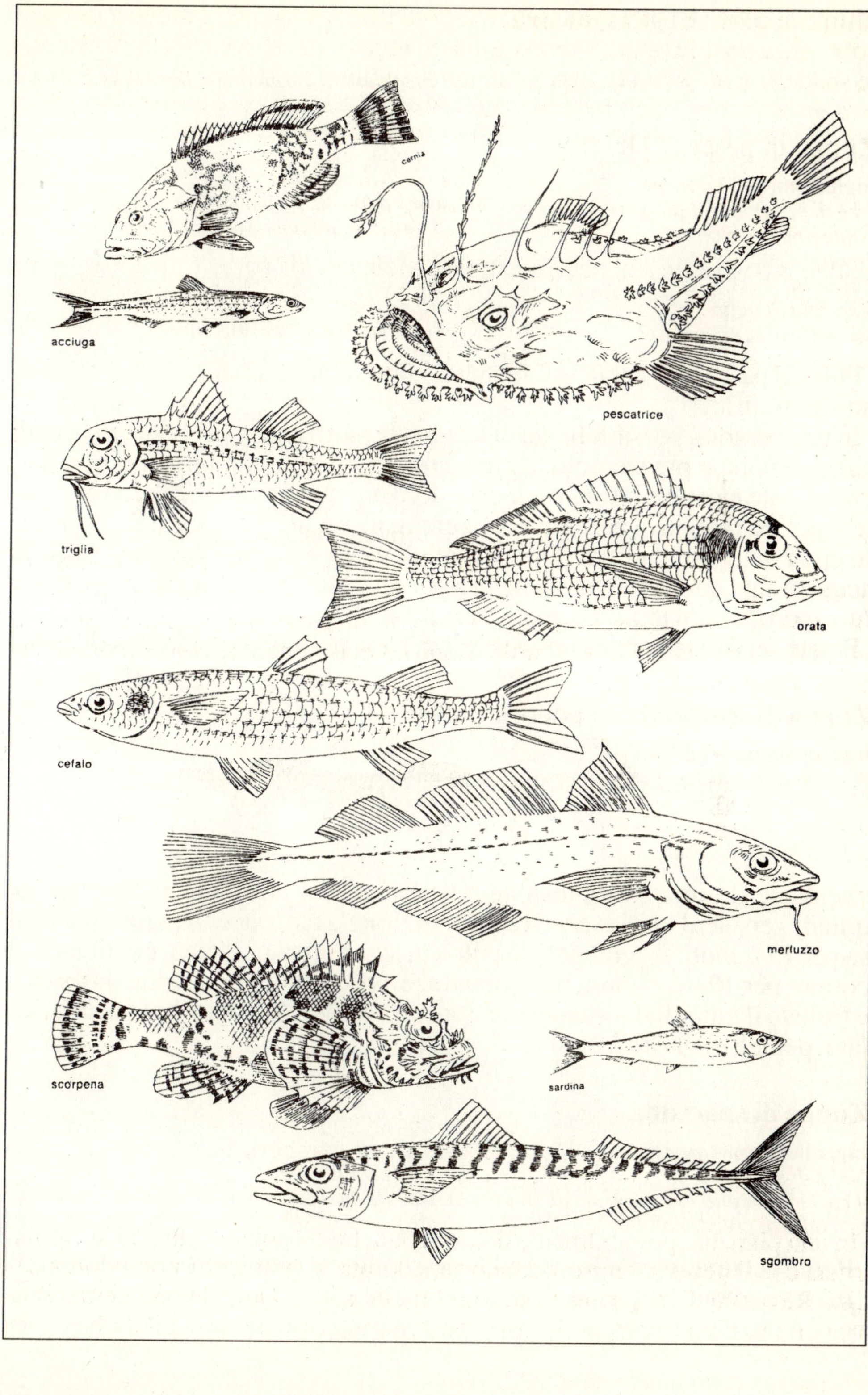
cernia
acciuga
pescatrice
triglia
orata
cefalo
merluzzo
scorpena
sardina
sgombro

ultime le cozze e i gamberi tagliati a rondelle. Abbassate il fuoco e lasciate sobbollire per mezz'ora. Abbrustolite le fette di pane, ponetele nelle singole scodelle e servitevi la zuppa fumante, aggiungendo il prezzemolo tritato.

Zuppa di pesce di Oristano

Ingredienti per 4 persone:
1 kg di pesce da zuppa (grongo, sarago, muggine, scorfano)
1 polipo
1 cipolla
3 spicchi di aglio
un ciuffo di prezzemolo
1 bicchiere di Vernaccia di Oristano
250 g di pomodori sardi maturi
4-5 foglie di basilico
4 cucchiai di olio extravergine di oliva
sale e pepe
crostoni di pane abbrustolito

Pulite il pesce, svisceratelo e filettatelo. Pulite bene il polipo e battetelo per ammorbidirlo.

In una pentola, possibilmente di terracotta, soffriggete nell'olio un trito di aglio, cipolla e prezzemolo. Appena imbiondisce unite i pomodori a tocchetti, sale e pepe e lasciate cuocere dolcemente per circa 20 minuti. Unite il polipo tagliato a pezzettini e aggiungete un litro di acqua. Fate cuocere circa mezz'ora, quindi unite i filetti di pesce e il vino. Aggiungete altra acqua e fate sobbollire dolcemente per almeno un'ora. Appena spento il fuoco profumate la zuppa con un trito fine di basilico.

Potete servire la zuppa con crostoni di pane abbrustolito sfregati di aglio.

Zuppa di scorfano con porro e basilico

Ingredienti per 4 persone:
800 g di polpa di scorfano
50 g di burro
4 porri
1,5 l di brodo vegetale
un grosso ciuffo di basilico
1 confezione di panna
sale e pepe

Scaldate il burro in un tegame e soffriggete il porro finemente tritato, quindi versate il brodo, portate a ebollizione e fate cuocere a fiamma bassa per 15 minuti. Aggiungete la polpa di scorfano a pezzetti e continuate la cottura per 10-15 minuti, mescolando. Togliete dal fuoco, unite il basilico e frullate il tutto fino a ottenere una salsa cremosa. Incorporate la panna, salate, pepate e servite.

Zuppa di sparedda

Ingredienti per 4 persone:
500 g di sparedda
4 cucchiai di olio extravergine di oliva
un ciuffo di prezzemolo
2 spicchi d'aglio
sale e pepe

Pulite accuratamente la sparedda, togliendo le interiora e filettandola.

In una pentola, meglio se di terracotta, fate soffriggere nell'olio un trito fine di aglio e prezzemolo, quindi unite la polpa del pesce e fatela rosolare.

Eperlan.
Raye
Huitre
Mulet
Thon
Garden

Bagnate il tutto con due litri di acqua e fate sobbollire a fuoco dolce per circa mezz'ora. Regolate di sale e pepe, mescolate e servite.

Zuppa di vongole e aglio

Ingredienti per 4 persone:
2 kg di vongole
8 cucchiai di olio extravergine di oliva
8 spicchi d'aglio
un ciuffo di prezzemolo
4 fette di pane abbrustolito
1 l di brodo vegetale
sale e pepe

Fate spurgare le vongole per un paio d'ore in acqua salata, quindi mettetele in un'ampia padella con un filo di olio e fatele aprire. Togliete le conchiglie ed estraete i molluschi. Filtrate il sughetto di cottura.

In una pentola mettete il resto dell'olio e fate rosolare l'aglio tritato finemente. Prima che diventi dorato aggiungete le vongole, fatele insaporire, quindi unite il brodo e portate a ebollizione. Prima di servire cospargete con il prezzemolo tritato, sale e pepe. Accompagnate con il pane abbrustolito.

Zuppa saporita di calamaretti

Ingredienti per 4 persone:
800 g di calamaretti
8 cucchiai di olio extravergine di oliva
2 spicchi d'aglio
250 g di pomodori sardi maturi
1 peperoncino piccante
25 g di pinoli
25 g di uvetta sultanina
una grossa manciata di olive verdi denocciolate
crostoni di pane
sale e pepe

Pulite, lavate, asciugate i calamaretti, quindi tagliateli ad anelli. Ponete sul fuoco un grosso tegame con l'olio e gli spicchi d'aglio grossolanamente tritati. Fateli rosolare e, prima che diventino dorati, unitevi i pomodori a dadini e alzate il fuoco per far evaporare l'acqua di vegetazione. Salate, aggiungete peperoncino piccante a piacere, quindi unite i pinoli tritati, l'uvetta, che avrete fatto rinvenire in acqua tiepida, e le olive denocciolate e tritate. Fate cuocere per qualche minuto, quindi aggiungete i calamaretti, mettete il coperchio e lasciate cuocere a fuoco moderato, per circa 1 ora. Servite la zuppa con crostoni di pane fritto o abbrustolito.

Secondi piatti

67 Pescatore.

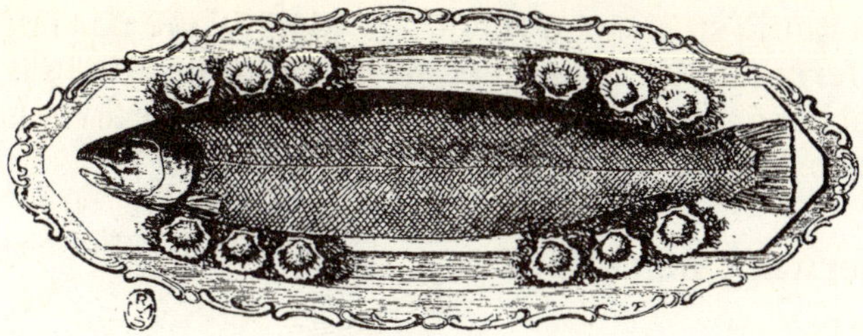

Acciughe alla ricotta di pecora

Ingredienti per 4 persone:
800 g di acciughe grandi
un ciuffo di prezzemolo
300 g di ricotta di pecora
50 g di pecorino stagionato grattugiato
un grosso pugno di pangrattato
8 cucchiai di olio extravergine di oliva
2 spicchi di aglio
sale e pepe

Pulite le acciughe, privandole della testa e delle interiora e filettandole. Tritate finemente aglio e prezzemolo. Ungete una pirofila da forno e sistematevi le acciughe. In una ciotola amalgamate la ricotta di pecora con il trito di aglio e prezzemolo e insaporite con sale e pepe. Ricoprite le acciughe con la ricotta. Cospargetele con il pecorino grattugiato mischiato al pangrattato. Preriscaldate il forno a 180° e fatele cuocere per 20-25 minuti, fino a quando vedrete che in superficie si è formata una crosticina dorata.

Acciughe fresche al finocchietto selvatico

Ingredienti per 4 persone:
16 grandi acciughe fresche
4 cucchiai di olio extravergine di oliva
un ciuffo di finocchietto selvatico
1/2 bicchiere di Vermentino di Sardegna
1 spicchio d'aglio
sale e pepe

Togliete le lische e le interiora alle acciughe, filettatele, lavatele e mettetele in una padella con 4 cucchiai d'olio, lasciandole rosolare per una decina di minuti, poi unite l'aglio e il finocchietto tritati, sfumate con il vino e insaporite con sale e pepe. Fate cuocere per altri 5 minuti a fiamma alta per far evaporare il vino e servite.

Acciughe ripiene

Ingredienti per 4 persone:
20 acciughe
2 pugni di mollica di pane inzuppata nel latte
50 g di burro
un ciuffo di prezzemolo
un pizzico di origano
qualche foglia di salvia
sale e pepe

Pulite le acciughe, evisceratele e filettatele. In una ciotola unite la mollica di pane ben strizzata, il burro ammorbidito, l'origano, il prezzemolo, il sale ed il pepe e amalgamate bene il tutto.

Disponete la farcia su ciascun filetto, dividendola in parti uguali. Arrotolate i filetti e fermateli con uno stecchino, quindi infarinateli leggermente e friggeteli nel burro con le foglie di salvia, fino a quando non avranno preso un bel colore dorato. Serviteli ben caldi.

Alici in tortiera al pangrattato

Ingredienti per 4 persone:
800 g di alici
4 cucchiai di olio extravergine di oliva
un ciuffo di prezzemolo
2 spicchi d'aglio
un pizzico di origano seccato
un grosso pugno di pangrattato
1 limone
sale e pepe

Tritate finemente aglio e prezzemolo. Togliete la testa alle acciughe, levate delicatamente le interiora e la lisca, lavatele e asciugatele. Ungete con l'olio una tortiera larga, spolverizzatela con il pangrattato e disponetevi uno strato di acciughe aperte; distribuite un po' di trito di prezzemolo e aglio, un pizzico di origano, pangrattato, sale e pepe. Continuate fino a esaurimento degli ingredienti, terminando con il pangrattato. Irrorate col succo di limone e fate cuocere in forno già caldo a 200° per circa mezz'ora, fino a quando vedrete che si è formata una crosticina dorata.

Anguilla ai ferri di Santa Giusta

Ingredienti per 4 persone:
800 g di anguilla
200 g di farina di mais o semola grossa
1/2 bicchiere di aceto di vino bianco
4 cucchiai di olio extravergine di oliva
sale e pepe

Lavate l'anguilla, strofinandola con farina di granoturco o semola grossa bagnata nell'aceto per togliere il viscidume, poi sciacquatela sotto acqua corrente. Tagliatela a pezzi di circa 5 cm senza togliere la pelle ed aprite i pezzi per togliere la lisca centrale. Cuocete l'anguilla alla brace o su una griglia arroventata, spennellandola con l'olio. Prima di servire togliete la pelle, spennellate ancora con un po' di olio, salate e pepate.

Anguilla ai funghi

Ingredienti per 4 persone:
800 g di anguilla
100 g di pancetta affumicata
200 g di funghi freschi
1/2 bicchiere di Vermentino di Sardegna
100 g di pomodori sardi maturi
1 carota
1 cipolla
2 spicchi d'aglio
4 cucchiai di olio extravergine di oliva
sale e pepe

Per il court-bouillon:
1 carota
1 cipolla
1 costa di sedano
1/2 bicchiere di Vermentino di Sardegna
un ciuffo di prezzemolo
2-3 foglie di alloro
sale e pepe in grani

Mettete in una pentola capiente gli ingredienti per il court-bouillon e

Una donna in costume sardo. Incisione tratta da Gaston Vuillier, Les Iles Oubliées, *Parigi, 1893.*

portate a ebollizione, lasciando cuocere per circa 15 minuti. Tuffateci dentro l'anguilla spellata, pulita e tagliata a tocchi di circa 5 cm e lasciatela cuocere per 10 minuti o più, a seconda delle dimensioni, quindi spegnete il fuoco e fatela raffreddare nel brodo.

In una padella scaldate 4 cucchiai d'olio, fate rosolare un trito fine di carota e cipolla e, quando sarà dorato, aggiungete i funghi, ben puliti e tagliati a fettine, la pancetta affumicata tagliata a dadini e l'aglio tritato. Lasciate soffriggere per 10 minuti, quindi aggiungete i pomodori grossolanamente tritati, alzando il fuoco perché evapori la loro acqua di vegetazione. Bagnate con un mestolo di court-bouillon filtrato e sfumate con il vino, salate e pepate. Mettete l'anguilla nel sugo, lasciatela insaporire per 10 minuti e servite.

Anguilla ai peperoni

Ingredienti per 4 persone:
800 g di anguilla
2 peperoni gialli
1 bicchiere di Vermentino di Gallura
2 spicchi d'aglio
250 g di pomodori sardi maturi
sale e pepe

Pulite bene l'anguilla, togliete la pelle e tagliatela a pezzi di circa 5 cm. In una padella fate rosolare l'aglio a fettine nell'olio e, prima che diventi dorato, aggiungete i pezzi di anguilla, salate e pepate, sfumate col vino. Lasciate evaporare parzialmente, quindi aggiungete i pomodori tagliati a pezzetti. Alzate il fuoco per far evaporare l'acqua di vegetazione. Pulite i peperoni, togliendo i semi e i filamenti bianchi e tagliateli a falde. Aggiungeteli all'anguilla, abbassate il fuoco e lasciate stufare il tutto per circa mezz'ora.

Anguilla alla cacciatora

Ingredienti per 4 persone:
800 g di anguilla
4 cucchiai di olio extravergine di oliva
qualche foglia di salvia
1 rametto di rosmarino
1/2 bicchiere di Cannonau
1 barattolo di pomodori pelati
2 spicchi d'aglio
sale e pepe

Pulite, spellate, lavate e tagliate a pezzi di circa 5-6 cm l'anguilla, quindi fatela rosolare in una padella con olio, sale e pepe, aglio a fettine, rosmarino e salvia.

Lasciate cuocere per una decina di minuti, finché non vedrete che assume un colore dorato, quindi sfumate con il vino e lasciatelo evaporare. Aggiungete i pomodori, alzate il fuoco, fate addensare la salsa e servite.

Anguilla alla Malvasia di Cagliari

Ingredienti per 4 persone:
800 g di anguilla
10-12 foglie di alloro
1/2 l di Malvasia di Cagliari
sale e pepe

Pulite e spellate l'anguilla, lavatela, asciugatela e tagliatela a pezzi da 5 cm circa. Preriscaldate il forno a 180°. Ricoprite con foglie di alloro il fondo di una teglia larga e bassa che possa contenere i pezzi di anguilla in un solo strato. Sistematevi sopra il pesce, salate, pepate e versatevi il vino.

Cuocete in forno per circa 45 minuti senza mai mescolare. Spegnete il fuoco, lasciate riposare una decina di minuti, poi servite.

Anguilla alla maniera di Cabras

Ingredienti per 4 persone:
800 g di anguilla
4 cipolle
2 spicchi d'aglio
4 cucchiai di olio extravergine di oliva
1/2 bicchiere di aceto di vino bianco
250 g di pomodori sardi maturi
sale e pepe

Pulite l'anguilla, spellatela, lavatela e tagliatela a pezzi di circa 5 cm. Tritate finemente cipolla e aglio e metteteli a soffriggere nell'olio in un'ampia padella. Unite i pezzi di anguilla e sfumate con l'aceto, lasciandolo evaporare. Unite i pomodori sardi a pezzetti e alzate il fuoco per far evaporare l'acqua di vegetazione. Salate e pepate.

Lasciate cuocere a fuoco basso per 30 minuti, quindi servite.

Anguilla alla nuorese

Ingredienti per 4 persone:
800 g di anguilla
2 spicchi di aglio
250 g di pomodori sardi maturi
un ciuffo di prezzemolo
100 g di farina
un ciuffo di basilico
10 cucchiai di olio extravergine di oliva
sale e pepe

Pulite le anguille, spellatele e tagliatele a pezzi di circa 5 cm.

In una padella scaldate l'olio, fate rosolare i pezzi di anguilla infarinati, girandoli più volte per farli dorare in modo uniforme. Una volta cotti, toglieteli e teneteli al caldo. Mettete altro olio nella padella e fate rosolare un trito fine di aglio e prezzemolo. Quando avrà preso colore unite i pomodori tagliati a dadini, regolate di sale e pepe e fate evaporare a fiamma alta l'acqua di vegetazione, fino a quando il sugo si sarà addensato. Rimettete l'anguilla a insaporire e fatela cuocere 10 minuti. Prima di servire cospargete il tutto con il basilico spezzettato con le dita.

Anguilla in salsa di acetosella

Ingredienti per 4 persone:
800 g di anguilla
1/2 bicchiere di Vermentino di Sardegna
1 tuorlo d'uovo
1 limone
50 g di burro
1 cucchiaio di fecola o farina
1 cipolla
un ciuffo di prezzemolo
un grosso ciuffo di acetosella
sale e pepe

Pulite e spellate l'anguilla, lavatela bene, tagliatela a pezzetti di circa 4-5 cm e soffriggeteli in una padella con una noce di burro fino a quando saranno dorati. Salate e pepate. Toglieteli e metteteli da parte, tenendoli al caldo. Nella stessa padella fate soffriggere dolcemente un trito di prezzemolo, acetosella e cipolla. Cuocete a fuoco basso per 5 minuti, quindi sfumate con il vino, rimettete a insaporire i pezzi di anguilla e lasciate cuocere ancora per 5 minuti. Legate la salsa con il tuorlo d'uovo sbattuto, una punta di fecola e il succo del limone. Mescolate e servite.

Anguilla marinata in graticola

Ingredienti per 4 persone:
1 anguilla di almeno 1 kg
2 spicchi d'aglio
1 limone
1 bicchierino di brandy
2 bicchieri di Vermentino di Gallura
2 foglie di alloro
1 rametto di rosmarino
5-6 foglie di salvia
10 cucchiai di olio extravergine di oliva
sale e pepe

Lavate l'anguilla, asciugatela e tagliatela a pezzi di 6-7 cm senza spellarla. In una ciotola capiente unite l'olio, il brandy, il succo del limone, pepe e sale. Immergete nella marinata l'anguilla, unite l'aglio a fettine, l'alloro, il rosmarino e la salvia grossolanamente tritati e ricoprite con il vino. Scolate i pezzi di anguilla e cuoceteli alla brace o sulla graticola molto calda per 10-15 minuti girandoli delicatamente e spennellandoli continuamente con la marinata. Serviteli caldissimi.

Anguilla ripiena di Oristano

Ingredienti per 4 persone:
una grande anguilla, di circa 1,5 kg
300 g di tonno
2 spicchi d'aglio
3 fette di pancarré
1/2 bicchiere di latte
1 uovo
50 g di pecorino stagionato grattugiato
un ciuffo di prezzemolo
1 cipolla
1 costa di sedano
1 carota
un pizzico di maggiorana seccata
1/2 bicchiere di Vermentino di Sardegna
50 g di burro
sale e pepe

Fate soffriggere in un tegame con burro e olio un trito fine di cipolla, sedano, carota e aglio. Quando sarà dorato unite il tonno, privato della pelle e grossolanamente sminuzzato, e sfumate con il vino. Fate cuocere a fiamma alta per pochi minuti, poi spegnete il fuoco e lasciate raffreddare. Sistemate in una terrina il composto di tonno, aggiungete il pecorino stagionato grattugiato, l'uovo, il pancarré ammollato nel latte e strizzato. Insaporite con il prezzemolo, la maggiorana, sale e pepe e impastate bene il tutto.

Pulite accuratamente l'anguilla, svisceratela, togliete la spina e farcitela con il ripieno. Cucite l'apertura con un poco di filo bianco. Mettete un goccio di olio in una teglia da forno, disponetevi sopra l'anguilla e lasciatela cuocere in forno preriscaldato a 200° per un'ora circa, girandola un paio di volte e sfumandola col vino se si dovesse seccare troppo. Servitela calda tagliata a pezzi, irrorandola col sughetto di cottura.

Anguilla stufata nel coccio

Ingredienti per 4 persone:
800 g di anguilla
50 g di burro
1 limone
1 bicchiere di Nuragus di Cagliari
un grosso pugno di pangrattato
un ciuffo di prezzemolo
sale e pepe nero

Pulite l'anguilla, lavatela, svisceratela, spellatela e tagliatela a pezzi di circa 5 cm. Salatela e mettetela in una pentola di coccio con 50 g di burro a pezzetti, il succo di un limone, il vino e 1/2 bicchiere d'acqua, un grosso pugno di pangrattato e un pizzico di pepe nero. Mettete il coperchio e lasciatela cuocere a fuoco lentissimo per un'ora almeno, mescolando ogni tanto. Se si dovesse seccare troppo sfumate con un poco di brodo vegetale.

Prima di servire cospargetela di prezzemolo tritato.

Aragosta ai peperoni verdi

Ingredienti per 4 persone:
2 aragoste
4 cucchiai di olio extravergine di oliva
1 cipolla
2 peperoni verdi
un ciuffo di prezzemolo
2 bustine di zafferano di Sardegna
1/2 bicchiere di Vermentino di Sardegna
sale e pepe

Per il court-bouillon:
30 g di burro
1 carota
1 cipolla
1/2 bicchiere di Vermentino di Sardegna
un ciuffo di prezzemolo
2-3 foglie di alloro
1 rametto di timo
sale e pepe in grani

Mettete in una pentola capiente gli ingredienti per il court-bouillon e portate a ebollizione. Tuffateci dentro le aragoste e lasciatele cuocere una ventina di minuti, quindi lasciatele raffreddare nel liquido. Quando saranno fredde scolatele, aprite i carapaci con un coltello molto affilato ed estraete la polpa, che taglierete a pezzi.

Tritate finemente la cipolla. Private dei semi e dei filamenti bianchi i peperoni e tagliateli a listarelle. Tritate i pomodori. In una padella scaldate l'olio e soffriggete i pezzi di aragosta a fuoco piuttosto vivace. Salate e pepate e toglieteli quando vedrete che prendono colore. Nello stesso olio fate dorare la cipolla, poi unite i peperoni e i pomodori. Dopo 5 minuti aggiungete il prezzemolo tritato, il vino bianco, lo zafferano, e fate stufare a fuoco moderato per una ventina di minuti. Rimettete nella padella le aragoste, lasciatele insaporire per altri 10 minuti e servite.

Aragosta al Filu 'e Ferru

Ingredienti per 4 persone:
2 aragoste
2 bicchieri di Filu 'e Ferru
50 g di burro
sale e pepe

Legate le aragoste, ben pulite, e fatele lessare in acqua bollente salata per 10 minuti. Scolatele bene, con un coltello molto affilato dividetele a metà per il senso della lunghezza, quindi fatele cuocere sulla brace o su una griglia arroventata, con il guscio dalla parte del fuoco, e ungetele a poco a poco con pezzettini di burro. Quando saranno cotte disponetele su un piatto da portata ed irroratele abbondantemente di Filu 'e Ferru, date fuoco e servite.

Aragosta al mirto

Ingredienti per 4 persone:
2 aragoste
1 confezione di panna
50 g di burro
1 scalogno
un ciuffo di prezzemolo
1 bicchierino di liquore al mirto
sale e pepe

Pulite bene le aragoste, lavatele e, con un coltello molto affilato, tagliatele a metà per il lungo.

Sciogliete il burro in una larga padella e fatevi appassire lo scalogno tritato poi unite le code delle aragoste con il carapace verso il basso. Irrorate con la panna, coprite e cuocete per circa 10 minuti. Nel frattempo dividete a metà le teste e prelevate il corallo, la linfa e la parte cremosa. Sgocciolate bene le code, sgusciatele, e mettetele in un'altra padella. Nel fondo di cottura aggiungete il corallo, la linfa e la parte cremosa, salate, pepate, unite il mirto e mescolate bene. Appena vedrete che bolle togliete dal fuoco e passate la salsa attraverso un colino, velando le code di aragosta. Riscaldate la padella con le code di aragosta e cospargete con sale, pepe e prezzemolo tritato prima di servire.

Aragosta alla cagliaritana

Ingredienti per 4 persone:
2 aragoste
1 limone
4 cucchiai di olio extravergine di oliva
2 cucchiai di aceto di vino bianco
sale e pepe

Per il court-bouillon:
30 g di burro
1 carota
1 cipolla
1/2 bicchiere di Vermentino di Sardegna
un ciuffo di prezzemolo
2-3 foglie di alloro
1 rametto di timo
sale e pepe in grani

Mettete in una pentola capiente gli ingredienti per il court-bouillon e

portate a ebollizione. Tuffateci dentro le aragoste e lasciatele cuocere una mezz'ora o più, a seconda delle dimensioni, quindi scolatele, aprite i carapaci con un coltello molto affilato ed estraete la polpa.

Tagliatela polpa a fette spesse circa 1 cm e disponetele su un piatto da portata. Emulsionate l'olio, l'aceto, il succo di un limone, sale e pepe bianco e irrorate con la salsa le fette di polpa d'aragosta.

Aragosta alla moda di Arbatax

Ingredienti per 4 persone:
2 aragoste
8 cucchiai di olio extravergine di oliva
2 spicchi d'aglio
1 porro
1/2 bicchiere di Vermentino di Sardegna
250 g di pomodori sardi maturi
un ciuffo di prezzemolo
sale e pepe

Per il court-bouillon:
30 g di burro
1 carota
1 cipolla
1/2 bicchiere di Vermentino di Sardegna
un ciuffo di prezzemolo
2-3 foglie di alloro
1 rametto di timo
sale e pepe in grani

Mettete in una pentola capiente gli ingredienti per il court-bouillon e portate a ebollizione. Tuffateci dentro le aragoste e lasciatele cuocere una mezz'ora o più, a seconda delle dimensioni, scolatele, aprite i carapaci con un coltello molto affilato ed estraete la polpa. Tagliatela a fette.

In una padella mettete a soffriggere nell'olio un trito fine di aglio e porro e, quando avrà preso colore, sfumate col vino. Lasciatelo evaporare, quindi aggiungete i pomodori che avete triturato grossolanamente. Condite l'aragosta con sale e pepe, mettetela nella padella del sugo e lasciatela insaporire a fuoco lento per una decina di minuti, poi servite, spolverizzando con il prezzemolo tritato.

Aragosta alla panna

Ingredienti per 4 persone:
2 aragoste
50 g di burro
1/2 bicchiere di Vermentino di Sardegna
2 cucchiai di farina
1 confezione di panna
sale e pepe

Per il court-bouillon:
30 g di burro
1 carota
1 cipolla
1/2 bicchiere di Vermentino di Sardegna
un ciuffo di prezzemolo
2-3 foglie di alloro
1 rametto di timo
sale e pepe in grani

Mettete in una pentola capiente gli ingredienti per il court-bouillon e portate a ebollizione. Tuffateci dentro l'aragosta e lasciatela cuocere una mezz'ora o più, a seconda delle dimensioni, quindi scolatela, aprite il carapace con un coltello molto affilato ed estraete la polpa. Tagliatela a fettine alte circa 1 cm.

Mettete sul fuoco una casseruola con il burro e adagiatevi le fettine di aragosta; quando saranno dorate, sfumatele con il vino bianco, salatele e pepatele. Lasciate che il vino evapori, poi togliete l'aragosta dal condimento e legate il fondo di cottura con la farina, mescolando con cura affinché non si formino grumi. Incorporate la panna e lasciate addensare un poco a fiamma molto bassa, sempre mescolando. Disponete le fettine di aragosta in una teglia da forno, copritele con la salsa e passatele in forno caldo a 180° per 5 minuti. Servitela ben calda.

Aragosta alla Stintino

Ingredienti per 4 persone:
2 aragoste
4 cucchiai di olio extravergine di oliva
1 bicchierino di brandy
1 spicchio d'aglio
1/2 bicchiere di Vermentino di Sardegna
un ciuffo di prezzemolo
50 g di burro
sale e pepe

Lavate l'aragosta sotto l'acqua corrente, poi privatela della testa, incidete con un coltello affilato il carapace, estraete la polpa e tagliatela a medaglioni. Mettete sul fuoco una teglia che possa andare in forno con l'olio e uno spicchio d'aglio schiacciato; quando avrà preso colore, unite i medaglioni di aragosta e fateli rosolare da tutte e due le parti. Sfumate con il brandy e lasciate evaporare a fiamma vivace. Regolate di sale e pepe, sfumate con il vino bianco e spolverizzate di prezzemolo tritato. Preriscaldate il forno a 180° quindi inserite la teglia e lasciate cuocere per circa 20 minuti. Trascorso questo tempo, togliete la pirofila dal forno, togliete i medaglioni di aragosta e disponeteli su un piatto da portata che terrete al caldo. Passate il sugo di cottura al setaccio, raccogliendolo in una pentolina, unite il burro, mettetelo ad addensare sul fuoco per pochi minuti, quindi irrorate di salsa l'aragosta e servite.

Aragosta coi peperoni della Maddalena

Ingredienti per 4 persone:
4 aragoste piccole, di circa 500 g
1/2 bicchiere di olio extravergine di oliva
1 cipolla
250 g di pomodori sardi maturi
1 peperone verde
1 peperone rosso
1 peperone giallo
1 bustina di zafferano di Sardegna
un ciuffo di prezzemolo
1/2 bicchiere di Vermentino di Sardegna
sale e pepe

Per il court-bouillon:
30 g di burro
1 carota
1 cipolla
1/2 bicchiere di Vermentino di Sardegna
un ciuffo di prezzemolo
2-3 foglie di alloro
1 rametto di timo
sale e pepe in grani

Mettete in una pentola capiente gli ingredienti per il court-bouillon e portate a ebollizione. Tuffateci dentro le aragoste e lasciatele cuocere una decina di minuti o più, a seconda delle dimensioni, quindi scolatele, aprite i carapaci con un coltello molto affilato ed estraete la polpa, che taglierete a tocchetti.

Tritate la cipolla finemente, private dei semi e dei filamenti bianchi i peperoni e tagliateli a listarelle. Pelate, togliete i semi e tritate i pomodori.

In una padella versate l'olio e saltate i pezzi di aragosta a fuoco piuttosto vivace per 5 minuti. Salateli, pepateli, toglieteli dalla padella e adagiateli su un piatto, che terrete al caldo. Nello stesso olio fate dorare la cipolla tritata e quando sarà lievemente dorata aggiungete i peperoni, lasciandoli risolare altri 10 minuti. Per ultimo unite i pomodori e mescolate.

Lasciate evaporare l'acqua di vegetazione a fuoco alto, quindi abbassate la fiamma e fate stufare per 20-25 minuti, sfumando con il vino bianco nel quale avrete disciolto lo zafferano. Quando i peperoni saranno cotti unite le aragoste. Mettete il coperchio e continuate la cottura per altri 10 minuti, in modo che la salsa si addensi.

Prima di servire spolverizzate tutto con un po' di prezzemolo tritato.

Aragosta gratinata

Ingredienti per 4 persone:

2 aragoste
un pugno di pangrattato
1 spicchio d'aglio
un ciuffo di prezzemolo
4 cucchiai di olio extravergine d'oliva
20 g di burro
un pizzico di noce moscata
sale e pepe bianco

Amalgamate il pangrattato con la noce moscata, un trito fine di aglio e prezzemolo, sale, pepe, 2 cucchiaio di olio. Aprite le aragoste a metà per il lungo, usando un coltello affilatissimo, disponetele su una placca da forno, cospargetele abbondantemente con il pangrattato, premendo per farlo aderire bene alla polpa. Conditele con 1 cucchiaio d'olio e il burro in fiocchetti e fatele gratinare in forno caldo a 200° per 10-12 minuti circa. Servite subito.

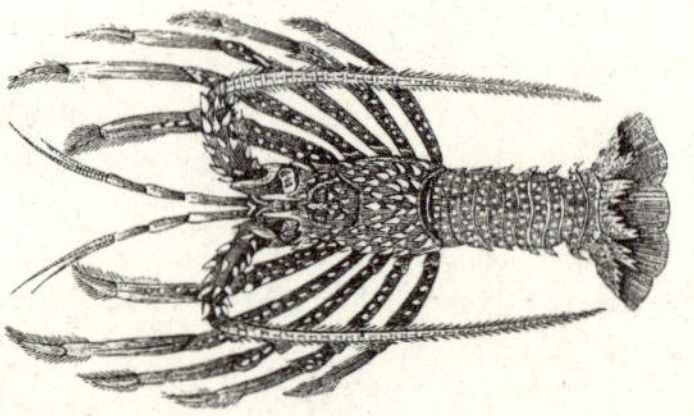

Aragosta in padella al Nuragus di Cagliari

Ingredienti per 4 persone:

2 aragoste
80 g di burro
2 cipolle
1 rametto di timo fresco
1 bottiglia di Nuragus di Cagliari
sale e pepe

Pulite bene le aragoste e dividetele esattamente a metà, usando un coltello affilato. Fate sciogliere il burro in un'ampia padella che possa contenere comodamente le aragoste, e fatevi imbiondire le cipolle finemente tritate. Quando avranno preso lievemente colore, disponete nella padella le aragoste, salatele, pepatele e spolverizzatele con un po' di timo fresco. Versate sulle aragoste la bottiglia di Nuragus e lasciate cuocere per circa mezz'ora

33. Spaghetti con il tonno. (© Stockfood)

34. Zuppa di aragosta. (© Stockfood)

35. Zuppa di pesce dell'Ogliastra. (© Stockfood)

36. Aragosta gratinata. (© Stockfood)

37. Arselle e cozze a schiscionera. (© Stockfood)

38. Bistecca di tonno. (© Stockfood)

39. Bistecche di tonno all'arancia. (© Stockfood)

40. Bistecche di tonno alla salvia. (© Stockfood)

41. Branzino al sale. (© Stockfood)

42. Calamari ripieni alla griglia. (© Stockfood)

43. Calamari ripieni di carciofi. (© Stockfood)

44. Coda di rospo alla brace. (© Stockfood)

45. Cozze in panzanella. (© Stockfood)

46. Grigliata di scampi. (© Stockfood)

47. Gronco di Iglesias in bianco. (© Stockfood)

48. Tonno al timo e limone. (© Stockfood)

a fuoco medio. Se la salsa dovesse essere ancora troppo liquida trascorso questo tempo, spolverizzatela con qualche cucchiaio di farina per addensarla. Mescolate e servite subito.

Aragosta in salsa di finocchietto selvatico

Ingredienti per 4 persone:
2 aragoste
1 cipolla
1 carota
1 costa di sedano
un grosso ciuffo di finocchietto selvatico
1 bicchierino di brandy
1 bicchiere di Vermentino di Sardegna
100 g di burro
il succo di 1/2 limone
sale e pepe

Per il court-bouillon:
30 g di burro
1 carota
1 cipolla
1/2 bicchiere di Vermentino di Sardegna
un ciuffo di prezzemolo
2-3 foglie di alloro
1 rametto di timo
sale e pepe in grani

Mettete in una pentola capiente gli ingredienti per il court-bouillon e portate a ebollizione. Tuffateci dentro l'aragosta e lasciatela cuocere una mezz'ora o più, a seconda delle dimensioni, quindi scolatela, aprite il carapace con un coltello molto affilato, estraete la polpa e tagliatela a pezzetti.

Scaldate 50 g di burro in una padella, mettetevi a rosolare un trito di cipolla, sedano e carota e fateli dorare. Unite la polpa delle aragoste. Quando sarà dorata salate, pepate e sfumate con il bicchierino di brandy. Fate evaporare, unite un trito fine di finocchietto selvatico e mescolate bene. Bagnate con un bicchiere di vino e cuocete a fuoco basso, con il coperchio, per 10 minuti. Togliete dal fuoco, estraete i pezzi di aragosta, disponeteli su un piatto da portata e teneteli al caldo. Passate il sugo di cottura attraverso un colino, unite il restante burro e il succo di mezzo limone. Ponete la padella sul fuoco e fate ridurre bene la salsa, che dev'essere densa e cremosa. Regolate di sale e pepe. Servite le aragoste coperte con la salsa.

Aragosta "Sans Souci" di Porto Cervo

Ingredienti per 4 persone:
2 aragoste
4 cucchiai di olio extravergine di oliva
2 panini raffermi
1/2 bicchiere di aceto di vino bianco
5 filetti d'acciughe sott'olio
una manciata di capperi salati
una manciata di olive verdi denocciolate
2 spicchi d'aglio
50 g di burro
un grosso pugno di pangrattato
sale e pepe

Lavate le aragoste, asciugatele e, con un coltello molto affilato, dividetele esattamente a metà. Asportate la sacca sabbiosa dalla testa ed il budello dell'intestino e salatele. Fate arroventare due griglie e adagiatevi le aragoste dalla parte del guscio: lasciatele arrostire per 15-20 minuti a calore moderato, rivoltandole e spennellandole con l'olio. Nel frattempo fate rinvenire la mollica dei panini raffermi nell'aceto, strizzatela, sbriciolatela e mettetela in una ciotola. Tritate finemente i filetti d'acciughe, le olive, i capperi e lo spicchio d'aglio e mescolate il tutto con la mollica dei panini. Amalgamate con un filo di olio, sale e pepe per ottenere una crema.

Quando le aragoste saranno pronte, toglietele dalle griglie e mettetele in una teglia da forno, spalmatele con la crema di acciughe, capperi e olive, irroratele con burro fuso e cospargetele di pangrattato. Infornatele a forno caldo a 180° e lasciatele cuocere per 10-15 minuti. Servite subito.

Aragostine alla diavola

Ingredienti per 4 persone:
4 aragostine
1 cipolla
4 pizzichi di peperoncino piccante in polvere
50 g di burro
4 cucchiai di olio extravergine di oliva
1 bicchiere di brandy
sale e pepe

Lavate le aragoste, incidete il carapace ed estraete la polpa, eliminando le teste. Tritate finemente la cipolla e fatela imbiondire in una grande padella con il burro e l'olio. Adagiate le aragoste nel recipiente e lasciatele rosolare a fuoco allegro per 10 minuti, girandole di tanto in tanto e insaporendole con una presa di sale ed un grosso pizzico di peperoncino ognuna. Bagnate con il brandy, fate scaldare e dategli fuoco, portando subito in tavola le aragostine alla diavola flambées.

Aragostine alle spezie

Ingredienti per 4 persone:
4 aragostine
80 g di burro
1 limone
2 bustine di zafferano di Sardegna
un pizzico di cannella in polvere
un pizzico di chiodi di garofano in polvere
un pizzico di noce moscata in polvere
sale e pepe

Pulite bene le aragostine, incidete il carapace con un coltello affilatissimo e togliete le interiora.

In un tegamino fate sciogliere il burro, toglietelo dal fuoco appena schiuma, unite lo zafferano, la cannella, i chiodi di garofano e la noce moscata, irrorate con il succo del limone, insaporite con sale e pepe.

Disponete le aragoste in una teglia da forno con il carapace verso l'alto e cuocete in forno caldo a 200° per 4-5 minuti circa. Togliete la teglia dal forno, girate le aragoste, versatevi sopra il burro alle spezie quindi rimettete la teglia nel forno e fate cuocere altri 4-5 minuti. Servite subito.

Arselle e cozze a schiscionera

Ingredienti per 4 persone:
600 g di arselle
600 g di cozze
2 spicchi d'aglio
8 cucchiai di olio extravergine di oliva
un ciuffo di prezzemolo
sale e peperoncino piccante in polvere

Lavate le arselle e le cozze e fatele cuocere in padella a fuoco vivo, senza

Dauphin
Anguillette
Perche
Anguille
Lion Marin
Merlue

niente, in modo da farle aprire e far fuoriuscire il loro liquido. Quando saranno aperte, toglietele dalla padella e tenetele al caldo, filtrando il sughetto di cottura.

Nel frattempo in un'altra padella fate soffriggere nell'olio un trito grossolano di aglio e prezzemolo per 2-3 minuti, versatevi le arselle e le cozze aperte con il guscio e sfumate con l'acqua di cottura filtrata.

Fate cuocere per 10 minuti al massimo, aggiustando di sale e, se piace, unendo un poco di peperoncino piccante in polvere. Servitele ben calde.

Astice al finocchio selvatico

Ingredienti per 4 persone:
2 astici di 800 g ciascuno
un grosso ciuffo di finocchio selvatico
1 cipolla
2 spicchi di aglio
1 fetta di pancarré
8 cucchiai di olio extravergine di oliva
un cespo di lattuga
sale e pepe

Per il court-bouillon:
30 g di burro
1 carota
1 cipolla
1/2 bicchiere di Vermentino di Sardegna
un ciuffo di prezzemolo
2-3 foglie di alloro
1 rametto di timo
sale e pepe in grani

Mettete in una pentola capiente gli ingredienti per il court-bouillon e portate a ebollizione. Tuffateci dentro gli astici e lasciateli cuocere 15-20 minuti, a seconda delle dimensioni, quindi fateli raffreddare nel liquido di cottura. Quando saranno tiepidi scolateli e tagliateli a metà per il lungo con un coltello molto affilato.

Sbucciate l'aglio e frullatelo con la cipolla, la mollica di pane, bagnata nel court-bouillon e ben strizzata, il finocchio selvatico, salate, pepate e amalgamate il tutto con l'olio.

Mondate, lavate e scolate bene l'insalata, disponetela sui piatti individuali, adagiate sopra gli astici caldi e serviteli irrorandoli con la salsina al finocchio selvatico.

Astice al rosso

Ingredienti per 4 persone:
2 astici
50 g di burro
250 g di pomodori sardi maturi
2 cipolle
2 spicchi d'aglio
2-3 foglie di alloro
1 rametto di timo fresco
un ciuffo di prezzemolo
10 cucchiai di olio extravergine di oliva
1 bicchiere di Monica di Sardegna
1 bicchierino di cognac
sale e pepe

Spazzolate e lavate in acqua corrente gli astici, con un coltello affilato tagliate il carapace, estraete la polpa e dividete la coda in pezzi.

Fate fondere il burro in una casseruola larga e bassa e disponetevi i pomodori tritati, le cipolle anch'esse tritate, gli spicchi d'aglio a fettine, qualche foglia di alloro, le foglioline di timo e un po' di prezzemolo tritato.

Disponete su questo letto i pezzi di astice, salate, pepate e bagnate con l'olio, il vino Monica di Sardegna e il cognac. Fate cuocere coperto a fuoco vivo per 20 minuti.

Togliete i pezzi di astice e disponeteli su un piatto da portata, tenendoli al caldo. Intanto fate addensare sul fuoco il sugo rimasto nel tegame, eventualmente facendo nevicare un po' di farina da un setaccio. Versate la salsa sull'astice e servite subito.

Astice alla cipolla

Ingredienti per 4 persone:
2 astici
2 cipolle
8 cucchiai di olio extravergine di oliva
il succo di 1 limone
sale e pepe

Cuocete gli astici in acqua bollente e salata per circa 30 minuti, quindi spegnete il fuoco e lasciateli intiepidire un poco nel brodo di cottura. Estraeteli, tagliate il carapace con un coltello affilato, togliete la polpa e tagliatela a rondelle sottili. Disponete la polpa dell'astice in un piatto da portata che terrete al caldo. Tritate finissimamente, magari usando un mixer, le cipolle, amalgamatele con l'olio, il succo del limone, sale e pepe, ed eventualmente il corallo dell'astice. Mescolate bene, irrorate con questa salsa gli astici e servite.

Astice alla crema di erbe e mirto

Ingredienti per 4 persone:
2 astici
1 cipolla
2 scalogni
1 porro
1 carota
1 costa di sedano
50 g di burro
2 cucchiai di liquore al mirto
1 confezione di panna
un ciuffo di basilico
un ciuffo di prezzemolo
un ciuffo di erba cipollina
sale e pepe

Cuocete gli astici per 15 minuti in acqua bollente salata e lasciateli raffreddare nel liquido di cottura.

Mondate le verdure e tritate molto fini sedano, carota, cipolla, scalogni e il bianco del porro, quindi mettete il trito a soffriggere molto dolcemente nel burro. Non deve prendere colore, ma stufare. Sfumate con il liquore al mirto, quindi aggiungete la panna. Salate, pepate e fate bollire 10 minuti in modo che la salsa si addensi.

Togliete gli astici dalla pentola, incidete con un coltello affilato i carapaci, estraete la polpa e tagliatela a fette, disponendole su un piatto da portata che terrete al caldo.

Quando la salsa sarà pronta toglietela dal fuoco e passatela al setaccio, quindi rimettetela nella pentolina, a fuoco lento, e aggiungete un trito finissimo di basilico, prezzemolo ed erba cipollina. Mescolate, versate la crema sulle fette di astice e servite.

Astice con cime di rapa e carciofi

Ingredienti per 4 persone:
2 astici
500 g di cime di rapa
4 carciofi
1 spicchio d'aglio
1 cipolla
1 peperoncino fresco
1 rametto di timo fresco
70 g di burro
4 cucchiai di olio extravergine di oliva
sale e pepe

Mondate le cime di rapa, lavatele accuratamente e tagliatele a pezzi; sbollentatele in acqua salata per 3-4 minuti, scolatele e strizzatele bene.

Pulite i carciofi, eliminando le foglie dure esterne e le spine, quindi tagliateli a fettine molto sottili con la mandolina. Sbollentateli per 5 minuti in acqua salata e fateli scolare bene.

Sbucciate l'aglio e la cipolla, tritateli e poneteli a rosolare in un tegame con 4 cucchiai di olio a fuoco dolce. Quando saranno dorati unite le cime di rapa e i carciofi e lasciateli insaporire a fuoco medio per 10 minuti circa, aggiungendo un peperoncino fresco, privato dei semi e tagliuzzato. Togliete dal fuoco e tenete in caldo.

Nel frattempo incidete il carapace degli astici ed estraetene la polpa, che taglierete a pezzetti.

Fate fondere il burro in un pentolino e fatevi dorare gli astici, con sale, pepe e le foglioline di timo. Quando la polpa sarà dorata unitela alle verdure, mescolate bene, lasciate insaporire qualche minuto e servite.

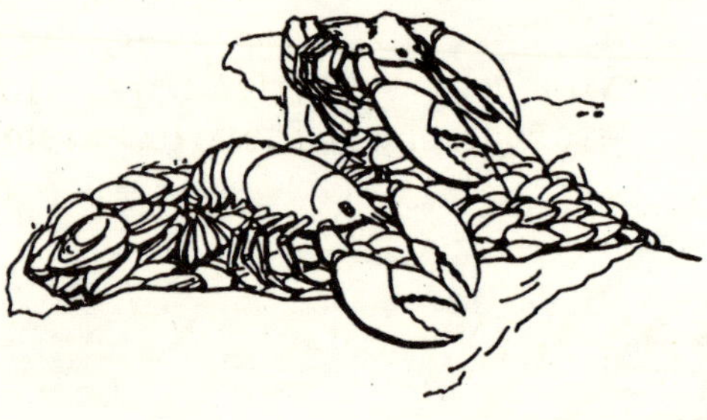

Astice gratinato alla Vernaccia di Oristano

Ingredienti per 4 persone:
2 astici
1 carota
1 costa di sedano
1 scalogno
50 g di burro
un ciuffo di timo
1 bicchiere di Vernaccia di Oristano
1 confezione di panna
sale e pepe

Per il court-bouillon:
30 g di burro
1 carota
1 cipolla
1/2 bicchiere di Vermentino di Sardegna
un ciuffo di prezzemolo
2-3 foglie di alloro
1 rametto di timo
sale e pepe in grani

Mettete in una pentola capiente gli ingredienti per il court-bouillon e portate a ebollizione. Tuffateci dentro gli astici e lasciateli cuocere 10-15 minuti o più, a seconda delle dimensioni, quindi scolateli, aprite i carapaci con un coltello molto affilato ed estraete la polpa, che taglierete a dadoni.

Tritate sedano, carota e scalogno e metteteli a rosolare nel burro a fuoco dolce. Quando saranno dorati aggiungete le teste degli astici tagliate in due parti per il lungo, rimuovendo e gettando via lo stomaco che si trova dietro agli occhi. Mescolate bene, fate cuocere per 10 minuti, bagnate con la Vernaccia di Oristano e fatela evaporare un poco.

Aggiungete la panna e fate cuocere a fuoco basso per circa 5 minuti. Trascorso questo tempo, togliete dal fuoco, aggiustate di sale e di pepe, e passate il tutto al setaccio.

Disponete la polpa degli astici in una pirofila da forno unta, ricopriteli con la salsa e passate sotto il grill del forno in modo che si formi una bella crosticina dorata. Servite subito.

Bistecche di tonno

Ingredienti per 4 persone:

4 tranci di tonno di almeno 150 g ciascuno
8 cucchiai di olio extravergine di oliva
1 limone
1 rametto di rosmarino
qualche foglia di salvia
un pizzico di maggiorana seccata
un pizzico di origano seccato
1 bicchiere di Vermentino di Sardegna
sale e pepe

Preparate una marinata con 8 cucchiai d'olio d'oliva, sale, pepe macinato al momento, la buccia grattugiata di 1 limone, un trito fine di rosmarino, salvia, maggiorana e origano e 1 bicchiere di Vermentino di Sardegna. Fate marinare per 2 ore i tranci di tonno, rigirandoli ogni tanto in modo che si insaporiscano bene. Arroventate una griglia e cuocete le bistecche di tonno per pochi minuti, spennellandole con la marinata. Salate, pepate e servite immediatamente.

Bistecche di tonno ai semi di finocchio e Monica di Sardegna

Ingredienti per 4 persone:

4 tranci di tonno di almeno 150 g ciascuno
4 cucchiai di olio extravergine di oliva
20 g di burro
2 cucchiai di farina
2 cucchiai di Monica di Sardegna
2 pizzichi di semi di finocchio
2 spicchi d'aglio
un ciuffo di prezzemolo
sale e pepe

Ungete il fondo di una padella antiaderente con l'olio e scottate le bistecche di tonno. Quando saranno quasi cotte, mettetele in un piatto. Rimettete la padella sul fuoco a fiamma bassa e fatevi sciogliere il burro, unite la farina e mescolate per evitare la formazione di grumi. Unite il vino e i semi di finocchio, mescolate e fate cuocere su fiamma moderata finché il sugo si sarà addensato.

Rimettete in padella le bistecche di tonno, riscaldate a fuoco dolce per un minuto e fatele insaporire. Cospargete il tutto di prezzemolo tritato, mescolate e servite.

Bistecche di tonno al mirto

Ingredienti per 4 persone:
4 tranci di tonno di almeno 150 g ciascuno
2 cucchiai di olio extravergine di oliva
20 g di burro
4 cucchiai di liquore al mirto
sale e pepe

Fate cuocere le bistecche di tonno in una padella calda e unta. Una volta cotte, passatele in un piatto da portata e conditele con sale e pepe. Mettete in padella il burro e il liquore al mirto; scaldate a fuoco dolce, quindi versate il sugo sulle bistecche di tonno e servite subito.

Bistecche di tonno al pepe verde

Ingredienti per 4 persone:
4 tranci di tonno di almeno 150 g ciascuno
4 cucchiaini di pepe verde in grani
20 g di burro
6 cucchiai di cognac
sale

Scaldate bene una padella unta e fatevi cuocere le bistecche di tonno. Bagnatele con il cognac e infiammatele. Unite il pepe verde, scolato dal suo liquido, il sale e finite di fare cuocere tutto insieme, addensando il sugo su fuoco vivace. Servite immediatamente.

Bistecche di tonno al prezzemolo e cipollotti

Ingredienti per 4 persone:
4 tranci di tonno di almeno 150 g ciascuno
4 cipollotti
4 cucchiai di olio extravergine d'oliva
un ciuffo di prezzemolo
1 limone
sale e pepe

Pulite i cipollotti e tritateli finemente assieme al prezzemolo. Affettate il limone. Fate cuocere le bistecche di tonno con appena un filo di olio in una padella, quindi sistematele in un piatto da portata, conditele con sale e pepe e cospargetele con il trito di prezzemolo e cipollotto. Guarnite con le fette di limone e servite subito.

Bistecche di tonno all'aglio

Ingredienti per 4 persone:
4 tranci di tonno di almeno 150 g ciascuno
4 cucchiai di olio extravergine di oliva
il succo di 1/2 limone
6 spicchi d'aglio
un ciuffo di prezzemolo
sale

Mettete a marinare in un piatto fondo l'olio, il succo di limone, l'aglio tritato, sale e pepe e mescolate. Bagnate le bistecche di tonno da entrambe le parti, quindi lasciatele in infusione per 4-5 ore. Scaldate bene una pesante padella antiaderente e fate cuocere le bistecche di tonno, girandole non appena si è formata una crosticina bruna su un lato, e passandole in un piatto preriscaldato non appena la crosticina si è formata anche dall'altra parte. Salatele, posate su ognuna un pizzico di prezzemolo tritato e servite.

Bistecche di tonno all'arancia

Ingredienti per 4 persone:
4 tranci di tonno di almeno 150 g ciascuno
2 cucchiai di olio extravergine di oliva
il succo di 1 grossa arancia
il succo di 1 limone
4 cucchiai di Malvasia di Basa
sale e pepe

Fate cuocere le bistecche di tonno in una padella unta con un po' di olio. Una volta che saranno ben cotte, toglietele e mettetele in un piatto. Versate in padella il succo dell'arancia e del limone e la Malvasia di Basa, quindi condite con sale e pepe. Fate bollire su fiamma vivace, mescolando spesso, finché il liquido si sarà ridotto e la salsa addensata. Se il sughetto fosse ancora troppo liquido, unite un poco di farina fatta nevicare da un colino. Rimettete in padella le bistecche di tonno, fate scaldare e insaporire su fiamma dolce per 1-2 minuti, girandole. Servite subito.

Bistecche di tonno alla griglia in salsa allo scalogno

Ingredienti per 4 persone:
4 tranci di tonno di almeno 150 g ciascuno
4 scalogni
4 cucchiai di olio extravergine di oliva
sale e pepe

Arroventate una griglia e cuocetevi le bistecche di tonno. A parte nel mortaio (o nel frullatore, che è più comodo) preparate la salsa schiacciando lo scalogno fino a ridurlo in pasta, aggiungendo sale, pepe e un filo d'olio extravergine di oliva per amalgamare. Servite le bistecche di tonno ricoperte di salsa allo scalogno.

Bistecche di tonno alla griglia in salsa di prezzemolo

Ingredienti per 4 persone:
4 tranci di tonno di almeno 150 g ciascuno
2 spicchi d'aglio
un ciuffo di prezzemolo
4 cucchiai di olio extravergine di oliva
sale e pepe

Arroventate una griglia e cuocetevi le bistecche di tonno. A parte nel frullatore preparate la salsa di prezzemolo, tritando aglio e prezzemolo fino a ridurli a una pasta, e aggiungendo sale, pepe e un filo d'olio extravergine di oliva per amalgamare. Servite le bistecche di tonno ricoperte di salsa al prezzemolo.

Bistecche di tonno alla salvia

Ingredienti per 4 persone:
4 tranci di tonno di almeno 150 g ciascuno
20 g di burro
8-10 foglie di salvia
1 cucchiaino di farina
sale e pepe

Fate fondere il burro in una padella, unite la salvia sminuzzata e lasciate al fuoco finché il burro diventerà color nocciola. Togliete dal fuoco e lasciate raffreddare. Intanto, stemperate la farina con una tazzina da caffè d'ac-

Uomo in costume sardo, incisione ottocentesca.

qua, unite sale e pepe, versate nella padella e rimettete su fiamma vivace. Portate a bollore, lasciate addensare, quindi riducete la fiamma, adagiate in padella le bistecche di tonno e cuocete a fuoco dolce per 5 minuti, girandole per farle insaporire bene. Servite subito, salando e pepando.

Bistecche di tonno alle melanzane

Ingredienti per 4 persone:
4 tranci di tonno di almeno 150 g ciascuno
2 cipolle
4 cucchiai di olio extravergine di oliva
2 melanzane piccole
250 g di pomodori sardi maturi
sale e pepe

Pelate le cipolle e tagliatele a fette non troppo sottili. Mettetele in una casseruola con l'olio e fate cuocere a fiamma bassa, mescolando spesso, per 10 minuti, facendo prendere pochissimo colore. Intanto mondate le melanzane, lavatele, tagliatele a fette spesse poco più di 1/2 cm. Unitele alle cipolle nella casseruola e proseguite la cottura su fiamma moderata per altri 10 minuti, mescolando spesso. Lavate i pomodori, tuffateli in acqua bollente; dopo meno di 1/2 minuto scolateli, strizzateli delicatamente per eliminare i semi. Tritateli grossolanamente. Uniteli alle verdure, salate, coprite e fate cuocere a fuoco dolce per circa 20 minuti. A fine cottura togliete il coperchio e aumentate leggermente la fiamma per addensare il sugo. Fate cuocere le bistecche di tonno su una griglia arroventata. Stendete le verdure in un piatto da portata, accomodatevi sopra le bistecche di tonno, spolverizzatele con sale e pepe e servite.

Bistecche di tonno con pomodoro e cipolle

Ingredienti per 4 persone:
4 tranci di tonno di almeno 150 g ciascuno
3 cipolle
8 cucchiai di olio extravergine di oliva
250 g di pomodori sardi maturi
sale e pepe

Pelate le cipolle e tagliatele in fette non troppo sottili. Fatele dorare in una padella con l'olio. Unite i pomodori triturati grossolanamente e lasciate cuocere il tutto, facendo stufare, per almeno 20 minuti, mescolate spesso e fate addensare un poco il sugo. Scaldate una griglia e scottatevi le bistecche di tonno da ambedue i lati, poi mettetele a insaporire nel sugo di pomodoro e cipolle. Fate cuocere per pochi minuti. Salate e pepate e servite caldo.

Bistecchine di mormora con dragoncello

Ingredienti per 4 persone:
400 g di filetti di mormora
4 cucchiai di olio extravergine di oliva
2 spicchi d'aglio
un ciuffo di prezzemolo
1/2 bicchiere di Vermentino di Sardegna
50 g di farina
un grosso ciuffo di dragoncello fresco
sale e pepe

Fate imbiondire in una padella un trito di aglio e prezzemolo con un filo d'olio. Infarinate leggermente i filetti di mormora e metteteli a rosolare da entrambe le parti. Bagnate con il vino e alzate il fuoco per far addensare la salsa. Spolverate con sale, pepe e un trito fine di dragoncello fresco prima di servire.

Bocconcini di cernia agli spinaci

Ingredienti per 4 persone:
400 g di cernia a bocconcini
2 cucchiai di farina
500 g di spinaci
50 g di pecorino stagionato grattugiato
sale e pepe

In una grossa padella antiaderente mettete l'olio e cuocetevi gli spinaci, ben lavati e grossolanamente tritati, senz'acqua, con solo un po' di sale. Quando saranno cotti metteteli in una pirofila da forno precedentemente unta, spolverizzateli con il pecorino stagionato grattugiato, sale e pepe, e unite i bocconcini di cernia infarinati. Fate ancora una passata di formaggio, aggiungete un goccio di acqua e mettete a gratinare a forno caldo a 180° per 10 minuti.

Bocconcini di cernia al limone

Ingredienti per 4 persone:
400 g di cernia a bocconcini
4 cucchiai di olio extravergine di oliva
2 cucchiai di farina
1 cipolla
la buccia grattugiata di 2 limoni
1/2 bicchiere di Vermentino di Sardegna
un ciuffo di prezzemolo
2 mestoli di brodo di dado
sale e pepe

Mettete al fuoco una padella con l'olio e la cipolla tagliata a rondelle sottili. Dopo qualche minuto aggiungete i bocconcini di cernia infarinati e fateli dorare da entrambe le parti. Quando avranno preso colore, salate, pepate e sfumate con il vino bianco. Dopo aver fatto evaporare il vino aggiungete due mestoli di brodo. Fate cuocere per 20 minuti circa. Prima di toglierli dal fuoco cospargeteli di prezzemolo e di buccia di limone tritati.

Bocconcini di gattuccio con aceto di mele

Ingredienti per 4 persone:
400 g di gattuccio a bocconcini
4 cucchiai di olio extravergine di oliva
1/2 bicchiere di Vermentino di Sardegna
2 spicchi d'aglio
1 limone
1/2 bicchiere di aceto di mele
sale e pepe

Infarinate i bocconcini di gattuccio e metteteli in una casseruola con gli spicchi d'aglio spezzettati e l'olio, facendoli cuocere a fuoco lento per 10 minuti, irrorando con il vino bianco e il succo di limone. A metà cottura bagnate con l'aceto di mele e alzate il fuoco perché evapori. Salate e pepate e servite.

Bourguignonne di pesce di Porto Cervo

Ingredienti per 4 persone:
16 gamberoni
4 tranci di tonno
8 bocconi di coda di rospo
8 filetti di spigola
8 filetti di branzino
8 filetti di mormora
2 l di brodo vegetale
1 vasetto di salsa tonnata
1 vasetto di maionese
1 vasetto di salsa tartara
1 vasetto di salsa aurora
1 vasetto di salsa verde
sale e pepe

Disponete il pesce, tagliato a pezzetti piccoli, in un ampio piatto da portata.
Portate ad ebollizione il brodo e portatelo a tavola nella pentola per la bourguignonne dotata di fornelletto. Ogni persona dovrà infilzare un pezzetto di pesce con l'apposito forchettone lungo, cuocerlo nel brodo vegetale e condirlo con le varie salse a piacere.

Braciolette di tonno in salsa

Ingredienti per 4 persone:
800 g di tranci di tonno tagliati sottili
200 g di mollica di pane
1/2 bicchiere di aceto di vino bianco
una manciata di capperi salati
una manciata di olive verdi denocciolate
un ciuffo di prezzemolo
50 g di pecorino stagionato grattugiato
1 bicchiere di olio extravergine di oliva
2 cucchiai di passata di pomodoro
sale e pepe

Mettete nel mixer la mollica di pane imbevuta nell'aceto e strizzata, i capperi, le olive verdi, il prezzemolo, il pecorino stagionato grattugiato, la passata di pomodoro, 1 bicchiere di olio d'oliva, sale e pepe. Arroventate una griglia (ma il barbecue sarebbe meglio) e cuocetevi per pochi minuti le braciolette di tonno. Quando saranno ben colorite cospargetele con la salsa e servite subito.

Branzino ai carciofi

Ingredienti per 4 persone:
1 branzino di almeno 1 kg
4 carciofi
10 cucchiai di olio extravergine di oliva
2 bicchieri di Vermentino di Sardegna
2 spicchi d'aglio
1 rametto di rosmarino
un ciuffo di prezzemolo
2 mestoli di brodo vegetale
sale e pepe

Pulite il branzino, svisceratelo e farcitelo con un trito di aglio, rosmarino e prezzemolo. Disponetelo in una pirofila da forno con la metà dell'olio e ancora un poco di aglio e rosmarino, copritelo con il vino e lasciatelo marinare un paio d'ore.

A parte pulite i carciofi eliminando le foglie esterne, le spine e il fieno, e tagliateli a spicchi sottili. Metteteli a stufare nel resto dell'olio con un trito di aglio e prezzemolo e tirateli a cottura aggiungendo ogni tanto un goccio di brodo vegetale.

Infornate il pesce in forno caldo a 200° per circa mezz'ora, girandolo affinché la cottura sia uniforme. 10 minuti prima di spegnere aggiungete i carciofi e lasciate insaporire il tutto. Servite caldo.

Branzino ai semi di finocchio

Ingredienti per 4 persone:
1 branzino di almeno 1 kg
una manciata di semi di finocchio
1 limone
4 cucchiai di olio extravergine di oliva
un pizzico di origano seccato
un ciuffo di basilico
un ciuffo di prezzemolo
1 rametto di rosmarino
2-3 spicchi d'aglio
sale e pepe

Pulite il pesce, sviscerateło e farcitelo con un trito di aglio, rosmarino, prezzemolo, basilico e origano. Disponete il branzino in una pirofila da forno con l'olio. Salate, pepate, cospargete di semi di finocchio leggermente pestati con un pestacarne, irrorate con il succo di limone e fatelo cuocere in forno preriscaldato a 200° per circa mezz'ora. Se si dovesse seccare bagnatelo con un goccio di vino bianco e giratelo affinché la cottura sia uniforme.

Servite ben caldo.

Branzino al cartoccio al pepe verde

Ingredienti per 4 persone:
1 branzino di almeno 1 kg
1/2 bicchiere di Torbato di Alghero
4 cucchiai di olio extravergine di oliva
1 vasetto di pepe verde
sale

Pulite bene il branzino, sviscerateło e riempite il ventre con un po' di pepe verde.

Su un tavolo da lavoro sovrapponete due fogli di carta di alluminio. Cospargete la parte centrale del foglio con un goccio di olio e un po' di pepe verde scolato dal suo liquido di conservazione. Adagiatevi sopra il branzino. Cospargetelo con altro pepe. Sfumate con il vino e irrorate con l'olio. Salate. Chiudete con cura il cartoccio e ponetelo a cuocere in forno caldo a 180° per circa 20-25 minuti. Aprite il cartoccio direttamente in tavola.

Branzino al finocchietto selvatico e scorza d'arancia

Ingredienti per 4 persone:
1 branzino di almeno 1 kg
1 ciuffo di finocchietto selvatico
la scorza di 2 arance
2 spicchi d'aglio
1/2 l di Vermentino di Sardegna
4 cucchiai di olio extravergine di oliva
2-3 cucchiai di farina
sale e pepe

Sviscerate il branzino, squamatelo, salatelo dentro e fuori e pepatelo. Tritate assieme un grosso ciuffo di finocchietto selvatico, la scorza gialla delle arance che avrete pelato con un pelapatate e l'aglio. Con una parte del trito farcite il branzino. Sistemate il pesce in una pirofila da forno, cospargetelo con il rimanente trito, irroratelo con l'olio e infornatelo a caldo a 200° per 15 minuti. Trascorso questo tempo girate il pesce, sfumatelo con il vino e lasciatelo cuocere altri 15 minuti.

Quando il branzino sarà pronto, sfornatelo, mettetelo su un piatto da portata e tenetelo in caldo; filtrate il fondo di cottura mettendolo in una pentolina, portatelo su fuoco vivo, fatelo addensare facendo nevicare da un colino un poco di farina, quindi servite il branzino irrorato con la salsa.

Branzino al forno in salsa di noci

Ingredienti per 4 persone:
1 branzino di almeno 1 kg
2 spicchi d'aglio
2 limoni
120 g di gherigli di noce
1 rametto di timo fresco
1 bicchiere di Vermentino di Gallura
4 cucchiai di olio extravergine di oliva
sale e pepe

Pulite e lavate il pesce, svisceratelo e riempite il ventre con un trito fine di timo, aglio e la scorza di limone. Sistematelo in una pirofila da forno unta.

Frullate le noci con il succo di limone fino a ottenere una salsa densa e omogenea. Cospargete con la metà della salsa il branzino, irroratelo con l'olio e infornatelo a caldo a 200° per 15 minuti. Trascorso questo tempo girate il pesce, sfumatelo con il vino e lasciatelo cuocere altri 15 minuti.

Quando il branzino sarà pronto, sfornatelo, mettetelo su un piatto da portata, cospargetelo con il trito rimasto e servite subito.

Branzino al limone e barbe di frate

Ingredienti per 4 persone:
4 filetti di branzino di almeno 150 g l'uno
50 g di burro
2 cucchiai di brodo vegetale
un ciuffo di barbe di frate
1 limone
sale e pepe

Pulite le barbe di frate e lessatele per 5 minuti in acqua salata. Scolatele, strizzatele bene e tritatele grossolanamente. Scaldate il burro in una padella e cuocetevi i filetti di branzino pochi minuti per parte. Togliete il pesce e tenetelo in caldo. Nella stessa padella unite 2 cucchiai di brodo vegetale, la scorza grattugiata del limone e il succo di mezzo limone, le barbe di frate. Fate rosolare bene il tutto, salate e pepate. Versate la salsa alle barbe di frate e limone sul branzino e servite.

Branzino al sale

Ingredienti per 4 persone:
1 branzino di almeno 1 kg
1 cipolla
1 rametto di rosmarino
4-5 foglie di salvia
2 spicchi d'aglio
4 cucchiai di olio extravergine di oliva
3 kg di sale grosso

Pulite il pesce, svisceratelo e riempitelo con un trito di cipolla, aglio, salvia e rosmarino, quindi sistematelo in una teglia da forno nella quale avrete già messo almeno mezzo chilo di sale. Coprite con il sale rimasto e infornate a 180° per un'ora abbondante, poi togliete la teglia. Il sale formerà una crosta dura che romperete dopo averlo fatto riposare una decina di minuti. Estraete il pesce, conditelo con olio a crudo e servitelo.

Branzino all'isolana

Ingredienti per 4 persone:
1 branzino di circa 1 kg
8 patate
4 zucchine
250 g di pomodori sardi maturi
una grossa manciata di olive nere denocciolate
4 carciofi
1/2 bicchiere di Vermentino di Gallura
1/2 bicchiere di olio extravergine di oliva
un grosso pizzico di origano seccato
sale e pepe

Pelate le patate e tagliatele a fette sottili. Spuntate le zucchine e tagliatele a rondelle. Tagliate a fette i pomodori e a rondelle le olive nere denocciolate.

Togliete le foglie esterne e le spine ai carciofi e tagliateli a fettine sottili con la mandolina.

Squamate, sviscerate e pulite bene il branzino, salatelo e pepatelo internamente.

In un'ampia pirofila da forno irrorata di olio sistemate uno strato di patate, uno di zucchine e uno di rondelle di olive nere. Adagiatevi il branzino e ricopritelo con uno strato di pomodori, uno di carciofi e altre olive nere. Salate, pepate e aggiungete l'olio e un bel po' di origano, quindi mettete a cuocere la teglia nel forno preriscaldato a 180° per un'ora circa, bagnando ogni tanto con un goccio di vino. Servite con un filo d'olio a crudo e ancora un po' di origano.

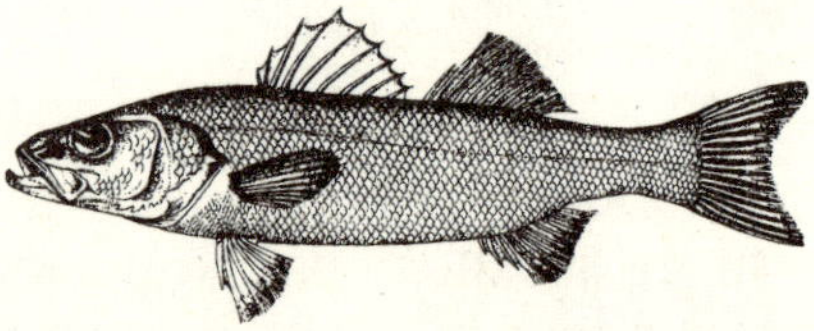

Branzino alla melagrana

Ingredienti per 4 persone:
un branzino di almeno 1 kg
2 melagrane
1/2 bicchiere di Vermentino di Sardegna
4 cucchiai di olio extravergine di oliva
sale e pepe

Sovrapponete su un tavolo da lavoro due fogli di carta d'alluminio. Cospargete la parte centrale con i chicchi di una melagrana. Adagiatevi sopra il branzino, che avrete ben squamato, sviscerato, salato e pepato. Cospargetelo con i chicchi della seconda melagrana e altro sale e pepe. Sfumatelo con il vino e irrorate con l'olio.

Chiudete con cura il cartoccio e ponete in forno caldo a 180° per circa 20-25 minuti. Servite il branzino direttamente nel cartoccio.

BORRICELLI

Branzino alla Porto Cervo

Ingredienti per 4 persone:
1 branzino di circa 1 kg
800 g di patate
2 spicchi d'aglio
1/2 bicchiere di olio extravergine di oliva
1 rametto di rosmarino
2 bicchieri di Vermentino di Sardegna
sale e pepe

Squamate il branzino, svisceratelo, farcitelo con un trito grossolano di aglio e rosmarino, salatelo e pepatelo. Disponetelo in una teglia da forno, irroratelo con l'olio e tutto intorno disponete le patate tagliate a spicchi, salate, pepate.

Mettete a cuocere in forno preriscaldato a 180° e, dopo una ventina di minuti, irrorate con il vino bianco. Proseguite la cottura per altri 30-40 minuti, bagnando spesso il branzino con il sughetto di cottura. Servite ben caldo.

Burrida di gattuccio

Ingredienti per 4 persone:
1 kg di gattuccio
2 spicchi di aglio
20 gherigli di noci
un ciuffo di prezzemolo
8 cucchiai di olio extravergine di oliva
1/2 bicchiere di aceto di vino bianco
4-5 cucchiai di Malvasia di Cagliari
sale e pepe

Questo piatto è una specialità tradizionale della zona di Cagliari.

Pulite il gattuccio, svisceratelo, spellatelo, dividetelo in tranci e lessatelo in abbondante acqua salata per circa 20 minuti, quindi scolatelo e sistematelo su un piatto da portata.

Tritate le noci. Mettete l'olio in una pentolina e fatevi soffriggere per al massimo 2 minuti un trito fine di aglio e prezzemolo, aggiungete il fegato del gattuccio, bagnate con l'aceto e fatelo evaporare. Unite il pesto di noci e lasciate cuocere, sfumando con la Malvasia, a fiamma bassa, per una decina di minuti. Versate la salsa sul gattuccio e lasciate marinare per mezza giornata prima di servire.

Calamaretti di Stintino

Ingredienti per 4 persone:
800 g di calamaretti
4 cucchiai di olio extravergine di oliva
2 spicchi d'aglio
un ciuffo di prezzemolo
2 acciughe salate
1 bicchiere di Vermentino di Sardegna
250 g di pomodori sardi maturi
una manciata di olive verdi denocciolate
sale e peperoncino rosso piccante

Pulite, lavate e asciugate i calamaretti, quindi tagliateli ad anelli. Ponete al fuoco un grosso tegame con l'olio e gli spicchi d'aglio, pelati e interi; fateli soffriggere e non appena avranno preso colore toglieteli e aggiungete il prezzemolo lavato e tritato. Unite anche i calamari, le acciughe dissalate e tritate, il peperoncino rosso, salate e lasciate insaporire il tutto, a fuoco allegro, per circa 20 minuti. Trascorso questo tempo irrorate con il vino bianco, fate evaporare, quindi bagnate con il brodo, unite la salsa di pomodoro e le olive nere. Coprite il tegame e lasciate cuocere ancora, a fiamma moderata, per 30 minuti. Servite il piatto ben caldo.

Calamari affogati al Nuragus di Cagliari

Ingredienti per 4 persone:
800 g di calamari puliti
2 spicchi d'aglio
un ciuffo di prezzemolo
1 bottiglia di Nuragus di Cagliari
2-3 cucchiai di farina
8 cucchiai di olio extravergine di oliva
sale e pepe

Sciacquate sotto acqua corrente i calamari già puliti. Sistemateli in una pirofila da forno con l'olio e l'aglio a fettine.

Ricopriteli con il vino e fateli cuocere in forno già caldo a 180° per almeno mezz'ora. Pungeteli con i rebbi di una forchetta per accertarvi che siano cotti. Addensate la salsa con un poco di farina fatta nevicare da un colino, cospargete con un trito fine di prezzemolo, sistemate di sale e pepe e servite.

Calamari alla Sant'Antioco

Ingredienti per 4 persone:
800 g di calamari puliti
una manciata di olive verdi denocciolate
2 spicchi d'aglio
un grosso pugno di pangrattato
100 g di pecorino piccante grattugiato
un pizzico di peperoncino in polvere
1 limone
1/2 bicchiere di olio extravergine di oliva
1/2 bicchiere di passata di pomodoro
un ciuffo di prezzemolo
sale

Tritate il prezzemolo e l'aglio, mescolateli con il pangrattato, il pecorino, sale, 4 cucchiai di olio, la scorza grattugiata del limone ed il succo.

Mescolate bene e, con il composto ottenuto, riempite le sacche dei calamari e chiudetele con uno stecchino. Mettete i calamari in un tegame con il resto dell'olio, le olive grossolanamente triturate, la passata di pomodoro e 1/2 bicchiere di acqua, e fate cuocere a fuoco moderato per circa 40 minuti. Controllate con i rebbi di una forchetta se i calamari sono teneri e servite.

Calamari farciti di Palau

Ingredienti per 4 persone:
800 g di calamari puliti
10 cucchiai di olio extravergine di oliva
300 g di cozze sgusciate
un ciuffo di prezzemolo
una manciata di olive verdi denocciolate
una manciata di capperi salati
2 spicchi d'aglio
un grosso pugno di pangrattato
4-5 grossi pomodori maturi
50 g di pecorino stagionato grattugiato
1/2 bicchiere di Vermentino di Sardegna
sale e pepe

Tritate finemente l'aglio, le olive e i capperi, e fateli rosolare in una padella con 2 cucchiai d'olio per qualche minuto. Aggiungete le cozze, anch'esse tritate, cuocete qualche minuto, poi unite il pangrattato, cuocete ancora per 5 minuti, mescolando di continuo e facendo addensare bene.

Spegnete il fuoco, unite il prezzemolo tritato, il pecorino, sale e pepe, mescolate bene e riempite con questa farcia le sacche dei calamari, che chiuderete con uno stuzzicadenti. Mettete il resto dell'olio in un tegame largo e basso, adagiatevi i calamari e fateli rosolare. Quando avranno preso colore sfumate con il vino, lasciatelo evaporare, aggiungete i pomodori tritati, aggiustate di sale e terminate la cottura a fuoco dolce.

Calamari farciti di scampi al Vermentino

Ingredienti per 4 persone:
800 g di calamari puliti
100 g di ricotta di pecora
50 g di pecorino stagionato grattugiato
100 g di scampi
un ciuffo di erba cipollina
1 scalogno
8 cucchiai di olio extravergine di oliva
1 tuorlo d'uovo
1/2 bicchiere di Vermentino di Sardegna
1 limone
un ciuffo di prezzemolo
2 spicchi d'aglio
sale e pepe

Tritate finemente gli scampi, sgusciati e puliti, assieme allo scalogno e all'erba cipollina e amalgamate bene con la ricotta, il tuorlo d'uovo, 2 cucchiai di olio, la buccia del limone grattugiata, il pecorino, sale e pepe. Riempite con questa farcia i calamari e richiudeteli con degli stecchini di legno.

In un tegame largo e basso versate un po' d'olio e adagiatevi i calamari. Lasciateli rosolare fino a quando prenderanno colore, quindi sfumateli col vino e portate a fine cottura. Prima di servire cospargeteli con un po' di prezzemolo tritato.

Calamari in umido

Ingredienti per 4 persone:
1 kg di calamari
1 cipolla
4 cucchiai di salsa di pomodoro
4 cucchiai di olio extravergine d'oliva
un ciuffo di prezzemolo
sale e un pizzico di peperoncino rosso piccante in polvere

Pulite bene i calamari e metteteli a lessare in abbondante acqua salata.

Tritate finemente la cipolla e mettetela a soffriggere nell'olio; quando sarà bionda aggiungete il pomodoro, il peperoncino e il prezzemolo finemente tritato. Unite i calamari. Coprite la pentola e fate cuocere per almeno mezz'ora. Assicuratevi che siano ben cotti pungendoli con i rebbi di una forchetta, quindi servite.

Calamari ripieni al Mandrolisai di Nuoro

Ingredienti per 4 persone:
800 g di calamari
4 filetti d'acciughe
1 uovo
1 limone
1 bicchiere di Mandrolisai di Nuoro
1 spicchio d'aglio
un grosso pugno di pangrattato
4 cucchiai di olio extravergine di oliva
un ciuffo di prezzemolo
sale e pepe

Pulite accuratamente i calamari e svuotateli delicatamente, lasciandoli interi. Tagliate i tentacoli e fateli bollire pochi minuti in una pentola con acqua leggermente salata e acidulata con il succo di limone. Una volta pronti, scolateli, lasciateli intiepidire e tritateli insieme all'aglio, alle acciughe e al prezzemolo. Unite a questo trito l'uovo e il pangrattato. Mescolate, salate e pepate e riempite con questa farcia le sacche dei calamari, tenendole chiuse con uno stecchino. Ponete l'olio in una teglia da forno, sistematevi i calamari, salateli, pepateli e irrorateli con il Mandrolisai di Nuoro. Fateli cuocere in forno preriscaldato a 180° per una ventina di minuti circa.

Calamari ripieni alla griglia

Ingredienti per 4 persone:
4 calamari grandi
un grosso pugno di pangrattato
un ciuffo di prezzemolo
2 spicchi d'aglio
4 cucchiai di olio extravergine di oliva
8 filetti d'acciuga
1 uovo
sale e pepe

Pulite molto bene i calamari. Asportate i tentacoli, che frullerete insieme ad acciughe, aglio e prezzemolo. Aggiungete il pangrattato, sale e pepe e l'uovo, quindi amalgamate bene, lavorando con le mani il composto, in modo da ottenere una farcia piuttosto consistente. Imbottite la sacca dei calamari e chiudeteli con gli stecchini. Conditeli all'esterno con olio, sale e pepe e cuoceteli su una griglia rovente, lasciandoli 5-6 minuti per lato, e rigirandoli spesso.

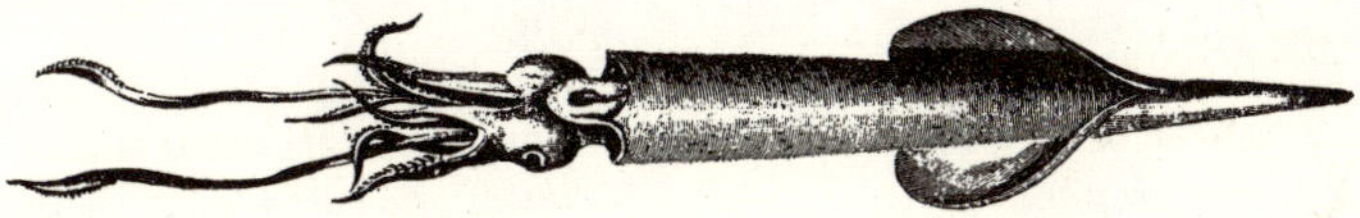

Calamari ripieni di carciofi

Ingredienti per 4 persone:
800 g di calamari
8 cucchiai di olio extravergine di oliva
8 carciofi
100 g di pangrattato
50 g di pecorino stagionato grattugiato
1 rametto di timo fresco
1 spicchio d'aglio
1 mestolo di brodo vegetale
sale e pepe

Pulite i carciofi, scartando le foglie esterne dure e le spine, e conservate solamente la parte morbida centrale. Sbollentate i cuori di carciofo per 10 minuti in abbondante acqua salata, quindi scolateli bene e frullateli. Amalgamate i carciofi con il pecorino e il pangrattato, in modo che il ripieno divenga abbastanza consistente, salate e pepate. Farcite le sacche dei calamari e tenetele chiuse con uno stecchino.

Disponete i calamari in una pirofila unta, cospargeteli con sale, timo e aglio tritato e irrorateli con un filo d'olio. Preriscaldate il forno a 180° e fatevi cuocere i calamari per almeno mezz'ora, sfumandoli con un po' di brodo vegetale se vedete che si seccano troppo.

Calamari ripieni di funghi

Ingredienti per 4 persone:
800 g di calamari puliti
300 g di funghi porcini
4 cucchiai di olio extravergine di oliva
1 rametto di timo
2 spicchi d'aglio
1 cucchiaio di farina
1 bicchiere di Vermentino di Sardegna
1 rametto di rosmarino
la mollica di 2 panini
1/2 bicchiere di latte
sale e pepe

Pulite i porcini, tagliateli a fette e tenete da parte alcune cappelle, sempre tagliate a fette sottili. Metteteli a soffriggere nell'olio con un trito fine di aglio e rosmarino, lasciandoli stufare una ventina di minuti. Se si dovessero asciugare troppo bagnateli con un goccio d'acqua. Quando saranno cotti lasciateli intiepidire.

Mettete nel mixer i porcini e la mollica di due panini bagnata nel latte e strizzata e frullate. Insaporite con sale e pepe e farcite con il composto i calamari. Ungete una padella, sistematevi i calamari, salateli e pepateli, ricopriteli con le fettine di funghi che avete tenuto da parte e cospargete il tutto con un trito di aglio, rosmarino e timo. Fateli prima rosolare dolcemente, poi sfumateli col vino e lasciateli stufare fino a quando sentirete con i rebbi di una forchetta che sono teneri. Addensate la salsina con un poco di farina e servite.

Calamari ripieni di ricotta

Ingredienti per 4 persone:
800 g di calamari puliti
50 g di pecorino stagionato grattugiato
3 uova
200 g di ricotta fresca di pecora
un ciuffo di prezzemolo
un pugno di mollica di pane raffermo
2 cipolle
2 spicchi d'aglio
250 g di pomodori sardi maturi
1 bicchiere di Vermentino di Sardegna
8 cucchiai di olio extravergine di oliva
sale e pepe

Frullate nel mixer le uova, il pecorino stagionato grattugiato, la ricotta, il prezzemolo e il pane sbriciolato finemente, sale e pepe. Riempite con questa farcia i calamari, chiudeteli con uno stuzzicadenti e metteteli a rosolare in una padella con l'olio e un trito fine di aglio e cipolla. Quando saranno dorati da tutte e due le parti sfumate col vino e quando sarà evaporato aggiungete i pomodori a pezzetti. Lasciate cuocere a fuoco dolce per mezz'ora bucherellando i calamari con i rebbi di una forchetta. Serviteli caldi.

Capitone di Oristano al sugo

Ingredienti per 4 persone:
1 capitone di circa 1 kg
1 cipolla
2 spicchi d'aglio
una manciata di olive verdi denocciolate
8 cucchiai di olio extravergine di oliva
una manciata di capperi salati
250 g di pomodori sardi maturi
un ciuffo di prezzemolo
1 limone
sale e pepe

Pulite il pesce, strofinandolo con cura per eliminare la parte viscida della pelle, e sciacquatelo. Togliete la testa, svisceratelo e tagliatelo a pezzi. Rosolatelo nell'olio bollente, girandolo da tutti i lati, quindi aggiungete la cipolla e l'aglio tritati e lasciate appassire.

Sfumate con il succo del limone, aggiungete i pomodori a pezzetti e alzate il fuoco per far evaporare il liquido di vegetazione. Quando il sugo si sarà un poco addensato unite un trito di olive e capperi e regolate di sale e pepe. Mettete il coperchio e fate cuocere a fuoco lento per circa mezz'ora. A cottura ultimata servite il capitone cospargendolo di prezzemolo finemente tritato e di pepe nero macinato al momento.

Capitone in umido di Cabras

Ingredienti per 4 persone:
1 capitone di circa 1 kg
2 spicchi d'aglio
qualche foglia di salvia
1/2 bicchiere di Vermentino di Sardegna
1 cipolla
1/2 bicchiere di aceto di vino bianco
250 g di pomodori sardi maturi
100 g di farina
4 cucchiai di olio extravergine di oliva
sale e pepe

Pulite il capitone eliminando la testa e le interiora. Tagliatelo a pezzi e lasciatelo per un paio d'ore in acqua e aceto. Tritate la cipolla e mettetela a rosolare in 4 cucchiai di olio, fino a quando sarà dorata. Unite lo spicchio d'aglio a fettine e i pezzi di capitone infarinati. Lasciateli dorare bene, quindi sfumate con il vino. Quando sarà parzialmente evaporato unite i pomodori a dadini e le foglie di salvia. Salate, pepate e fate cuocere a fiamma dolce per 35-40 minuti circa. Servite caldo.

Capone con cicoria selvatica

Ingredienti per 4 persone:
400 g di filetti di capone
100 g di farina
olio per friggere
2 spicchi d'aglio
400 g di cicoria selvatica
8 cucchiai di olio extravergine di oliva
sale e pepe

In una padella portate l'olio a temperatura e friggetevi i filetti di capone infarinati. Quando saranno dorati toglieteli con una schiumarola e fate scolare l'unto in eccesso su un foglio di carta assorbente da cucina. Lavate bene la cicoria, sbollentatela in acqua salata e scolatela, strizzandola bene.

In un'altra padella mettete l'olio di oliva, fate soffriggere gli spicchi d'aglio tagliati a fettine e mettete a saltare la cicoria. Poco prima di servire unite i filetti di cappone, lasciateli insaporire, salate, pepate e servite.

Capone farcito

Ingredienti per 4 persone:
1 capone grosso
un ciuffo di prezzemolo
2 spicchi d'aglio
1 cipolla
una manciata di capperi salati
una manciata di olive verdi denocciolate
1 uovo sodo
250 g di pomodori sardi maturi
4 cucchiai di olio extravergine di oliva
1/2 bicchiere di Vermentino di Sardegna
sale e pepe

Lavate il capone, svisceratelo ed eliminate la lisca centrale. Passate al frullatore prezzemolo, aglio, cipolla, capperi, olive e l'uovo sodo. Mescolate bene per amalgamare il ripieno e farcite il ventre del pesce. Chiudete l'apertura con degli stecchini, quindi ungete bene una teglia da forno, deponetevi il capone. A parte tritate la cipolla e mettetela a soffriggere nell'olio fino a quando sarà dorata; aggiungete i pomodori a pezzetti e alzate il fuoco per far evaporare il liquido di vegetazione. Quando il sugo si sarà addensato, salate, pepate e cospargetene il pesce. Sfumate con il vino bianco e fate cuocere in forno caldo a 200° per circa 30 minuti.

Capone profumato agli agrumi

Ingredienti per 4 persone:
1 capone grosso
il succo di 1 limone e di 1 arancia
1 spicchio d'aglio
un ciuffo di prezzemolo
un pizzico di origano
20 g di burro
sale e pepe

Preparate la marinata mescolando succo d'arancia e di limone, sale, pepe, un trito fine di aglio e prezzemolo e l'origano. Mettete il pesce in un contenitore di vetro, cospargetelo con la marinata e lasciatelo riposare per 2 ore al fresco girandolo spesso in modo che si insaporisca.

Ungete una padella dal fondo pesante col burro e rosolate velocemente il pesce dai due lati, in modo che prenda un bel colore dorato. Bagnate con un po' di marinata, fatela asciugare e servite caldissimo.

Capone ripieno ai fichi secchi

Ingredienti per 4 persone:
1 capone grosso
100 g di riso bollito
50 g di burro
100 g di fichi secchi
1 bicchiere di Vermentino di Gallura
1 uovo sodo
1 cipolla
1 confezione di panna
un ciuffo di prezzemolo
sale e pepe

Sviscerate, squamate e lavate il capone e salatelo.

In un tegame sciogliete una noce di burro, rosolate la cipolla tritata con i fichi secchi tagliati a pezzetti piccoli, unite il riso bollito, sale, pepe e l'uovo sodo tritato. Fate insaporire per 5 minuti poi spegnete il fuoco e lasciate raffreddare. Riempite il ventre del pesce con la farcia e chiudete l'apertura con alcuni stecchini. Mettete il capone in una teglia da forno unta, quindi cuocetelo in forno già caldo a 180°. Appena il pesce comincia a prendere colore, sfumatelo col vino e portatelo a cottura. 5 minuti prima di toglierlo dal forno cospargetelo con la panna e il prezzemolo tritato finemente.

Cefali in salsa al Filu 'e Ferru

Ingredienti per 4 persone:

4 cefali
1/2 bicchiere di Filu 'e Ferru
50 g di burro
1 spicchio d'aglio
4 cucchiai di olio extravergine di oliva
sale e pepe

Fate scaldare in un tegame 4 cucchiai d'olio e rosolate uno spicchio d'aglio intero. Levatelo non appena sarà dorato. Rosolate i cefali, che avrete ben puliti, sviscerati e filettati. Annaffiateli con un bicchiere di grappa Filu 'e Ferru e lasciatela evaporare. Aggiustate di sale e pepe. Cuocete a fiamma dolce per 10 minuti, quindi fate nevicare da un setaccio un po' di farina per addensare la salsa, mescolate e servite.

Cefalo alle olive e uva appassita

Ingredienti per 4 persone:

4 cefali
50 g di farina
olio per friggere
250 g di pomodori sardi maturi
una manciata di uvetta appassita
una manciata di olive verdi denocciolate
1/2 bicchiere di Vermentino di Sardegna
1 cipolla
un ciuffo di prezzemolo
sale e pepe

Sviscerate, pulite e filettate i cefali, infarinateli e friggeteli nell'olio, girandoli in modo che diventino dorati da ambedue le parti. Quando saranno cotti poneteli a scolare l'unto in eccesso su un foglio di carta assorbente da cucina.

Tritate la cipolla e mettetela a rosolare nell'olio d'oliva, e quando sarà dorata aggiungete l'uvetta che avrete fatto reidratare in un po' di acqua tiepida, le olive grossolanamente sminuzzate, sale e pepe. Lasciate soffriggere un poco, quindi unite i pomodori a dadini, alzando il fuoco per far evaporare l'acqua di vegetazione. Quando la salsa sarà densa ponetevi a insaporire i cefali, sfumando con il vino. Prima di servire spolverate con prezzemolo tritato.

Cernia al finocchio selvatico

Ingredienti per 4 persone:

1 cernia di almeno 1 kg
1 kg di finocchi selvatici
1 cipolla
100 g di farina
1/2 bicchiere di Vermentino di Sardegna
100 g di pomodori secchi
4 cucchiai di olio extravergine di oliva
sale pepe

Mondate i finocchi, lavateli e lessateli in acqua leggermente salata. Scolateli conservando la loro acqua e tagliateli a pezzi. Tagliate a pezzi la cernia, dopo averla sviscerata e filettata.

Sbucciate la cipolla e tritatela finemente. Insaporite la polpa della cernia con sale e pepe e infarinatela leggermente. Versate l'olio in una casseruola e, quando sarà ben caldo, unite i pezzi di cernia e fateli rosolare bene. Aggiungete la cipolla e lasciatela imbiondire, quindi bagnate con mezzo bicchiere di vino e fatelo sfumare. Unite alla cernia anche i pomodori secchi, grossolanamente spezzettati, regolate di sale e pepe e proseguite la cottura per circa un'ora, bagnando di tanto in tanto con l'acqua di cottura dei finocchi.

Mettete a insaporire i finocchi, mescolate, lasciate cuocere ancora per 5 minuti, quindi togliete dal fuoco e servite subito, ben caldo.

Cernia al forno

Ingredienti per 4 persone:
1 cernia di almeno 1 kg
1/2 bicchiere di Vermentino di Sardegna
1 rametto di timo fresco
1 rametto di rosmarino
qualche foglia di salvia
un ciuffo di finocchietto selvatico
4 cucchiai di olio extravergine d'oliva
sale e pepe

Squamate e sventrate il pesce, lavatelo fuori e dentro, poi asciugatelo. Con un coltello praticate sui fianchi del pesce una serie di tagli trasversali equidistanti, per facilitarne la cottura. Ungete di olio una teglia che possa contenere comodamente la cernia, foderatela con carta da forno, ungete anche questa, poi posatevi sopra la cernia. Insaporitela con sale e pepe e con le foglioline di timo, il rosmarino, la salvia e il finocchietto selvatico. Cuocete in forno caldo a 180° per 40 minuti, sfumando con il vino a metà cottura.

Cernia al verde

Ingredienti per 4 persone:
1 kg di cernia
1 cipolla
2 spicchi d'aglio
un grosso ciuffo di prezzemolo
peperoncino piccante in polvere
4 cucchiai di olio extravergine di oliva
1/2 bicchiere di Vermentino di Sardegna
sale e pepe

In un tegame basso e largo mettete l'olio e soffriggete il trito finissimo di cipolla fresca, aglio e metà mazzo di prezzemolo insieme a un pizzico di peperoncino. Bagnate con il vino il soffritto e lasciatelo evaporare. Aggiungete un bicchiere d'acqua e aggiustate di sale.

Lavate, sviscerate e filettate la cernia, dividendola in tranci. Ponete la polpa a insaporire nel sughetto, mettete un coperchio e lasciate cuocere per circa 20 minuti. Prima di servire cospargete con il restante prezzemolo tritato finissimo.

Cernia con piselli e zafferano

Ingredienti per 4 persone:
1 kg di cernia
1 cipolla
un ciuffo di prezzemolo
250 g di pisellini freschi
1 bustina di zafferano di Sardegna
4 cucchiai di olio extravergine di oliva
1/2 bicchiere di Vermentino di Sardegna
sale e pepe

In un tegame basso e largo mettete l'olio e soffriggete un trito finissimo di cipolla fresca, quando sarà dorato aggiungete i piselli. Bagnate con il vino il soffritto e lasciatelo evaporare. Bagnate con un bicchiere d'acqua e aggiustate di sale e pepe. Controllate con i rebbi di una forchetta che i piselli siano cotti, quindi aggiungete lo zafferano e mescolate per farlo sciogliere.

Lavate, sviscerate e filettate la cernia, dividendola in tranci. Ponete la polpa a insaporire nel sughetto, mettete un coperchio e lasciate cuocere per circa 20 minuti. Prima di servire cospargete con un poco di prezzemolo tritato finissimo.

Cernia in fricassea di carciofi e olive nere

Ingredienti per 4 persone:
800 g di polpa di cernia
2 carciofi
una manciata di olive nere al forno denocciolate
2 spicchi d'aglio
1/2 bicchiere di Vermentino di Sardegna
1 cipolla
8 cucchiai di olio extravergine di oliva
un ciuffo di prezzemolo
sale e pepe

Mettete l'olio in un'ampia padella e fatevi rosolare un trito di aglio e cipolla. Quando sarà dorato unite la polpa di cernia, salate, pepate e sfumate col vino, lasciando cuocere a fuoco dolce.

A parte pulite bene i carciofi, togliendo le foglie dure esterne, le spine e il fieno, e tagliateli sottili con la mandolina. Poneteli a rosolare in un'altra padella con un po' di olio e un trito di aglio e prezzemolo per una ventina di minuti, eventualmente bagnando con acqua se si seccassero troppo. Unite le olive nere al forno sminuzzate e mescolate bene il tutto. Versate questo sughetto nella padella della cernia, fate cuocere ancora 5 minuti, mescolando, e servite.

Cernia piccante al pomodoro

Ingredienti per 4 persone:
800 g di filetti di cernia
300 g di pomodori maturi
2 spicchi d'aglio
un pizzico di peperoncino rosso piccante in polvere
4 cucchiai di olio extravergine di oliva
un ciuffo di prezzemolo
2 cucchiai di farina
sale e pepe

Infarinate leggermente i filetti di cernia e scottateli in padella con 2 cucchiai d'olio, girandoli e salandoli poco. Via via che li togliete dalla padella teneteli in caldo. Pulite un ciuffo di prezzemolo e tritatelo fine. Lavate i pomodori, apriteli, privateli dei semi e tagliateli a dadini. Fate imbiondire l'aglio tritato in una teglia con altri due cucchiai d'olio e un pizzico di peperoncinon piccante. Unite i pomodori, un pizzico di sale e pepe. Fate cuocere a fuoco basso per 15 minuti, lasciando disfare i pomodori. Adagiate i filetti di cernia nella salsa e fateli insaporire per 10 minuti a fuoco bassissimo, girandoli a metà cottura. Spegnete, aggiungete il prezzemolo tritato e servite.

Cernia ubriaca

Ingredienti per 4 persone:
800 g di filetti di cernia
2 bicchieri di Monica di Sardegna
1 cipolla
2 spicchi d'aglio
4 cucchiai di olio extravergine di oliva
250 g di pomodori sardi maturi
un ciuffo di prezzemolo
un pizzico di origano seccato
sale e pepe

Soffriggete nell'olio un trito di aglio e cipolla, badando che non prendano troppo colore. Unite il vino, i pomodori a dadini, il prezzemolo tritato, sale e pepe e l'origano.

Portate ad ebollizione, coprite e lasciate cuocere a fuoco allegro per 5 minuti per far addensare il sugo.

Salate e pepate i filetti di cernia, disponeteli in una teglia da forno unta, cospargeteli con la salsa al vino e cuocete in forno preriscaldato a 180° per 30-40 minuti. Se il composto si dovesse asciugare troppo sfumatelo con altro vino. Servite ben caldo.

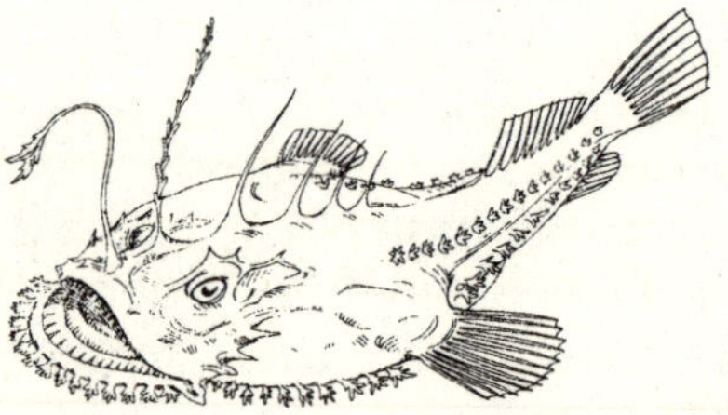

Coda di rospo alla brace

Ingredienti per 4 persone:
4 tranci di coda di rospo
4 cucchiai di olio extravergine di oliva
la scorza grattugiata di 1 limone
1 rametto di rosmarino
5-6 foglie di salvia
un pizzico di origano
1/2 bicchiere di Vermentino di Sardegna
sale e pepe macinato al momento

Lasciate insaporire per 2 ore i tranci di coda di rospo in una marinata preparata con l'olio, sale, pepe macinato al momento, la buccia grattugiata del limone, rosmarino, salvia e origano tritati e il vino. Rivoltate ogni tanto le fette di pesce in modo che si insaporiscano bene e cuocetele alla griglia, per pochi minuti, bagnandole con la loro marinata.

Cozze in panzanella

Ingredienti per 4 persone:
250 g di pomodori sardi maturi
2 kg di cozze
4 cucchiai di olio extravergine di oliva
1/2 bicchiere di Nasco di Cagliari
un ciuffo di prezzemolo
crostoni di pane abbrustolito
1 testa d'aglio
sale

Pulite le cozze, raschiandole bene. Mettete al fuoco una padella ampia, versatevi un filo d'olio d'oliva e fatevi aprire le cozze a fiamma viva.

Sfumate con il vino, aggiungete i pomodori a pezzettoni, cospargete di prezzemolo tritato e terminate la cottura aggiustando di sale.

Servite le cozze in panzanella con il loro sughetto e fette di pane abbrustolito, strofinato con uno spicchio d'aglio.

Dentice al bianco

Ingredienti per 4 persone:
1 dentice di almeno 1 kg
1 foglia di alloro
1/2 bicchiere di Vermentino di Sardegna
1 tuorlo d'uovo
40 g di burro
2 cucchiai di farina
1/4 di l di latte
un grosso pugno di pangrattato
sale e pepe

Pulite con cura il dentice, squamatelo, eliminate la coda e tagliate il corpo in quattro tranci. Mettete la testa e la coda in una casseruola con l'alloro, il vino bianco e 1/2 bicchiere di acqua. Fate cuocere per 10 minuti circa, poi filtrate il brodo ottenuto passandolo da un colino. In un pentolino fate sciogliere 30 grammi di burro, unite la farina, il brodo di pesce filtrato, un poco di sale e diluite tutto con il latte, mescolando continuamente. Portate il composto ad ebollizione, sempre mescolando, lasciatelo ben addensare e, a cottura ultimata, incorporate l'uovo, sbattendo bene con una frusta. Con il burro rimasto ungete una pirofila da forno, spolverizzatela con il pangrattato, sistematevi il dentice e copritelo con la salsa bianca. Fatelo cuocere in forno preriscaldato a 200° per 20 minuti circa.

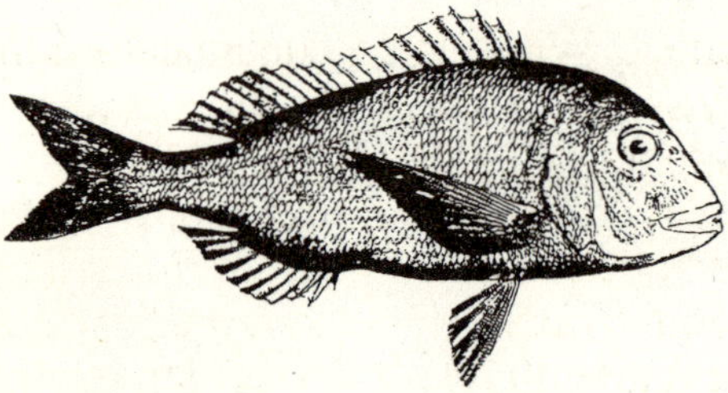

Dentice al cartoccio

Ingredienti per 4 persone:
4 grossi tranci di dentice
4 cucchiai di olio extravergine di oliva
il succo di 1 limone
un ciuffo di menta
un ciuffo di finocchio selvatico
2 spicchi d'aglio
sale e pepe

Adagiate i tranci di dentice su un foglio di carta stagnola doppia. Bagnate con il succo di limone. Condite con un goccio d'olio. Aggiungete l'aglio tagliato a fettine, un trito fine di menta e finocchio selvatico, sale e pepe. Chiudete il cartoccio non troppo stretto. Preriscaldate il forno a 200° e fate cuocere il dentice per 25-30 minuti.

Girate il cartoccio in modo da ottenere una cottura uniforme. Levate dal forno, fate riposare per 2 minuti, quindi aprite il cartoccio e servite.

Dentice all'acqua di mare

Ingredienti per 4 persone:
1 dentice di 1 kg circa
1 carota
1 costa di sedano
1 cipolla
2 spicchi d'aglio
un ciuffo di prezzemolo
4-5 bicchieri di acqua di mare
4 cucchiai di olio extravergine di oliva
sale e pepe

Pulite tutte le verdure e tagliatele a piccoli pezzettini, quindi squamate e sventrate il dentice, lavatelo sotto l'acqua corrente e asciugatelo bene. In una pentola sistemate sul fondo le verdure, adagiatevi sopra il dentice e ricoprite tutto con l'acqua di mare. Fate cuocere il dentice su fuoco medio per 15 minuti circa dall'inizio dell'ebollizione, quindi sgocciolatelo bene e sistematelo su un piatto di portata. Servite il dentice condito semplicemente con olio crudo, sale e pepe.

Dentice alla cagliaritana

Ingredienti per 4 persone:
1 dentice di circa 1 kg
1 foglia di alloro
1 carota
1 costa di sedano
1 bicchiere di Vermentino di Sardegna
1 tuorlo d'uovo
1/2 bicchiere di aceto di vino bianco
1 cucchiaio di zucchero
50 g di burro
30 g di farina
una manciata di olive nere denocciolate
50 g di pecorino stagionato grattugiato
1/4 di l di latte
un grosso pugno di pangrattato
sale e pepe

Pulite con cura il dentice, svisceratelo, squamatelo, eliminate la coda e la testa e tagliate il corpo in quattro tranci. Mettete la testa e la coda in una casseruola con l'alloro, sedano e carota a pezzetti, lo zucchero, il vino bianco, 1 bicchiere di acqua e 1/2 bicchiere di aceto. Fate cuocere per 15 minuti circa, poi filtrate il brodo ottenuto passandolo da un colino. In un pentolino fate sciogliere 30 grammi di burro, unite la farina, il brodo di pesce filtrato, un poco di sale e diluite tutto con il latte, mescolando. Portate il composto ad ebollizione, sempre girando, e, a cottura ultimata, incorporate l'uovo, le olive tritate e il pecorino. Con il burro rimasto ungete una pirofila da forno, spolverizzatela con il pangrattato, sistematevi il dentice e copritelo con la salsa. Passatelo in forno già caldo a 200° e fatelo gratinare per 20 minuti circa.

Dentice alla Vernaccia di Oristano

Ingredienti per 4 persone:
1 dentice grande
4 spicchi d'aglio
1 rametto di rosmarino
un ciuffo di salvia
3 bicchieri di Vernaccia di Oristano
4 cucchiai di olio extravergine di oliva
sale e pepe

Squamate il pesce, svisceratelo e pulitelo bene, lavandolo sotto acqua fredda corrente. Conditelo con sale e pepe, riempite il ventre con aglio a fettine, salvia e rosmarino e adagiatelo in una teglia da forno unta con un filo d'olio d'oliva extravergine. Spennellate anche la parte superiore, in modo uniforme, con olio d'oliva. Ricopritelo con la Vernaccia e infornate in forno preriscaldato a 180° per circa 20 minuti.

Una volta pronto il dentice, servitelo ben caldo.

Dentice alle erbe

Ingredienti per 4 persone:
4 dentici di media grandezza
un ciuffo di prezzemolo
1 spicchio d'aglio
1 rametto di timo fresco
1 foglia di alloro
1/2 bicchiere di succo di limone
1 dado vegetale
sale e pepe bianco

Squamate, sviscerate, lavate i dentici, quindi filettateli, adagiateli in una padella e bagnateli con il succo di limone filtrato e con 1 bicchiere di brodo di dado vegetale. Cospargete il tutto con il prezzemolo e l'aglio tritati, infine spolverate con un altro trito fine di timo, alloro, sale e il pepe. Lasciate cuocere col coperchio a fuoco basso per circa 10 minuti, poi rigirate il pesce e lasciatelo andare per altri 10 minuti. Servite il piatto caldo.

Dentice bollito in salsa di peperone

Ingredienti per 4 persone:
4 piccoli dentici
2 peperoni gialli
4 cucchiai di olio extravergine di oliva
2 spicchi d'aglio
un ciuffo di prezzemolo
2 cucchiai di passata di pomodoro
sale e pepe

Per il court-bouillon:
1 carota
1 cipolla
1 costa di sedano
un ciuffo di prezzemolo
2 foglie di alloro
pepe in grani

Pulite, squamate e sviscerate i dentici. Portate a ebollizione una pentola con un paio di litri di acqua e ponetevi a bollire gli ingredienti per il court-bouillon assieme agli scarti del pesce. Lasciate cuocere circa 15 minuti, poi filtrate il brodo e ponetevi a cuocere i dentici, per non più di 10 minuti. Scolateli bene, puliteli, filettateli e disponeteli in un piatto da portata che terrete al caldo. Tritate finemente il prezzemolo e l'aglio e metteteli a soffriggere nell'olio. Aggiungete i peperoni pestati con la mezzaluna e alzate il fuoco per far evaporare l'acqua di vegetazione. Quando la salsa si sarà addensata aggiungete il pomodoro, salate e pepate. Coprite con questo intingolo i dentici bolliti e servite.

Dentice farcito

Ingredienti per 4 persone:

1 dentice di circa 1 kg
un ciuffo di prezzemolo
2 spicchi d'aglio
un porro (solo la parte bianca)
un pugno di pangrattato
250 g di pomodori sardi maturi
4 cucchiai di olio extravergine di oliva
2 cipolle
2 carote
1 cuore di sedano bianco
1 bicchiere di Vermentino di Sardegna
sale e pepe bianco

Squamate e pulite il dentice, eliminate testa e coda, apritelo a libro, togliete la lisca e tagliatelo in 4 pezzi. Fate un trito con prezzemolo, aglio, porro, condite con sale e pepe, amalgamate con un po' di pangrattato e farcitene i pezzi di pesce, tenendoli chiusi con uno stecchino.

Tagliate a pezzettini, carote, cipolle e sedano, metteteli a soffriggere in un tegame con l'olio e fate rosolare bene. Aggiungete i pomodori tritati e fate addensare il sugo alzando la fiamma.

Unite i pezzi di pesce farciti, bagnate con un goccio di vino e fate cuocere per circa 10-12 minuti.

Servite subito.

Filetti di branzino ai funghi porcini e noci

Ingredienti per 4 persone:

800 g di filetti di branzino
200 g di funghi porcini freschi
2 spicchi d'aglio
un ciuffo di prezzemolo
una manciata di gherigli di noce
1/2 bicchiere di Vernaccia di Oristano
4 cucchiai di olio extravergine di oliva
sale e pepe

Pulite e lavate bene i funghi e tagliateli a pezzetti. Mettete una pentola bassa sul fuoco e fate soffriggere nell'olio l'aglio tritato, quindi aggiungete i funghi e fateli cuocere una ventina di minuti, sfumandoli con un goccio di vino se si dovessero asciugare troppo.

Quando i funghi saranno quasi cotti aggiungete i filetti di branzino e il prezzemolo tritato. Aggiustate di sale e pepe nero, coprite e lasciate cuocere per non più di 10 minuti. Prima di servire, cospargete il tutto con sale, pepe e un trito molto fine di gherigli di noce.

Filetti di cernia al prezzemolo e cipollotti

Ingredienti per 4 persone:

4 grossi filetti di cernia
100 g di farina
4 cipollotti
un ciuffo di prezzemolo
4 cucchiai di olio extravergine d'oliva
1 limone
sale e pepe

Pulite i cipollotti e tritate la parte bianca finemente assieme al prezzemolo. Affettate il limone. Mettete l'olio in una padella e ponete a rosolare la parte verde dei cipollotti, tagliata a rondelle sottili. Fatela stufare a fuoco dolce, aggiungendo un goccio d'acqua, per almeno 20-25 minuti. Aggiungete i filetti di cernia infarinati, fateli cuocere per pochi minuti, quindi conditeli con sale e pepe e cospargeteli con il trito di prezzemolo e bianco del cipollotto. Guarnite con le fette di limone.

Filetti di cernia al rosmarino e patate

Ingredienti per 4 persone:
800 g di filetti di cernia
400 g di patate
un rametto di rosmarino
1 spicchio d'aglio
1 bicchiere di Vermentino di Sardegna
10 cucchiai di olio extravergine di oliva
un grosso pugno di pangrattato
sale e pepe

Pelate le patate e tagliatele a fette molto sottili. Versate l'olio in una teglia da forno. Adagiateci le patate a formare un letto, disponetevi sopra i filetti di cernia, salate e pepate. Ricoprite il tutto con un trito di rosmarino e aglio. Cospargete con un po' di pangrattato, irrorate con ancora un po' di olio e il vino. Infornate a forno caldo a 180° per 20 minuti circa.

Filetti di cernia all'aglio

Ingredienti per 4 persone:
800 g di filetti di cernia
1 bicchiere d'olio extravergine di oliva
il succo di 1/2 limone
20 spicchi d'aglio
un ciuffo di prezzemolo
sale

Mettete a marinare i filetti di cernia in un piatto fondo con l'olio, il succo di limone, l'aglio tritato, sale e pepe. Lasciateli in infusione per 4-5 ore.

Filtrate la marinata e frullate l'aglio, amalgamandolo con sale e pepe.

Scaldate bene una padella antiaderente e fate cuocere i filetti di cernia, scolati dalla marinata, girandoli non appena si sarà formata una crosticina bruna su un lato, e passandoli in un piatto preriscaldato non appena la crosticina si sarà formata anche dall'altra parte. Salateli, posate su ognuno un pizzico di prezzemolo tritato e qualche cucchiaiata di aglio frullato e servite.

Filetti di cernia con salsa worcestershire

Ingredienti per 4 persone:
400 g di filetti di cernia
1 limone
2 cucchiai di farina
1 cucchiaio di salsa worcestershire
una goccia di tabasco
1/2 bicchiere di Vermentino di Sardegna
4 cucchiai di olio extravergine di oliva
sale e pepe

Adagiate i filetti di cernia in una terrina larga, senza sovrapporli, e lasciateli in infusione in una marinata composta con il succo di limone, 1 bicchiere di vino, 1 cucchiaio di salsa worcestershire, una goccia di tabasco e un pizzico di sale. Fateli marinare per 1 ora circa. Sgocciolate i filetti, asciugateli e passateli nella farina. Rosolateli nell'olio caldo, a fuoco basso affinché cuociano in modo uniforme sia all'interno che all'esterno, sfumandoli con la marinata.

Serviteli subito.

Filetti di orata alla griglia in salsa di pomodoro e basilico

Ingredienti per 4 persone:
800 g di filetti di orata
1/2 bicchiere di succo di limone
un rametto di rosmarino
2 spicchi d'aglio
250 g di pomodori sardi maturi
un ciuffo di basilico
4 cucchiai di olio extravergine di oliva
una manciata di scorza d'arancia
2 cipolle
sale e pepe

In una ciotola preparate una marinata mescolando il succo di limone, 2 cucchiai di olio, l'aglio e il rosmarino ben tritati, sale e pepe. Versate la marinata sui filetti di orata, copriteli e lasciateli riposare in frigorifero per circa un paio d'ore. Frullate i pomodori, il basilico, le cipolle, l'olio rimasto e la scorza d'arancia. Aggiungete un pizzico di sale e pepe. Sistemate i filetti di orata su una graticola rovente e lasciateli cuocere per circa 10 minuti, girandoli su entrambi i lati. Quando saranno cotti disponeteli nei singoli piatti. Versate 2 cucchiai di salsa di pomodoro e basilico su ogni filetto e servite.

Filetti di orata gratinati al pecorino

Ingredienti per 4 persone:
800 g di filetti di orata
1/2 bicchiere di Vermentino di Sardegna
50 g di burro
100 g di pecorino stagionato grattugiato
50 g di farina
1/2 bicchiere di latte
sale e pepe

Imburrate una pirofila da forno e adagiatevi i filetti di orata. Irrorateli con il vino e ricoprite la teglia con un foglio di carta d'alluminio. Fateli cuocere in forno già caldo a 180° per circa 15 minuti, quindi toglieteli dal forno e scolate il liquido di cottura.

Fate sciogliere il burro in una pentolina, unite la farina, stemperate con il liquido di cottura dei filetti e mescolate, allungando la salsa con un poco di latte. Aggiustate di sale, pepe e, quando si sarà addensata, toglietela dal fuoco. Unite i 2/3 del pecorino e mescolate.

Cospargete i filetti di orata con la salsa, spolverizzateli col pecorino rimasto, salate, pepate e rimettete in forno a gratinare fino a quando vedrete che si è formata una crosticina dorata. Servite subito.

Filetti di pesce con piselli

Ingredienti per 4 persone:
800 g di filetti di pesce azzurro misto
500 g di piselli freschi
250 g di pomodori sardi maturi
1 cipolla
1 spicchio d'aglio
1 limone
un ciuffo di prezzemolo
1 mestolo di brodo vegetale
4 cucchiai di olio extravergine di oliva
sale e pepe

Sgranate i piselli e lavateli. Lavate i pomodori e apriteli: privateli dei semi e tagliateli a cubetti. Pulite la cipolla e tritatela fine con l'aglio. Fate imbiondire il trito in una padella con l'olio. Unite i pomodori, i piselli, un ciuffo di prezzemolo tritato, un mestolo di brodo, sale e pepe. Lasciateli cuocere fino a quando sentirete con i rebbi di una forchetta che i piselli sono teneri. Unite i filetti di pesce e fateli cuocere 5 minuti. Spegnete e servite il pesce con i piselli, guarnendo i piatti con spicchi di limone.

Filetti di scorfano piccanti

Ingredienti per 4 persone:
800 g di filetti di scorfano
250 g di pomodori sardi maturi
4 carote
2 spicchi d'aglio
1 peperoncino rosso
1/2 bicchiere di Vermentino di Sardegna
1 limone
4 cucchiai di olio extravergine di oliva
un ciuffo di prezzemolo
sale

Pelate le carote e tagliatele a fettine. Lavate i pomodori e apriteli: privateli dei semi e tagliateli a cubetti. Lavate un ciuffo di prezzemolo e tritatelo con l'aglio. Fate appassire il trito in padella con 2 cucchiai d'olio. Unite i pomodori, le carote, il peperoncino intero e un pizzico di sale. Coprite il recipiente e fate cuocere a fuoco dolce per 10-15 minuti circa. Scoperchiate la padella e versate 1/2 bicchiere di vino, fate evaporare quasi completamente e unite i filetti di scorfano, regolando di sale. Girateli nell'intingolo affinché insaporiscano. Dopo 10 minuti spegnete la fiamma e fate intiepidire. Servite cospargendo con prezzemolo tritato.

Filetti di sgombro al pomodoro

Ingredienti per 4 persone:
800 g di filetti di sgombro
1 cipolla grossa
un ciuffo di prezzemolo
1/2 l di Vermentino di Sardegna
1 limone
1 cucchiaio di aceto di vino bianco
1/2 bicchiere di passata di pomodoro
1 bicchiere di brodo vegetale
2 cucchiai di farina
10 g di burro
sale e pepe

Mondate la cipolla e tagliatela a rondelle. Mettetela in una padella e versatevi 1/2 litro di vino, un bicchiere di acqua calda, sale e pepe. Portate a bollore, quindi unite i filetti di sgombro e il succo di limone. Coprite e fate cuocere a fuoco dolce per 5 minuti. Una volta cotti, sistemate i filetti su un piatto da portata e teneteli al caldo.

Intanto fate sciogliere in una casseruola il burro: incorporatevi pian piano la farina, facendola nevicare da un setaccio, sempre mescolando, quindi aggiungete un bicchiere di brodo vegetale in cui avrete sciolto la passata di pomodoro e un cucchiaio di aceto. Fate addensare la salsa, versatela sugli sgombri, cospargete con il prezzemolo tritato e servite.

Filetti di sgombro alle erbe aromatiche

Ingredienti per 4 persone:
800 g di filetti di sgombro
3 uova
un ciuffo di prezzemolo
un pizzico di origano
qualche foglia di salvia
un pugno di pangrattato
50 g di pecorino stagionato grattugiato
1 limone
4 cucchiai di olio extravergine di oliva
sale e pepe

Tritate finemente prezzemolo e salvia e mescolateli a un pizzico di origano. Passate i filetti di sgombro nell'uovo sbattuto, lasciandoveli per qualche minuto, poi nel pangrattato al quale avrete mescolato il trito d'erbe, una manciata di pecorino stagionato grattugiato, sale e pepe. Girateli bene, affinché si ricoprano uniformemente, poi metteteli in una teglia da forno unta con 4 cucchiai di olio e lasciateli cuocere a forno già caldo a 180° fino a quando saranno croccanti.

Servitele su piatti singoli, cosparsi con un poco del trito di salvia e prezzemolo, e guarniti con fettine di limone.

Filetti di triglia alla passata di pomodoro

Ingredienti per 4 persone:
800 g di filetti di triglia
1 cipolla
1/2 bicchiere di Vermentino di Sardegna
1 limone
1 bicchiere di passata di pomodoro
2 cucchiai di farina
4 cucchiai di olio extravergine di oliva
un grosso pizzico di origano
sale e peperoncino rosso piccante

Mondate la cipolla e tagliatela a rondelle, quindi fatela soffriggere nell'olio, sfumandola con il vino e il succo di limone. Aggiungete la passata di pomodoro e lasciate addensare il sugo. Condite con sale e peperoncino a piacere. Infarinate i filetti di triglia e poneteli a cuocere nell'intingolo, cospargendoli con abbondante origano secco. Serviteli caldi.

Frittelle di cernia

Ingredienti per 4 persone:
800 g di filetti di cernia
4 uova
100 g di farina
olio per friggere
sale e pepe

Sbattete le uova, unitevi la farina e formate una pastella abbastanza densa, diluendo con un bicchiere circa di acqua minerale e insaporendo con sale e pepe. Lasciatela riposare per un'ora circa.

Portate l'olio a temperatura.

Tagliate i filetti di cernia a pezzetti di circa 4-5 cm di larghezza, immergeteli nella pastella, quindi friggeteli in abbondante olio caldo. Toglieteli con una schiumarola quando saranno dorati da ambedue le parti e fate scolare l'unto in eccesso su un foglio di carta assorbente da cucina prima di servire, cosparsi di sale e pepe.

Fritto misto di pesce

Ingredienti per 4 persone:
100 g di triglie
100 g di alici
100 g di sardine
100 g di triglie
100 g di merluzzetti
100 g di soglioline
una manciata di farina
abbondante olio per friggere
sale

Pulite e sviscerate tutti i pesci e metteteli ad asciugare su carta assorbente. Cospargeteli di farina, poi fateli saltare in uno scolapasta per eliminare quella in eccesso. Mettete l'olio nella padella, avendo cura che sia abbastanza per coprire completamente il pesce, portatelo a temperatura e friggete i pesci. Toglieteli non appena saranno dorati e fateli asciugare su una carta da cucina per assorbire l'unto in eccesso. Cospargete di sale e servite.

Gallinella alle olive verdi

Ingredienti per 4 persone:
1 gallinella di mare grande
50 g di farina
8 cucchiai di olio extravergine d'oliva
1 rametto di rosmarino
1/2 bicchiere di Vermentino di Sardegna
una manciata di olive verdi denocciolate
sale e pepe

Pulite la gallinella, squamatela, svisceratela, lavatela e infarinatela da entrambi i lati. In una teglia da forno fate scaldare l'olio, sistematevi la gallinella e fatela dorare a fuoco allegro su fiamma viva per un paio di minuti per parte. Aggiungete le olive verdi tagliate a rondelle, il rametto di rosmarino, sale e pepe, e irrorate con il vino, quindi mettete la teglia nel forno preriscaldato a 180° per 12-15 minuti. Nel caso la salsa dovesse risultare troppo liquida, fate nevicare un poco di farina da un setaccio per addensarla. Salate, pepate e servite.

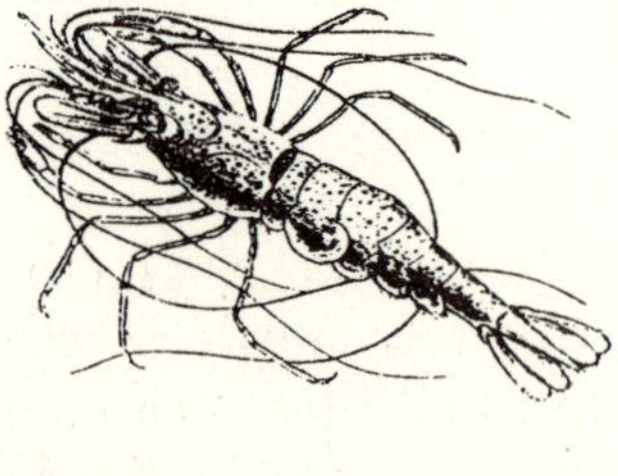

Gamberetti stufati alla cipolla

Ingredienti per 4 persone:
4 cipolle
1 kg di gamberetti
4 cucchiai di olio extravergine di oliva
2 peperoncini piccanti
4 cucchiai di salsa di pomodoro
sale

Lessate i gamberetti, ben puliti, per pochi minuti in acqua salata e sgusciateli. In una larga padella antiaderente mettete l'olio e le cipolle tagliate a spicchi a soffriggere per una decina di minuti, in modo che siano ben dorate, quindi aggiungete i gamberetti e fateli insaporire. Aggiungete la salsa di pomodoro e il peperoncino. Fate saltare il composto ancora 5 minuti e servite caldissimo.

Gattuccio con acciughe e patate

Ingredienti per 4 persone:
800 g di gattuccio a tranci
2 acciughe
4 patate
1 cipolla
1 spicchio d'aglio
un ciuffo di prezzemolo
1 bicchiere di Vermentino di Sardegna
1 limone
10 cucchiai di olio extravergine di oliva
sale e pepe

Spellate le fette di gattuccio e adagiatele in una terrina senza sovrapporle. Conditele con un filo d'olio, un pizzico di sale e pepe, bagnatele con un bicchiere di vino e il succo di 1 limone. Lasciate marinare per 1 ora almeno.

Lavate le acciughe sotto acqua corrente e filettatele. Mondate la cipolla e tagliatela a rondelle. Sbucciate le patate e tagliatele a fette non troppo sottili. Ungete con l'olio una teglia da forno e adagiatevi le fette di patata a formare un letto. Sopra ponete le rondelle di cipolla e cospargete il tutto con l'aglio e il prezzemolo tritati. Adagiate su questo letto i tranci di gattuccio, mettendo su ognuno un filetto di acciuga: versate la marinata nella teglia e ponetela a cuocere in forno già caldo a 160° per circa 30 minuti. Nel caso il composto si asciugasse troppo sfumate con un altro goccio di vino. Servite il pesce spolverizzandolo di prezzemolo tritato.

Gattuccio con acciughe e pomodoro

Ingredienti per 4 persone:
800 g di gattuccio in tranci
4 acciughe
250 g di pomodori sardi maturi
2 spicchi d'aglio
1 bicchiere di Vermentino di Sardegna
2 cucchiai di farina
10 cucchiai di olio extravergine di oliva
un pizzico di origano
un ciuffo di prezzemolo
un ciuffo di timo
sale e pepe nero in grani

Tritate un ciuffo di prezzemolo, uno spicchio d'aglio e il timo. Adagiate il pesce in una terrina e cospargetelo di trito, aggiungete l'origano e pepe nero in grani. Condite con un filo d'olio e bagnate con un bicchiere di vino. Lasciate marinare per 2 ore.

Pulite i pomodori e tagliateli a dadini. Filettate le acciughe. Sgocciolate il gattuccio, asciugatelo, infarinatelo e cuocetelo in padella con 4-5 cucchiai d'olio, quindi toglietelo e tenetelo in caldo.

Fate imbiondire l'altro spicchio d'aglio in una padella con il resto dell'olio. Toglietelo, unite i pomodori, le acciughe spezzettate, sale, pepe e fate cuocere a fuoco basso per circa 15 minuti, facendo disfare completamente i pomodori e addensando il sugo. Adagiate il gattuccio nella salsa e fatelo insaporire per 5 minuti a fuoco basso. Spegnete e servite.

Gattuccio con fagiolini e patate

Ingredienti per 4 persone:
800 g di gattuccio in tranci
250 g di fagiolini
500 g di patate
1 scalogno
1 bicchiere di brodo di pesce
1/2 bicchiere di Vermentino di Sardegna
100 g di farina
10 cucchiai di olio extravergine di oliva
sale e pepe

Mondate i fagiolini e fateli cuocere in acqua bollente salata, scolandoli al dente.

Sbucciate le patate, tagliatele a bocconi non troppo grossi e fatele lessare per 10 minuti nella stessa acqua dei fagiolini, quindi scolatele.

Tritate lo scalogno e mettetelo a soffriggere in una padella con un po' di olio. Quando sarà dorato mettete a insaporire le patate e i fagiolini, salate, pepate e bagnate il tutto con un po' di brodo di pesce.

Scaldate il resto dell'olio in una padella antiaderente. Fate rosolare i tranci di gattuccio infarinati e quando saranno dorati da ambedue le parti sfumate con il vino. Versate il gattuccio nella padella dei fagiolini e delle patate, lasciate insaporire 5 minuti, quindi servite.

Gattuccio con pinoli

Ingredienti per 4 persone:
800 g di gattuccio in tranci
50 g di pinoli
2 cucchiai di panna da cucina
2 spicchi d'aglio
un ciuffo di prezzemolo
1/2 bicchiere di Vermentino di Sardegna
4 cucchiai di olio extravergine di oliva
sale e pepe

Scaldate in un tegame un cucchiaio d'olio e fate tostare i pinoli, quindi passateli nel frullatore. Rimettete la crema di pinoli nel tegamino con l'olio e aggiungete la panna, amalgamando bene.

In un'ampia padella mettete a rosolare nell'olio un trito di aglio e prezzemolo, aggiungete il gattuccio e fatelo rosolare bene da entrambe le parti. Aggiustate di sale e pepe, irrorate con il vino e, prima di servire, unite la crema di pinoli.

Gattuccio con piselli

Ingredienti per 4 persone:
800 g di gattuccio in tranci
4 cucchiai di olio extravergine di oliva
un mestolo di brodo vegetale
2 spicchi di aglio
un ciuffo di prezzemolo
300 g di piselli freschi sgranati
sale e pepe

Tritate finemente aglio e prezzemolo e mettetelo a soffriggere nell'olio in una padella larga. Aggiungete i piselli e il brodo e lasciateli stufare a fuoco dolce fino a quando saranno cotti.

Unite i tranci di gattuccio e lasciate cuocere per una ventina di minuti, girando i tranci, salando e pepando.

Gattuccio piccante al pomodoro

Ingredienti per 4 persone:
800 g di gattuccio in tranci
250 g di pomodori sardi maturi
2 spicchi d'aglio
1 peperoncino rosso
8 cucchiai di olio extravergine di oliva
un ciuffo di prezzemolo
2 cucchiai di farina
sale e pepe

Infarinate leggermente i tranci di gattuccio e fateli rosolare in padella con 4 cucchiai d'olio, girandoli e salandoli. Teneteli in caldo. Nella stessa padella aggiungete il resto dell'olio e fate soffriggere un trito fine di aglio e prezzemolo, unite peperoncino rosso a piacere e i pomodori, tritati grossolanamente. Fate cuocere a fuoco basso per 15 minuti, lasciando disfare i pomodori. Adagiate i tranci di gattuccio nella salsa e fateli insaporire per 10 minuti a fuoco bassissimo, girandoli a metà cottura. Spegnete, aggiungete un poco di prezzemolo tritato e servite.

Grigliata di scampi

Ingredienti per 4 persone:
20 scampi
1 limone
un ciuffo di prezzemolo
1 rametto di rosmarino
1 bicchiere di Vernaccia di Oristano
4-5 foglie di salvia
1 rametto di timo
4 cucchiai di olio extravergine di oliva
sale e pepe

Private gli scampi del guscio, sciacquateli sotto acqua corrente, quindi sistemateli in una teglia grande.

Tritate finemente prezzemolo, timo, salvia e rosmarino e cospargete con questo trito gli scampi. Irrorateli con succo di limone, un filo d'olio e il vino. Aggiustate di sale e pepe. Fate marinare per un'ora.

Arroventate una griglia (il barbecue sarebbe meglio) e ponetevi a cuocere gli scampi, girandoli due o tre volte e spennellandoli ogni tanto con la marinata. Levate appena cotti e servite subito.

Gronco di Iglesias in bianco

Ingredienti per 4 persone:
800 g di gronco
1 bicchiere di latte
1 confezione di panna
1 rametto di timo
2 spicchi d'aglio
4 cucchiai di olio extravergine di oliva
sale e pepe

Pulite bene il gronco, pelatelo e tagliatelo a pezzi. Scaldate l'olio in una padella, con un trito fine di timo e aglio, aggiungete i tranci di gronco e bagnate con il latte, lasciando cuocere adagio, con il coperchio, per 20 minuti. Salate, pepate, aggiungete la panna, mescolate e servite.

Gronco in salsa piccante

Ingredienti per 4 persone:
800 g di gronco
1/2 bicchiere di Vermentino di Sardegna
250 g di pomodori sardi maturi
4 cucchiai di olio extravergine di oliva
2 peperoncini piccanti
4 spicchi d'aglio
sale e pepe

Pulite il gronco, spellatelo e tagliatelo a pezzi.

Tritate l'aglio e mettetelo a soffriggere nell'olio con i peperoncini e, prima che prenda colore, unite la polpa dei pomodori tagliata a dadini e il sale. Alzate il fuoco per far evaporare l'acqua di vegetazione, quindi unite i tranci di gronco, sfumateli col vino e fateli cuocere a fiamma bassa, con il tegame coperto, per 20-25 minuti. Servitelo ben caldo.

Involtini di tonno e pomodorini

Ingredienti per 4 persone:
400 g di tonno a fettine di 3-4 mm
2 cucchiai di pinoli
1 albume d'uovo
un pugno di pangrattato
1/2 bicchiere di Vermentino di Sardegna
70 g di pecorino grattugiato
250 g di pomodori sardi maturi
un ciuffo di prezzemolo
8 pomodori secchi
una manciata di olive verdi denocciolate
1 spicchio d'aglio
8 cucchiai di olio extravergine d'oliva
sale e pepe

Rifilate le fettine di tonno, ricavando 16 pezzi. Rosolate i ritagli con due cucchiate d'olio, sfumate con metà del vino, aggiungete un pomodorino tritato, il pangrattato, i pinoli e fare cuocere per tre minuti. Passate il composto al mixer unendo l'albume, il pecorino, metà del prezzemolo, sale e pepe. Spalmate la farcia sulle fette di tonno e chiudetele formando degli involtini che infilzerete su uno stecco di legno, alternandoli col pomodoro secco e terminando con un'oliva. Rosolateli in padella con aglio e olio, fino a quando saranno ben dorati. Sfumate col resto del vino, aggiungete i pomodori a spicchi, regolate di sale e pepe. Fate cuocere altri 3 minuti e spolverate con prezzemolo tritato prima di servire.

Involtini di tonno ripieni di alici piccanti

Ingredienti per 4 persone:
400 g di tonno a fettine di 3-4 mm
4 alici grosse
10 cucchiai di olio extravergine di oliva
2 spicchi d'aglio
50 g di pecorino stagionato grattugiato
1 peperoncino piccante
sale e pepe

Rifilate le fettine di tonno, ricavando 16 pezzi.

Pulite le alici, eliminate la testa e la lisca e filettatele. Mettete in un tegame metà dell'olio, l'aglio tritato e il peperoncino tagliuzzato. Aggiungete i filetti di alici, condite con pochissimo sale e cuocete a lungo fino a quando si saranno spappolati. Spegnete il fuoco e lasciate intiepidire, poi mantecate con il pecorino stagionato grattugiato.

Spalmate la farcia sulle fette di tonno e chiudetele formando degli involtini chiudendoli con uno stecchino. Scaldate l'altra metà dell'olio e fate rosolare gli involtini di tonno fino a quando saranno ben dorati. Servite subito.

Medaglioni di aragosta all'algherese

Ingredienti per 4 persone:
1 aragosta di almeno 1 kg
2 spicchi d'aglio
un ciuffo di prezzemolo
un grosso pugno di pangrattato
1/2 bicchiere di Torbato di Alghero
50 g di burro
sale e pepe

Con un coltello molto affilato aprite il carapace dell'aragosta ed estraete la polpa intera. Tagliatela a fette. Fate sciogliere il burro in una pirofila da forno, lasciate rosolare uno spicchio d'aglio intero e, quando sarà dorato, toglietelo. Aggiungete i medaglioni di aragosta. Irrorate con il Torbato e lasciatelo evaporare. Cospargete la superficie dei medaglioni con pangrattato e un trito fine di prezzemolo e aglio. Salate, pepate e mettete una noce di burro su ogni medaglione. Fate gratinare in forno preriscaldato a 250° fino a quando vedrete che si forma una crosticina dorata. Sfornate e servite.

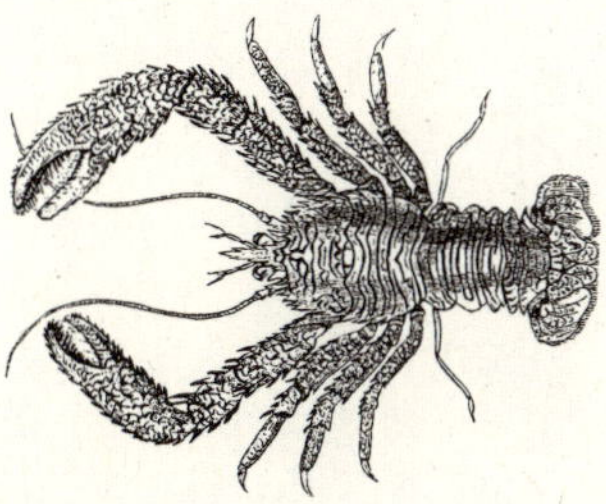

Medaglioni di aragosta all'arancia

Ingredienti per 4 persone:
1 aragosta di almeno 1 kg
50 g di burro
1 confezione di panna
3 arance
sale e pepe

Per il court-bouillon:
30 g di burro
1 carota
1 cipolla
1/2 bicchiere di Vermentino di Sardegna
un ciuffo di prezzemolo
2-3 foglie di alloro
1 rametto di timo
sale e pepe in grani

Mettete in una pentola capiente gli ingredienti per il court-bouillon e portate a ebollizione. Tuffateci dentro l'aragosta e lasciatela cuocere una mezz'ora o più, a seconda delle dimensioni, quindi scolatela, aprite il carapace con un coltello molto affilato, estraete la polpa e tagliatela a medaglioni.

Fate fondere il burro in una padella, sistematevi i medaglioni di aragosta, salate, pepate, sfumate con il succo delle arance e lasciateli cuocere a fuoco dolcissimo per 10 minuti. Unite la panna, mescolate, lasciate addensare e servite.

Mormora alla sarda

Ingredienti per 4 persone:
800 g di filetti di mormora
250 g di pomodori sardi maturi
1/2 bicchiere di Vermentino di Sardegna
una manciata di olive verdi denocciolate
una manciata di olive nere denocciolate
una manciata di capperi salati
2 spicchi d'aglio
4 cucchiai di olio extravergine di oliva
un ciuffo di prezzemolo
sale e pepe

Tritate grossolanamente le olive e i capperi dissalati. A parte tritate l'aglio e il prezzemolo. In una padella capiente fate rosolare nell'olio il trito di aglio e prezzemolo, aggiungete i pomodori sardi a cubetti e alzate il fuoco per far evaporare l'acqua di vegetazione. Salate e pepate e unite il trito di olive e capperi. Mescolate, mettete a insaporire i filetti di mormora, sfumate col vino e lasciateli cuocere 10 minuti. Serviteli ben caldi.

Mormora con salsa al limone

Ingredienti per 4 persone:
800 g di filetti di mormora
il succo di 4 limoni
1/2 bicchiere di Vermentino di Sardegna
un ciuffo di erba cipollina
1 confezione di panna
sale e pepe

Adagiate i filetti in una pirofila da forno unta e metteteli a cuocere in forno preriscaldato a 180° per 10 minuti, bagnandoli con il succo di 1 limone.

In una pentolina amalgamate il succo dei restanti 3 limoni spremuto, il vino e la panna, fate bollire a fiamma alta, aggiungete sale e pepe e, quando la salsa si sarà addensata, unite l'erba cipollina sminuzzata. Cospargete i filetti di mormora con la salsa al limone e servite.

Muggine al pomodoro

Ingredienti per 4 persone:
800 g di filetti di muggine
1 cipolla grande
un ciuffo di prezzemolo
1/2 l di Vermentino di Sardegna
1 limone
1 cucchiaio di aceto di vino bianco
1/2 bicchiere di passata di pomodoro
1 bicchiere di brodo vegetale
2 cucchiai di farina
30 g di burro
4 cucchiai di olio extravergine d'oliva
sale e pepe

Mondate la cipolla e tagliatela a rondelle. Mettetela in una padella e versatevi 1/2 litro di vino, l'olio, un bicchiere di acqua calda, sale e pepe. Portate a bollore, quindi unite i filetti di muggine e il succo di limone. Coprite e fate cuocere a fuoco dolce per 10 minuti. Quando saranno cotti, scolateli e teneteli al caldo su un piatto da portata. Intanto fate sciogliere in una casseruola il burro, incorporatevi pian piano la farina, facendola nevicare da un setaccio, sempre mescolando, quindi aggiungete un bicchiere di brodo vegetale in cui avrete sciolto la passata di pomodoro e un cucchiaio di aceto. Fate addensare la salsa, irrorate i filetti di muggine, cospargete con il prezzemolo tritato e servite.

Muggine alle acciughe

Ingredienti per 4 persone:
800 g di filetti di muggine
4 acciughe salate
1/2 bicchiere di Vermentino di Sardegna
1 limone
2 spicchi d'aglio
un ciuffo di prezzemolo
100 g di farina
6 cucchiai di olio extravergine di oliva
sale e pepe

Lavate, asciugate e infarinate leggermente i filetti di muggine. Scaldate in un tegame 4 cucchiai d'olio e fatevi dorare il pesce da entrambi i lati.

Dissalate, diliscate e tritate le acciughe insieme a uno spicchio d'aglio e a un poco di prezzemolo. Unite un po' di succo di limone, sale e pepe, un cucchiaio d'olio e mezzo bicchiere di Vermentino.

Versate la salsa di acciughe sui filetti di muggine e fateli insaporire a fuoco dolce per 5 minuti circa, quindi servite.

Pilao di Calasetta

Ingredienti per 4 persone:
800 g di polpa di aragosta
4 cucchiai di olio extravergine di oliva
250 g di pomodori sardi maturi
un ciuffo di basilico
1 cipolla
300 g di fregula
sale e pepe

Con un coltello molto affilato aprite il carapace dell'aragosta, estraete la polpa e tagliatela a bocconi. Metteteli a rosolare in una padella ampia con l'olio e la cipolla tritata e fate dorare il tutto.

Quando è rosolata, aggiungete i pomodori tagliati a dadini e un poco di basilico spezzettato, salate e pepate. Fate cuocere dolcemente per circa 20 minuti, quindi togliete dalla padella l'aragosta, che terrete al caldo, e allungate il sugo con un mestolo di acqua. Aggiungete la fregula, mescolate e fate cuocere al massimo per 5 minuti. Servite il pilao nei singoli piatti, sistemando su un letto di fregula i tocchetti di aragosta.

Polipo affogato al Mandrolisai di Nuoro

Ingredienti per 4 persone:
1 polipo di circa 1 kg
1/2 bicchiere di olio extravergine di oliva
3 spicchi di aglio
1 bottiglia di Mandrolisai di Nuoro
1 peperoncino rosso intero
250 g di pomodori sardi maturi
un ciuffo di prezzemolo
sale

Spellate, svuotate, togliete gli occhi, la bocca e la vescichetta al polipo e battetelo con il pestacarne per ammorbidirlo. Lavatelo bene e mettetelo in una pentola alta e stretta (possibilmente di terracotta) con l'olio, l'aglio a fettine, il peperoncino rosso, i pomodori a dadini, un poco di prezzemolo tritato e il sale. Fate rosolare per una decina di minuti, quindi coprite con il Mandrolisai di Nuoro, mettete il coperchio e lasciate cuocere lentamente per circa 2 ore. Servitelo direttamente nella pentola di cottura.

Seppie e patate alla Malvasia di Basa

Ingredienti per 4 persone:
500 g di seppie
500 g di patate
2 pomodori maturi
1 cipolla
1 spicchio d'aglio
3 bicchieri di Malvasia di Basa
4 cucchiai di olio extravergine d'oliva
1 rametto di timo
sale e pepe nero

Staccate i tentacoli delle seppie dai corpi. Tagliate questi ultimi a pezzi. Mondate e tritate la cipolla e l'aglio e metteteli ad appassire in padella con un po' d'olio. Unite i tentacoli triturati. Bagnateli con un bicchiere di Malvasia di Basa e lasciatela evaporare. Aggiungete i pomodori a dadini e cuocete per 10 minuti. Unite le patate a dadini e i pezzi di seppia. Irrorate con la rimanente Malvasia di Basa e aggiustate di sale. Mettete il coperchio e cuocete per 20 minuti, assaggiando quando le seppie sono tenere. Prima di servire unite un po' di timo e una macinata di pepe.

Spiedini di tonno agli agrumi

Ingredienti per 4 persone:
800 g di tonno a tranci
4 cucchiai di paté di olive nere
1 spicchio d'aglio
4 cucchiai di olio extravergine d'oliva
2 limone
1 arancia
sale e pepe

Dai tranci di tonno ricavate dei pezzetti di circa 5 cm non troppo spessi. Amalgamate in una ciotolina il paté di olive con un poco di olio, insaporitelo con la buccia grattugiata del limone e lo spicchio d'aglio tritato. Spalmate i pezzetti di tonno con la crema di olive al limone, arrotolateli delicatamente e infilzateli su spiedi di metallo, alternandoli a fette di limone e di arancia. Adagiate gli spiedini in una grande teglia unta, spennellateli con un'emulsione di succo di limone e olio, salate e cuocete in forno preriscaldato a 200° per 8-10 minuti, girandoli una sola volta. Serviteli subito.

Spiedini di tonno e peperoni al finocchietto

Ingredienti per 4 persone:
800 g di tonno (una fetta intera)
1 peperone rosso
50 g di burro salato
un ciuffo di finocchietto
4 cucchiai di olio extravergine di oliva
sale e pepe

Tagliate il tonno a cubetti di 2 cm di lato, irrorateli con un filo di olio e pepe. Tritate finissimamente il finocchietto, poi impastatelo con il burro ammorbidito, dategli la forma di un cilindretto, avvolgetelo in un foglio di alluminio e fatelo consolidare in frigo. Alternate sugli spiedini i dadi di tonno e pezzetti di peperone e sistemateli in una grande teglia da forno unta. Spennellate di olio gli spiedini, salateli e fateli cuocere in forno caldo a 200° per 5 minuti, quindi serviteli con il burro al finocchietto tagliato a fettine.

Tonno ai peperoni

Ingredienti per 4 persone:
4 tranci di tonno
4 cucchiai di olio extravergine di oliva
1 peperone rosso
1 cipolla
1 spicchio d'aglio
un pizzico di origano
un ciuffo di prezzemolo
sale e pepe

In un tegame antiaderente scaldate l'olio e fate cuocere il peperone rosso, tagliato in strisce sottili, per 5 minuti. Tagliate le cipolle ad anelli e aggiungetele al tegame assieme all'aglio tritato e all'origano, continuate la cottura per altri 5 minuti. Aggiungete i tranci di tonno, mettete il coperchio e cuocete per 8-10 minuti, voltando il pesce. Insaporite con sale, pepe macinato al momento e un trito fine di prezzemolo, quindi servite.

Tonno ai semi di finocchio e Carignano del Sulcis

Ingredienti per 4 persone:
4 tranci di tonno
4 cucchiai di olio extravergine d'oliva
2 cucchiai di farina
1/2 bicchiere di Carignano del Sulcis
2 pizzichi di semi di finocchio
2 spicchi d'aglio
un ciuffo di prezzemolo
sale e pepe

Ungete il fondo di una padella antiaderente con l'olio e scottate i tranci di tonno. Quando sono cotti, metteteli in un piatto. Rimettete la padella sul fuoco a fiamma bassa e fatevi scaldare l'olio, unite la farina e mescolate per evitare la formazione di grumi. Unite poi il Carignano del Sulcis e i semi di finocchio, mescolate e fate cuocere su fiamma moderata finché il sugo si sarà addensato. Rimettete in padella i tranci di tonno, regolate di sale e pepe, cuocendoli a fuoco dolce per 5 minuti per insaporirli. Cospargete il tutto di prezzemolo tritato, mescolate e servite.

Tonno al caprino

Ingredienti per 4 persone:
4 tranci di tonno
200 g di formaggio caprino fresco
un grosso ciuffo di basilico
2 spicchi d'aglio
un ciuffo di prezzemolo
2-3 cucchiai di latte
sale e pepe

Versate 2 dita d'acqua in una casseruola per la cottura a vapore. Sulla griglia posate una quindicina di foglie di basilico, mettetevi i tranci di tonno salati e ricoprite con qualche foglia di basilico. Coprite, portate a bollore l'acqua e cuocete per circa 20 minuti. Intanto tritate il rimanente basilico, il prezzemolo e l'aglio. Stemperate il caprino fresco nel latte, salate, pepate e unite il trito di erbe e aglio, mescolando con un cucchiaio di legno. Quando il tonno è cotto servitelo spalmato di salsa al caprino.

Tonno al pomodoro

Ingredienti per 4 persone:
4 tranci di tonno
1 spicchio d'aglio
250 g di pomodori sardi maturi
2 grossi limoni
4 cucchiai di olio extravergine di oliva
sale e pepe

Adagiate i filetti di tonno in una pirofila da forno unta di olio. Distribuite sopra le fettine di un limone e il succo dell'altro. Aggiungete sul pesce la polpa di pomodoro grossolanamente tritata, un pizzico di sale e di pepe, l'aglio tritato e irroratelo con un filo d'olio. Coprite con un foglio d'alluminio e cuocete in forno preriscaldato a 180° per circa 20 minuti. Se il pesce secca troppo durante la cottura, aggiungete un po' di acqua tiepida.

Tonno al timo e limone

Ingredienti per 4 persone:
1 kg di limoni
4 tranci di tonno
1 rametto di timo fresco
un ciuffo di prezzemolo
4 cucchiai di olio extravergine di oliva
sale e pepe bianco

Spremete i limoni e aggiungete al succo il sale e il pepe bianco. Mettete in una pirofila il tonno, irroratelo con il limone e coprite con il timo finemente tritato. Cuocete in forno caldo a 180° per 20 minuti circa. Togliete il tonno dal forno, cospargetelo con un po' di prezzemolo tritato e servitelo con un filo di olio a crudo.

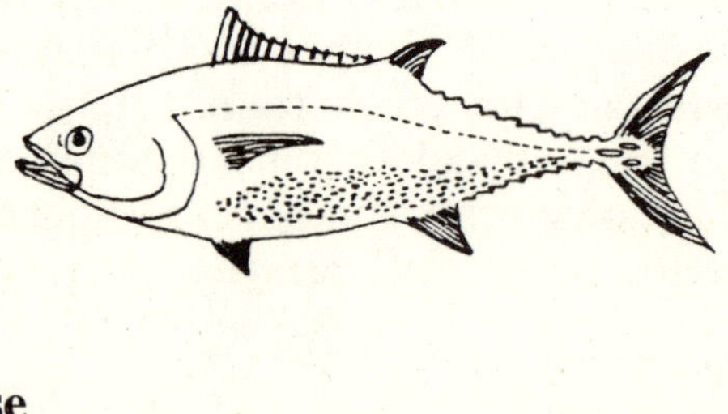

Tonno all'algherese

Ingredienti per 4 persone:
4 tranci di tonno
una manciata di olive nere denocciolate
1 limone
3 foglie d'alloro
1 costa di sedano
1 carota
1 cipolla
1/2 bicchiere di Vermentino di Sardegna
4 cucchiai di olio extravergine di oliva
sale

Tritate finemente la cipolla, la carota e il sedano e fateli rosolare in padella con un filo d'olio d'oliva, aggiungendo anche l'alloro. Quando il soffritto sarà dorato unite i tranci di tonno e fatelo cuocere a fiamma bassa per 20 minuti circa, girandolo di tanto in tanto. Sfumate con il vino, aggiungete le olive nere, aggiustate di sale e servite.

Tonno alla brace

Ingredienti per 4 persone:
4 tranci di tonno
4 cucchiai di olio extravergine d'oliva
la scorza grattugiata di 1 limone
1 rametto di rosmarino
5-6 foglie di salvia
un pizzico di origano
1/2 bicchiere di Vermentino di Sardegna
sale e pepe macinato al momento

Lasciate insaporire per 2 ore i tranci di tonno in una marinata preparata con l'olio, sale, pepe macinato al momento, la buccia grattugiata del limone, rosmarino, salvia e origano tritati e il Vermentino. Rivoltate ogni tanto le fette di pesce in modo che si insaporiscano bene e cuocetele alla griglia, per pochi minuti, bagnandole con la loro marinata.

Tonno con olive nere

Ingredienti per 4 persone:
1 kg di tonno fresco
6 spicchi d'aglio
50 g di farina
1 rametto di rosmarino
un ciuffo di prezzemolo
una grossa manciata di olive nere denocciolate
1/2 bicchiere di Vermentino di Sardegna
4 cucchiai di olio extravergine d'oliva
sale e pepe

Tagliate il trancio di tonno a dadi piuttosto grandi e infarinateli. Fate appassire in una casseruola un trito di aglio e rosmarino nell'olio, dopo pochi minuti aggiungete il tonno. Salate, pepate, aggiungete le olive nere e lasciate insaporire. Cospargete con il prezzemolo tritato, bagnate con il vino, poi mettete il coperchio e lasciate cuocere a fiamma bassa per una decina di minuti, quindi servite.

Tonno con patate e olive

Ingredienti per 4 persone:
800 g di tonno in un unico trancio
5-6 cipolle
3-4 patate
una grossa manciata di olive verdi
4 cucchiai di olio extravergine d'oliva
un ciuffo di prezzemolo
1/2 bicchiere di Vermentino di Sardegna
sale e pepe

Tagliate il tonno in fettine di circa 2 cm di spessore. Pelate le patate e affettatele a fette di circa 1 cm. Tagliate le cipolle a rondelle sottili, quindi fatele dorare nell'olio, sgocciolatele, mettetele in un piatto e tenetele da parte. Ungete con l'olio di cottura delle cipolle una teglia da forno, mettetevi le fettine di tonno e ricopritele con le cipolle, le olive verdi tagliate a rondelle e le patate. Salate, cospargete di prezzemolo tritato, bagnate con il vino bianco e cuocete in forno preriscaldato a 180°. Servite quando le patate saranno dorate e cotte.

Tonno in salsa alla ricotta e salvia

Ingredienti per 4 persone:
4 tranci di tonno
100 g di ricotta di pecora
4 cucchiai di olio extravergine d'oliva
8 foglie di salvia
1 cucchiaino di farina
sale e peperoncino piccante

Fate scaldare l'olio in una padella, unite la salvia sminuzzata e lasciate insaporire. Togliete dal fuoco e lasciate raffreddare per un momento. Intanto, stemperate la ricotta con una tazzina da caffè d'acqua, unite sale e peperoncino a volontà, versate nella padella e rimettete su fiamma vivace. Portate a bollore, lasciate addensare, quindi riducete la fiamma, adagiate in padella i tranci di tonno e cuocete a fuoco dolce per 5 minuti, girando il pesce per farlo insaporire bene.

Tonno marinato alla griglia

Ingredienti per 4 persone:
4 tranci di tonno
1/2 bicchiere di succo di limone
1 rametto di rosmarino
un ciuffo di basilico
10 foglioline di mirto
2-3 foglie di alloro
4 cucchiai di olio extravergine d'oliva
la scorza di un'arancia
sale e pepe

Adagiate le fette di tonno in un piatto fondo. In una ciotola amalgamate il succo di limone, la scorza d'arancia tritata, l'olio, il basilico, il rosmarino, il mirto e l'alloro tritati, sale e pepe. Versate la salsa sul pesce, copritelo e lasciatelo riposare in frigorifero per circa un paio d'ore. Posate i tranci di tonno su una griglia rovente, ungeteli con un po' di olio e lasciateli cuocere per circa 10 minuti girandoli su entrambi i lati. Servite subito.

Indice alfabetico delle ricette

Indice

Primi piatti

Secondi piatti